유럽의
필란트로피,
어떻게 변화하고
있나?

HOW PHILANTHROPY IS CHANGING IN EUROPE

사랑의열매 나눔총서 08

유럽의 필란트로피, 어떻게 변화하고 있나?

크리스토퍼 카니 지음

박선령 옮김, 홍경준 감수

교유서가

필란트로피 분야에서 일하는 동안 좋은 사람들을 많이 만났지만

선하고 강인한 사랑의 의미를 알려준 세 명,

조던과 그리어, 크리넌에게 감사의 말을 전한다.

"사람들은 보통 겸손한 자세로 필란트로피 활동을 시작하고
곧 그것이 얼마나 재미있는지 알게 된다.
다른 사람들도 말했겠지만
필란트로피 활동을 하다가 그만두었다는 사람은 없다."
– 테리사 로이드, 2015년 12월 8일 인터뷰, 영국, 배스

"의심은 즐겁지 않지만 확신은 불합리하다."
– 프로이센왕과 볼테르가 주고받은 편지 중에서

필란트로피의 진화를 이해하는 통찰

사회복지공동모금회는 지난 2008년부터 우리 사회의 나눔문화 확산을 위해 나눔총서를 시리즈로 발간하고 있습니다. 2008년 나눔총서 I 『비영리조직의 역량강화 보고서*Sustaining Nonprofit Performance : The Case for Capacity Building and the Evidence to Support It*』를 시작으로 2010년 나눔총서 II 『착한기업을 넘어 : 선진기업들의 전략적 사회공헌』(공저), 2010년 나눔총서 III 『기업 사회공헌활동의 동향과 전략』(공저), 2012년 나눔총서 IV 『일곱빛깔 나눔』(공저) 등을 발간하여 우리 사회의 나눔문화 확산과 비영리 조직들의 역량 강화를 위해 노력해왔습니다.

네번째 나눔총서를 발간한 2012년 이후 9년 만인 2021년에는 다섯번째 나눔총서 『임팩트 세대 : 차세대 기부자들의기부혁명*Generation Impact: How Next Gen Donors are Revolutionizing Giving*』과 여섯번째 나눔총서 『민주사회의 필란트로피 : 필란트로피의 역사, 제도, 가치에 대하여*Philanthropy In Democratic Societies : History, Institutions, Values*』를 발간했습니다. 연이어 2022년 올해에도 사회복지공동모금회는 나눔에 대한 우리 사회의 관심을 제고하고 인식의 지평을 넓히기 위해 일곱번째 나눔총서『기부의 윤리학 *The Ethics of Giving*』과 여덟번째 나눔총서『유럽의 필란트로피, 어떻게 변화하고 있나?*How Philanthropy is Changing in Europe*』를 발간하게 되었습니다.

최근 우리 사회의 기부와 나눔 활동은 다양한 방식과 내용으로의 변화가 목도되고 있습니다. 실제로 사회복지공동모금회는 사회 구성원의 기부와 나눔 참여를 확대하기 위해 메타버스 플랫폼에 홍보관을 오픈하고 별도로 VR(가상현실) 기부 체험관을 마련하는 등 새로운 시도를 계속하고 있습니다. 이런 상황에서 사회복지공동모금회 나눔문화연구소에서는 필란트로피의 진화와 발전에 다양한 시각으로 접근하고 해석하는 내용을 담고 있는『유럽의 필란트로피, 어떻게 변화하고 있나?』를 발간했습니다.

이 책의 저자는 유럽 전역에서 필란트로피 활동이 진행되는 방식과 내용을 다양한 사례와 인터뷰를 통해 보여주고 있습니다. 저자에 따르면 기부 방식의 개선, 다양한 단체 간의 협업, 새로운 재단의 설립과 출범, 사회적 기업의 급속한 증가 등은 필란트로피 활동이 지속적으로 변화하고 있다는 사실을 방증하고 있습니다. 특히 변화하는 사례들을 통해 기부와 나눔을 확산하기 위해서는 투명성이 전제되어야 하며, 깊이 있는 견해와 통찰을 바탕으로 새로운 형태의 기부와 나눔 활동을 설계하기 위한 노력이 필요함을 확인할 수 있습니다.

2017년 영국에서 발간된 이 책은 유럽 사회가 경험하고 있는 정치적 혼란, 이주민에 대한 인도주의적 책임, 기후 변화와 고령화 등 장기적으로 해결해야 하는 상황적 요인이 고액의 필란트로피를 비롯하여 기부와 나눔 전 영역에 영향을 미칠 것이라고 예측했습니다. 그리고 변화하는 유럽과 변화하는 필란트로피 모두가 이 책에서는 변화에 대한 균형잡힌 시각으로 기부와 나눔 전 영역을 잘 포착하고 있다고 할 수 있습니다. 이런 측면에서 이 책이 기부와 나눔의 가치를 재정립하고 활동을 수행하는 데 중요한 이정표가 될 것으로 기대합니다.

무엇보다 저자가 공유한 유럽 자선단체의 경험은 우리 사회에서 기부와 나눔 활동을 수행하는 자선단체가 경험하고 있는 변화, 그리고 도전과 맞닿아 있습니다. 사회문제가 심화되면서 다양한 사회 위험에 노출된 대상이 확대되고 위험의 양상 또한 다양화되는 상황에서 사회문제 해결을 위한 기부와 나눔의 역할은 더욱 중요해지고 있기 때문입니다. 변화를 추동하는 주체이자 원동력은 필란트로피에 대한 새로운 아이디어를 가진 모든 분들입니다. 기부와 나눔이 사회 변화에 조응하는 방향으로 뿌리내리고 확산될 수 있도록 고민하는 분들에게 정말 가치 있고 의미 있는 메시지가 전달되기를 희망합니다.

끝으로 이번 여덟번째 나눔총서가 발간되기까지 협조와 지원을 아끼지 않은 교유서가 관계자 분들과 필란트로피의 진화과정을 다양한 측면에서 담아내는 광범위한 내용을 매끄럽게 번역해주신 박선령 선생님, 깊이 있는 통찰로 이 책의 감수를 기꺼이 맡아주신 성균관대학의 홍경준 교수님께 감사의 말씀을 전합니다.

2022년 2월
사회복지공동모금회
회장 조 흥 식

일러두기

- 이 책은 크리스토퍼 카니(Christopher Carnie)의 『*How Philanthropy is Changing in Europe*』 (2017)을 완역한 것이다.
- 'philanthropy'는 흔히 '자선'으로 번역하지만 박애, 선행, 나눔 등 다양한 의미를 내포하고 있 다. 그러나 학문 분야마다 philanthropy를 정의하는 방식이 다르므로 특정 의미에 국한되지 않 도록 원어 발음을 한글로 표기하되, 국립국어원의 외래어표기법을 따르는 대신 비영리 현장에 서 보편적으로 사용되는 '필란트로피'로 표기했다.
- 원서 출간(2017)을 기준으로 접속 확인한 URL은 일부 접속이 안 될 수도 있다.

변화하는 유럽, 변화하는 필란트로피

홍경준(성균관대학교 사회복지학과 교수)

그리스어 'philos anthropos'를 어원으로 하는 필란트로피는 '인류에 대한 사랑'이라는 의미를 가진다. 물론 '인류에 대한 사랑'을 표현하고 실천하는 행동은 다양할 것이다. 하지만 그중에서도 현금, 물품, 시간, 재능 따위를 자발적으로 기여하는 행동이 필란트로피와 직접적으로 관련된 것으로 정의된다. 필란트로피를 이런 식으로 이해한다면 그것은 언제나, 그리고 어디에서나 찾아볼 수 있는 행동, 물론 매우 고결한 행동일 것이다. 다른 이들을 돕기 위해 자신의 소중한 자원을 자발적으로 사용하는 것은 그 동기의 다양함과는 별도로 사람의 본질적 특성 중 하나이므로 언제나, 어디에나 있을 것이기 때문이다.

그러므로 유럽의 필란트로피를 주제로 하는 이 책을 유별나게 볼 이유는 전혀 없다. 다른 이들을 돕기 위해 자신의 소중한 자원을 사용하는 사람들이 오늘날의 유럽이라는 시공간에 존재할 것임은 당연한 사실일 테고, 그렇다면 유럽의 필란트로피를 주제로 하는 이 책에 대해 특별한 생각을 할 이유 또한 없기 때문이다. 그런데도 유럽의 필란트로피를 다루는 이 책이 주는 첫인상은 말 그대로 옥시모론(oxymoron, 형용모순)이었다. '유럽'과 '필란트로피'를 그러모아 이어 적은 것이 'oxy(예리한)'와 moron(바보)'을 같이 쓴 듯한 느낌을 주기 때문이다. 이런 어색함의 이유는 무엇일까? 생각해보니 유럽이라는 지리적 공간은 필란트로피라는 단어와 연결되기보다는 복지국가라는 단어와 연결되는 것이 더 자연스럽다. 사실 대문자로 시작하는 '복지국가(Welfare State)'가 유럽에서 처음 태동한 '국민국가'의 특정한 시기 또는 발전의 한 단계를 일컫는 고유명사라는 점을 떠올린다면 유럽이라는 공간은 복지국가라는 단어가 어울린다. 그런데 유럽과 필란트로피라니, 참으로 어색하지 않은가.

생각의 꼬리를 좀더 늘려보았더니 유럽과 필란트로피의 연결이 어색한 것은 아니었다. 그보다는 복지국가와 필란트로피의 연결이 문제였다. 왜냐하면 복지국가와 필란트로피, 이 두 가지는 상반된 가치와 노선에 기초하여 서로 대척점에 서 있는 것으로 여겨져왔기 때문이다. 이념적으로 볼 때 복지국가는 개입과, 필란트로피는 자유와 연결된다. 정부냐, 시장이냐가 양자택일의 문제로 주어졌을 때 대공황과 세계전쟁을 겪은 20세기 유럽의 선택은 정부였다. 빈곤과 불평등의 문제는 정부가 맞서 싸워야 할 최우선의 과제로 등장했고 실제로 유럽의 대다수 국민국가의 정부는 그런 역할을 자임했다. 복지국가의 시대가 열린 것이다. 복지국가 유럽에서 필란트로피는 구시대의 유물로 여겨졌다. 과거 필란트로피라는 이름으로 행해졌던 대부분의 것은 이제 국가가 맡아야 할 책무로 전환된 것이다. 복지국가 유럽에서 필란트로피는 고결하지만 일회적이고 시혜적인 행동으로 여겨졌다. 세금을 통한 복지는 필란트로피의 이런 한계를 벗어난 안정적이고 의무적인 방안이라고 인정된 것이다. 결국 필란트로피가 작은 정부와 함께 있는 것이 미국 모델이라면 세금을 내고 정부가 복지를 제공하는 것은 유럽 모델이라는 인식이 퍼져나갔다.

이런 식으로 생각하는 사람의 수가 여전히 적지 않다는 것은 미국 거부들의 기부 캠페인에 대한 페터 크레머의 비판에서 드러난다. 거부라는 점에서는 같지만 유럽인이라는 점에서는 그들과 다른 페터 크레머는 2010년 8월 시사주간지 〈슈피겔〉과의 인터뷰에서 마이크로소프트 창립자 빌 게이츠와 투자회사 버크셔 헤서웨이의 회장 워런 버핏이 재산의 절반 이상을 사회에 기부하자는 취지로 출범시킨 '더 기빙 플레지(The Giving Pledge)' 캠페인을 비판하면서 "부자들이 막대한 돈을 세금을 내지 않고 자선단체에 기부할 경우 그 돈을 어디에 쓸 것인지를 정부가 아닌 극소수의 부자가 결정하는 결과를 낳는다"고 지적한다.

복지국가 유럽과 필란트로피의 연결이 어색한 데는 이와 같은 사연이 있다는 점이다. 사정이 이러하다면 유럽의 필란트로피를 주제로 한 이 책을 어떻게 보아야 할까? 우발적이거나 과장된 것이라고 가볍게 넘기지 않는다면 뭔가가 변화했다고 인정하는 데서 출발해야 할 것 같다. 유럽이 변화했거나 필란트로피가 변화했을 수 있다는 것이다.

유럽의 변화는 필란트로피를 공식적으로 인정하기 시작한 정부를 증거로 삼을 수 있다. 2010년 영국의 보수-자유 연립정권이 제시한 '빅 소사이어티 정책'을 시작으로 유럽 정부들은 점점 더 필란트로피 활동을 자극하고 촉진하는 방향으로 움직이고 있다. 필란트로피에 대한 각종 규제 정책과 법령, 그리고 조세 처리 방식을 개혁하는 사례는 눈에 띄게 증가하고 있다. 부는 늘고 인구는 고령화되었지만 자녀 수는 예전보다 줄어들어 세대 간 이전되는 부의 총량이 늘었다는 점도 변화한 유럽의 또다른 증거다. 엄청나게 복잡해져버린 문제 모두를 복지국가에 맡겨둘 수도, 복지국가가 늘 최선의 답을 내는 것도 아님을 사람들이 알게 된 것도 중요한 변화다.

필란트로피의 변화 또한 주목할 필요가 있다. 과거에는 필란트로피가 '오른손이 하는 일을 왼손이 모르게 하라'는 모토로 개인적 차원의 은밀한 활동으로 여겨졌다면 오늘날의 필란트로피는 개방적이면서 더 전략적인 방식으로 '오른손이 하는 일을 왼손이 더 잘 알게 하라'가 되었다. 스스로를 '글로벌 시민'으로 인식하는 사람들, 문제 해결에 직접 뛰어드는 사람들이 늘었고 여성과 젊은 층의 비중이 커지는 등 사람들의 구성도 다양해졌다. 투명성과 전문성의 강화가 이루어지고 있으며 '임팩트', '미션 연계 투자', '사회적 기업', '벤처 필란트로피', '필란트로피 은행' 등과 같은 새로운 용어도 넘쳐난다.

저자는 이 책을 통해 유럽의 필란트로피가 예전과 비교하여 달라졌고 조만간 더 많이 달라질 것이라고 주장한다. 벨기에·덴마크·프랑스·독일·이탈리아·네덜란드·스페인·스위스·터키·영국의 재단 관련자, 필란트로피스트, 모금담당자, 투자자, 조언자 등을 인터뷰하고, 동물 권리와 문화, 교육, 환경, 신앙, 건강, 인권, 민간봉사, 국제 발전 분야의 관련 자료와 경험을 분석하고, 현장에서 벌어지는 변화와 그런 변화에 대한 사람과 조직의 대응 양상을 기록한 결과가 이런 주장의 근거로 제시된다.

이 책의 미덕은 변화의 무게추가 유럽과 필란트로피 중 어느 한쪽에 쏠려 있다고 주장하는 대신, 유럽과 필란트로피 둘 다 변화했음을 설득력 있게 보여준다는 데 있다. 변화하는 유럽과 변화하는 필란트로피 모두가 이 책에서는 균형잡힌 시각으로 잘 포착되어 있다. 이는 저자인 크리스토퍼 카니(Christopher Carnie)가 1990년 영국에서 단 세 명뿐인 필란트로피 모금담당자 중 한 명일 만큼 이 분야의 최일선에서 오랫동안 일해온 전문가이기 때문에 가능했을 것이다.

개입과 자유, 정부와 시장, 필란트로피와 복지국가, 유럽 모델과 미국 모델의 이분법 탓에 변화하는 현실에 둔감한 우리 모두에게 일독을 권하면서 쉽지 않은 번역을 꼼꼼하게 수행한 역자와 출판사의 노고에, 또한 좋은 책의 번역을 가능하게 한 사회복지공동모금회의 탁월한 결정에 마음 깊이 감사드린다.

차례

1부

서문

1장

서론

기부, 진화하다

우리는 스페인 북부 빌바오에 위치한 중소 규모의 스페인 NGO(비정부기구) 본부에 와 있다. 오늘 회의에는 이사도 한 명 참석했다. 그는 은퇴를 곧 앞두고 있는 마드리드의 유명 법률회사 변호사이며 고향에서는 중도우파 성향의 정당인 인민당의 지방의원이기도 하다. 그는 오래전부터 NGO에 많은 시간을 투자하고 전문적인 조언을 하고 기부금을 후원해왔다. 그에게 필란트로피 활동에 대해 물어보았다. 그는 필란트로피 활동은 자신의 의무, 즉 반드시 필요한 일이며, 사적인 문제라고 말했다. 아무도 그에게 필란트로피스트가 되라고 말하지 않았지만 그냥 그래야 한다고 그 스스로 느낀 것뿐이었다. 그는 자신의 필란트로피 활동에 대해 다른 사람에게 이야기하지 않는다. 아주 일반적인 부분을 제외하고는 저녁식사 자리에 어울리는 대화 주제가 아니기 때문이다.

이탈리아에서 온 또다른 필란트로피스트는 가족재단을 소유하고 있다. 40대인 그는 이탈리아 엔지니어링 가문의 성공한 후손으로 가족이 설립한 거대 투자기업의 지점을 운영하고 있다. 이 투자지주회사는 수익의 1퍼센트와 창업 파트너 급여의 1퍼센트를 장애인을 후원하는 가족재단에 기부한다. 그는 왜 필란트로피스트가 되었을까? 그는 어릴 때 매해 8월이면 밀라노 북부 산악지대에 있는 큰 별장에 고아들을 초대하던 어머니가 생각났다. 그는 어머니의 사명감을 물려받았다. 나는 자신의 필란트로피 활동에 대해 이야기하는 그의 모습을 보면서 스페인 변호사보다는 좀더 적극적이라고 느꼈다. 하지만 필란트로피 활동은 여전히 사적 영역의 일인 경우가 많다.

　이는 유럽 전역의 필란트로피 활동이 어떤 식으로 진행되는지 보여주는 사례다. 스페인 변호사와 이탈리아 기업가의 모습은 대부분의 유럽 필란트로피스트 행동 양식과 일치한다. 수백만의 유럽인은 필란트로피 활동이 부(富)에 대한 세금처럼 일종의 개인적 의무라고 보는 도덕적 규범을 물려받았다. 이런 규범이 반드시 종교적인 것이라고 할 수는 없지만 돈이 있으면 그것으로 선행을 해야 할 의무가 있는 것과 같이 필란트로피 활동과 관련된 믿음을 제공하는 것이 종교다. 필란트로피 활동은 아주 오래전부터 시작되었지만 —역사가 시작된 순간부터 유럽에 필란트로피 활동이 존재했다는 사례를 찾아볼 수 있다— 지금도 계속 진화하고 있다. 스페인 변호사를 좀더 면밀히 들여다보면 그가 기부 방식을 개선하기 위해 함께 노력하는 필란트로피스트들의 모임인 스페인 재단 네트워크 이사회에 소속되어 있다는 것을 알 수 있다. 이탈리아 기업가는 사실 그가 추진하고자 하는 특정한 사회 변화를 위해 사회적 기업과 비영리단체를 결합한 '필란트로피 투자자(philanthropic investor)'다.

　현재 유럽에서는 필란트로피 활동이 진화하고 있다. 20세기 초 영국의 유명한 복지개혁가 윌리엄 베버리지(William Beveridge)는 1942년도 보고서(Penn, 2011)에서 "필란트로피 활동은 끊임없이 새로운 형태를 취할 수 있는 힘을 증명했다"고 했는데, 오늘날 유럽은 필란트로피 활동을 위한 아이디어, 상품, 프로젝트, 형태, 재정적 발명품의 장(場)처럼 느껴진다. 이런 아이디어 실험실은 때로는 이상하고, 때로는 멋진 일들을 시험할 수 있는 돈과 경험, 영향력을 지닌 고부가가치 필란트로피 활동의 세계다.

이 책의 목적은 유럽의 고액 필란트로피 활동이 진화하는 양상을 포착하여 설명하고 현장에서 일하는 이들에게 실용적인 지도를 제공하는 것이다.

정의와 경계

필란트로피 활동

이 책에서는 파말라 위엡킹(Pamala Wiepking)이 2008년에 기부의 사회학에 관한 중요한 연구에서 사용했던 것과 동일한 정의를 사용한다. "그리스어 philanthropy를 문자 그대로 번역하면 '인류에 대한 사랑'이다. 'philo'는 '사랑'을 뜻하고 'anthropos'는 '인류'를 뜻한다."(2008, p. v)

인류를 사랑하는 마음을 표현하는 방법에는 넓은 범위의 관대한 행동과 약간의 절제 등 여러 가지가 있다. 이를테면 자동차(또는 비행기)보다 기차를 타서 탄소 발자국을 줄이는 일은 인류를 사랑하는 마음에서 우러난 가벼운 절제에 해당하고, 놀이터에서 무릎이 까진 아이에게 반창고를 붙여주거나 유럽에 새로 생긴 난민 수용소에서 한 달 동안 자원봉사를 하는 것처럼 사고나 재난을 당한 사람을 위해 도움을 주는 일도 필란트로피 활동일 수 있다. 미이클 무디(Michael Moody) 교수의 별명처럼 이런 활동은 일이 잘못되고 있을 때 나타나는 인간적인 반응이다(Payton & Moody, 2008). 이 책은 필란트로피 활동의 특정한 한 분야, 즉 다른 사람들을 돕기 위해 돈을 사용하는 것에 초점을 맞출 것이다. 이는 단순히 기부에만 국한되지 않지만—곧 살펴보겠지만 다른 사람을 돕기 위해 돈을 사용하는 방법에는 여러 가지가 있다—기부가 이 연구의 핵심인 것은 사실이다.

유럽 대륙에는 '필란트로피 활동'과 관련된 다른 단어도 많다는 점에 주목해야 한다.

구호금(alms) : 가난한 사람들을 돕기 위해 신에게 바치는 돈. 이는 많은 종교 집단에서 볼 수 있다(이슬람교의 자캇zakat이 거의 똑같은 기능을 한다). 구호금의 역사는 필란트로피 활동이 변화하는 방식을 보여준다. 엘리아나 마냐니(Eliana Magnani, 2009, p. 111)가 지적한 것처럼 "구호금은 4세기에서 6세기 사이에 빈곤층이라는 사회적 범주가 만들어지면서 발전했다." 남에게 베풀어야 할 운명임을 깨닫기 위해서는 세상에 가난한 사람들이 존재한다는 말을 들어야 했다.

자선(charity), 그 밖의 같은 라틴어 어근에서 파생된 단어들 : 유럽 대륙에서 '자선'은 특히 종교적 목적을 갖고 가난한 사람들을 돕는 단체나 기부금품(gift)을 가리킬 때 사용한다. 영국에서 '자선'은 모든 공익 목적의 비영리단체(법적으로는 '자선 신탁')나 선행을 말한다. 유럽에서 자선을 바라보는 시선은 19세기에 한 스페인 작가가 쓴 시에 잘 나타나 있다(Arenal, 1894).

자비는 아픈 사람에게 침대를 보내는 것이고,
필란트로피 활동은 그를 도우러 가는 것이며,
자선은 그의 손을 잡아주는 것이다.

기부(donation) : 영국에서 기부는 모든 종류의 기부금품을 뜻한다. 이 책의 맥락에서는 "지난주에 적십자에 50파운드를 기부했다"고 표현할 수 있다. 유럽 대륙의 일부 국가에서는 일정 기간 동안 비영리단체에 일정 금액을 기부하겠다고 공증인 앞에서 약정하는 것을 의미하기도 한다. 이런 의미에서의 '기부'는 영국에서 '계약'에 상응하는 취소 불가능한 약정이다.

재단(foundation) : 여기에서 사용되는 다양한 단어와 정의는 다음 내용을 참조한다.

메세나(Maecena), 그 밖의 같은 어근에서 파생된 단어들 : 영국에서는 거의 사용되지 않는 이 단어(스페인어로는 'mecenazgo', 프랑스어로는 'le mécénat'라고 한다)는 시와 예술의 후원자인 가이우스 마이케나스(Gaius Maecenas, 기원전 68~기원전 8)의 이름에서 유래되었다. 유럽 대륙에서는 주로 예술 후원을 위한 기부를 말하지만 비르지니 세게르(Virginie Seghers, 2009, p. 15)가 지적한 것처럼 이 단어는 더 넓은 의미를 지닐 수도 있다. "오늘날에는 문화적인 목적뿐 아니라 사회적·과학적·환경적 공익을 위한 [기업의] 기부를 가리키기 위해 '기업 후원'이라는 표현을 쓴다." 일부 저자(예를 들어 Parés i Maicas, 1994)는 문화에 대한 후원을 의미하는 메세나와 스포츠 또는 텔레비전에 대한 후원을 의미하는 스폰서십을 구분하지만 이는 유럽 전체에서 명확하게 정의된 경계는 아니다.

스폰서십(sponsorship) : 어떤 활동에 대한 사업적 후원(스포츠 후원, 예술 후원)이나 일정한 유형의 개인 기부(학생 후원, 아동 후원)를 가리키는 이 단어는 영국과 유럽 본토에서 대체로 동일한 뜻을 지닌다.

영리 또는 비영리

영국에서는 '지선'이라고 하고 유럽 대륙에서는 재단 또는 협회라고 부르는 단체를 설명하는 방법은 매우 다양하다. 이 책에서는 가난한 이들을 돕는다는 구체적인 종교적 목적을 가진 단체를 가리킬 때 외에는 '자선'— 다른 유럽 국가 언어로는 'charity' 'caridad' 'carità' 등 — 을 사용하지 않을 것이다. 대신 해당 부문을 언급할 때는 '비영리'라는 용어를 쓸 것이다. 물론 '사회적 기업'이라고 하는 조직이 그 자리를 차지하면서 '영리'세계와 '비영리'세계 사이의 경계가 사라지고 있기 때문에 매우 광범위한 부분에 적용되기는 해도 여전히 만족스럽지 못한 용어인 것은 사실이다. 그래도 주로 사회적 목적이나 환경적 목적('비영리')을 가진 조직과 금전적 목적('영리')을 가진 조직을 구별할 수 있기를 바란다.

비영리단체와 영리단체 사이에는 사업을 운영하는 비영리단체(예를 들어 옥스팜Oxfam의 공정무역사업, 덴마크 재단이 소유한 기업 등), 사회적 기업, 확실한 사회적 목적이 있는 기업(학습 장애가 있는 사람들을 주로 고용하는 카탈루냐 유제품 회사인 라 파제다La Fageda), 비영리재단과 연계된 영리단체(예를 들어 독일 베텔스만 재단Bertelsmann Stiftung의 출판사업) 등이 포함된 연속체(continuum)가 존재한다.

자선단체, 재단, 협회

유럽 대륙 이외의 지역에서는 '재단'과 '협회'라는 단어를 혼동하는 경우가 많다. 영국이나 미국에서는 이 말을 사용할 때 모두 '자선단체'를 뜻하는가? 프랑스 파리의 '재단'은 미국 텍사스주 파리에 있는 '재단'과 같은가? 이 두 질문에 대한 답을 신중하게 따져보면 둘 다 '아니요'다. 요약하면 다음과 같다.

• 영국에서 '자선단체'라고 부르는 비영리법인(정식 명칭은 '공익 신탁

charitable trust')은 유럽 대륙의 재단이나 협회와 같은 특성을 공유한다.

- 유럽 대륙에서 협회는 '비영리 목적을 중심으로 하는 사람들의 모임'인 반면, 재단은 '공익적인 비영리 목표를 달성하기 위한 취소할 수 없는 자산 기부'를 중심으로 설립된다(Anon, 2015a).
- 협회도 일부 인구의 이익을 옹호할 수는 있지만 적어도 이론상으로는 유럽 대륙의 재단이 더 폭넓은 공익에 기여해야 한다.
- 문제를 더 복잡하게 만들려면 협회를 '공익(public interest)' 기관으로 선언할 수 있다. 대부분의 유럽 대륙 국가들에서 공익 기관은 기부자에게 세금 감면 혜택을 줄 수 있다.
- 협회는 회원들이 탈퇴하면 폐쇄되는 반면, 재단은 영구적이라서 설립자들보다 오래 존속된다.
- 협회는 모든 회원의 1인 1투표를 통해 운영되는 반면, 재단은 회원 없이 이사회가 운영한다.

이 목록에는 재단이 보조금을 지급해야 한다는 내용이 없다. 유럽 대륙의 재단들은 프로젝트 운영부터 사업체 소유에 이르기까지 많은 일을 할 수 있지만 일반적으로 미국의 재단들과 달리 보조금을 조성할 필요가 없다.

지식의 한계

"[필란트로피와 관련된] 데이터를 체계적으로 수집한 적은 없다. 심지어 이탈리아에 재단이 정확히 몇 개 있는지도 모른다." 이탈리아 토리노의 콤파니아 디 산파올로(Compagnia di San Paolo)에서 필란트로피 활동 연구 책임자로 일하는 마르코 데마리에(Marco Demarie)는 이 책을 위한 인터뷰에서 이렇게 말했다.

유럽의 고액 필란트로피 세계에서 어떤 일이 벌어지고 있는지 아는 바가 거의 없다. 이와 관련된 연구는 많지 않고 대부분 기부자들과의 인터뷰에 의존한다. 테리사 로이드(Theresa Lloyd)가 비꼬는 투로 지적한 것처럼 "기부하지 않는 사람들에 대해 알아내는 것은 매우 어렵다. 당신이 연구자로 참여한 프로젝트는 필란트로피 재단의 지원을 받는 경우가 많다. 그렇다고 사람들에게 '자선 활동을 지원해보지 않겠는가?'라고 한다면 건설적인 대화는 이어지지 않을 것이다." 네덜란드에서 진행한 것과 같은 통계연구에서는 1000유로 이상 기부한 사람들을 하나로 묶는 경향이 있는데, 그 결과만으로는 2만 5000유로(약 3400만 원 정도—옮긴이) 이상 기부한 사람들이 실질적으로 다른지 판단할 수 없다. 이 책에서는 이런 연구 몇 가지를 종합할 예정인데, 미리 경고해둘 것이 있다. 데이터에서 제시된 것 이상을 추정하지 않도록 주의하고, 그렇게 할 경우 위험한 가정이 난무한다는 것을 유념해야 한다.

여기, 지금, 유럽

이 책은 현재 유럽의 모습을 담은 스냅사진이다. 2008년에 시작된 세계경제 위기에서 서서히 벗어나고 있는 유럽, 대륙 전체에서 포퓰리즘 정당이 표를 얻고 과거 분별력 있던 정치인들이 극단주의자의 환심을 사려고 하는 바람에 정치적 혼란에 빠진 유럽, 영국이 2016년에 국민투표를 통해 유럽연합에서 탈퇴한 상처를 치유하고 재정비해야 하는 유럽, 자국 정부가 일으킨 전쟁을 피해 탈출한 이주민들에 대한 인도주의적 책임에 발목이 잡힌 유럽, 기후 변화와 고령화 문제 등 장기적인 걱정거리를 안고 있는 유럽의 모습 말이다.

이런 불확실성은 고액 필란트로피를 비롯하여 필란트로피 분야에도 영향을 미칠 것이다. 마르코 데마리에가 지적했듯이 "이곳 이탈리아에서도 경기가 쇠퇴하고 있다. 그래서 다들 돈을 아끼면서 만일의 경우에 대비하여 모아두려는 경향을 보인다. 요새는 거의 매일 안 좋은 상황이 이어지고 있다."

당신이 이 책을 읽을 때쯤이면 당신이 살고 있거나 방문하는 유럽이 다시 길을 찾기 시작했기를 바란다. 그러나 안개 긴 현시점에서 희뿌연 미래를 내다보는 이 책에서는 계속 조심스러운 태도를 유지할 것이다.

돈의 영역

이 책의 범위는 돈에 의해 제한된다. 수십만 개의 비영리단체에 기부하는 수백만 명의 일반 기부자에 대해서는 언급하지 않을 것이다. 2만 5000유로 이상의 큰돈을 기부하는 민간 부문 기부자들(주로 사람과 재단)에게 초점을 맞출 요량이다. 이는 매우 실용적인 접근 방법이다. 내가 잘 아는 시장이고 이 책 한 권에 담을 만한 수준의 연구를 할 수 있는 딱 그 정도 규모의 시장이다. 자기 마음에 드는 NGO에 10유로를 기부하는 수백만 명의 관대한 사람이 속한 더 넓은 시장은 내가 감당할 수 있는 것보다 훨씬 깊이 있는 연구 대상이다. 물론 넓은 시장이라고 해서 필란트로피에 대한 태도 변화에 영향을 받지 않는다는 뜻은 아니다. 확실히 영향을 받는다는 증거가 있다. 예를 들어 유럽에서 키바(Kiva, www.kiva.org)가 성공한 것은 수천 명의 일반 기부자의 기부 덕분이지만 키바는 혁신적인 자금 조달 메커니즘이나 기부자(키바의 경우 대출자)와 수혜자의 직접 접촉 등 새로운 스타일의 유럽 필란트로피와 여러모로 공통점이 많았다.

미국의 필란트로피

이 책은 처음부터 끝까지 유럽에 관한 것이다. 하지만 필란트로피에 관한 책을 펼치면 거의 어디서나 미국의 참고문헌과 연구 내용을 찾아볼 수 있다. 이는 비영리 부문의 규모, 빌 게이츠(Bill Gates)와 멀린다 게이츠(Melinda Gates) 같은 유명 인사에 대한 대중의 인식, 20세기 전반에 걸쳐 진행된 민간 필란트로피의 연속성(유럽은 필란트로피와의 관계가 좀더 단속적이라는 점에서 차이가 있다) 등의 여러 가지 이유 때문이다.

고액 필란트로피를 비롯하여 필란트로피에 관한 데이터도 유럽보다 미국이 훨씬 많다. 이는 부분적으로 제3섹터 국제연구협회(http://istr.site-ym.com)에 등록된 153개 필란트로피연구센터 중 3분의 1(53개)이 미국에 기반을 두고 있기 때문이다. 센터 수가 두번째로 많은 나라는 영국으로 11개가 있다(그리고 놀랍게도 멕시코와 브라질이 각각 7개로 그뒤를 잇는다). 유럽에는 이런 센터가 총 36개 있다.

이 책도 미국이 풍부한 정보를 갖고 있다는 사실을 무시할 수는 없다. 하지만 여기서는 가급적 유럽의 사례와 연구 데이터를 사용했다. 이런 경계를 정하는 과정에서 나는 커다란 격차를 깨달았다. 가장 단순한 수준에서 비교해도 미국의 파운데이션센터(Foundation Center)가 보유하고 있는 필란트로피 재단에 관한 데이터와 브뤼셀에 있는 유럽의 파운데이션센터의 데이터는 비교가 되지 않는다. 전자가 후자보다 테라바이트급으로 앞선다. 이런 격차는 중요하다. 유럽에서 우리가 무엇을 알고 있고 무엇을 모르는지를 파악해야 하는데, 이 책은 모르는 것들에 대해 여러 가지를 설명해줄 것이다.

미국과 유럽은 필란트로피 활동을 다르게 진행한다. 문화도 다르고 사회적 모델도 다르다. 적어도 이 분야에서 일하는 사람들 대부분이 그렇게 생각한다. 이 책에 소개된 인터뷰 대상자들은 이런 관점의 미묘한 부분을 보여준다. 하지만 니콜라 길로(Nicolas Guilhot)가 '기부 관행(Pratiques du don)'(Peretz, 2012에서 인용)에서 언급한 것처럼 "추상적인 모델에 대한 확고한 반대 입장과 마찬가지로(한쪽은 민간 필란트로피, 다른 한쪽은 연대와 국가가 보장한 사회정의) 우리에게 제안된 내용도 광범위한 기반을 두고 있으며 부분적으로는 오해의 소지가 있다."

전복, 변형, 혁명?

니콜라 길로는 금융 부문의 관행이 필란트로피 기관에 적용되면서 미국과 유럽의 필란트로피 활동이 혁명(그는 이를 "박애주의 세계의 전복 bouleversement du mode philanthropique"이라고 불렀다)을 겪고 있다고 주장한다.

그 이전 사례로는 앨리슨 펜(Alison Penn)이 2011년에 자발적 행위에 대한 베버리지 보고서를 검토하면서 필란트로피 활동의 '변형(metamorphosis)'에 대해 이야기한 적이 있다. 위엄 있고 진지한 기관인 옵세르바투와르 드 라 퐁다시옹 드 프랑스(Observatoire de la Fondation de France)도 프랑스 정부가 시민과 국가, 필란트로피의 관계를 개혁하면서 발생한 '혁명'(Thibaut, 2008)과 '사회 모델 변화'에 대해 말했다. SBF(Samenwerkende Branche-organisaties Filantropie, 네덜란드필란트로피협동조합) 회장인 스테번 반 에이크(Steven van Eijck)는 우리가 "필란트로피 분야에서 벌어지고 있는 위대한 혁명"의 중심에 있다고 말한다(Scheerboom, 2013). 2장에서는 이 책을 위해 인터뷰한 많은 사람에게 이것이 '혁명'인지, 아닌지에 대한 의견을 듣는다.

어떤 표현을 쓰든 변화의 증거는 도처에 널려 있다. 2004년 유럽벤처필 란트로피협회(European Venture Philanthropy Association) 출범, 2002년 런 던의 뉴 필란트로피 캐피털(New Philanthropy Capital) 설립, 프랑스에서 여 덟 가지 형태의 재단 설립을 허용하는 법률 제정(2006~2009, 간략한 설명은 Anon, 2015a 참조), 스페인 카탈루냐에서 재단 운영의 투명성을 요구하는 법률 제정(2014), 유럽 전역에서 새로운 재단 등록 붐 발생, 사회적 기업의 급속한 증가 등은 모두 필란트로피 활동이 변화하고 있음을 보여준다. 재 단 증가는 상당한 역사적 데이터가 있기 때문에 가장 명확한 지표 중 하 나다. 영국에서는 새로운 재단이 일주일에 평균 네 개씩 설립되고 있고, 네 덜란드에서는 일주일에 두 개, 독일에서는 하루 한 개 정도의 새로운 재단 이 창립되고 있다. 유급으로 일하는 모금담당자 수가 늘어난 것도 변화를 시사한다. 예를 들어 프랑스에서는 지난 8년 동안 모금담당자가 200퍼센 트 늘어났고 유럽 대학의 학술 연구도 이와 유사한 수준으로 크게 증가 했다.

이 모든 것은 유럽의 필란트로피가 예전과 달라졌고 조만간 더 많이 달라질 것이라는 증거다. 이 책에서는 변화의 증거를 살펴보고, 그 원인을 찾고, 독자들이 새로운 형태의 필란트로피 활동을 찾아내 추적할 수 있도 록 도울 것이다. 나의 목표는 당신이 유럽에서 진행중인 필란트로피 활동 을 이해하고 본인이 직접 참여할 방법을 찾을 수 있는 가이드를 제공하는 것이다. 그래서 이 책에는 상당한 양의 자료가 부록으로 포함되어 있다.

이 책의 내용 요약

2부의 핵심 아이디어는 필란트로피에 대한 새로운 아이디어를 가진 새로운 사람들이 유럽에 있다는 것이다. 이 부분에서는 유럽의 필란트로피 분야에서 활동하는 새로운 사람들을 살펴본다. 여기서 당신은 부와 필란트로피의 세대 이동, 트렌드를 선도하는 필란트로피스트, 여성과 필란트로피, 필란트로피 분야의 새로운 서클과 그룹, 네트워크에 대해 자세히 알게 될 것이다. 물론 필란트로피의 주역은 사람이므로 현재 유럽 필란트로피의 변화를 이끄는 주요 원동력은 신세대 부유층 사이에 나타난 태도 변화다.

3부에서는 정부가 유럽의 필란트로피를 장려하거나 장려하려고 시도한 방법을 보여준다. 데이비드 캐머런(David Cameron) 영국 전 총리의 '빅 소사이어티(Big Society)' 계획처럼 필란트로피 활동을 촉진하려던 일부 시도는 서툴러 보일지도 모르지만 유럽 정부들이 필란트로피와 필란트로피를 통해 할 수 있는 일들을 좋아한다는 명백한 증거가 있다. 그리고 영국보다 민첩하게 움직인 정부들도 있다. 투명성에 대한 새로운 규제를 통해 일반 대중이 재단의 자금 흐름을 확인할 수 있게 한 네덜란드 정부, 포괄적인 재단법과 기부자들에게 매우 매력적인 새로운 회계체계를 마련한 프랑스 정부, '사회적' 저축은행을 위한 민영화 프로그램을 추진하는 스페인과 이탈리아 정부 등이 그렇다. 그리고 당신이 이 글을 읽을 때쯤이면 브뤼셀에 있는 유럽위원회가 유럽 전체에 영향을 미치는 재단 법령을 제정했을 것이다. 국가 간 증여에 대한 세금 처리 방식을 갑작스럽게 바꾸어놓은 주목할 만한 사건 때문에 법원도 매우 바빴다.

4부의 주제는 투명성이다. 이 부분의 핵심 아이디어는 투명성 증가가 유럽의 필란트로피 변화를 이끌었다는 것이다. 투명성은 유럽의 필란트로피 관행을 폭로한다. 몇 년 전에 스위스 재단을 조사하려고 했다면 아무런 정보도 찾지 못했을 것이다. 심지어 등록번호조차 없다. 하지만 요사이 똑같은 조사를 다시 해보면 해당 재단의 재정 상태, 이사회 구성, 그리고 운이 좋다면 소유권에 대한 단서 등 다양한 정보를 찾을 수 있을 것이다. 스페인재단협회가 2007년에 처음으로 거의 완전한 재단 목록을 발표한 스페인의 경우도 마찬가지다. 유럽에서는 지금도 투명성을 위한 작업이 계속 진행중이다. 이탈리아에서는 아직 재단과 필란트로피스트가 거의 보이지 않고, 벨기에에서는 재단의 재정 상태가 숨겨진 미스터리로 남아 있다. 그러나 유럽으로 밀려들고 있는 투명성의 물결은 필란트로피에 대한 우리의 태도와 이해에 변화를 일으키고 있다.

5부에서는 전문가(필란트로피와 관련된 일을 하는 사람)들을 만나 유럽에서 필란트로피 활동을 전개하는 방식을 왜, 어떻게 변화시켰는지 살펴본다. 5부에서 만나볼 전문가들 중에는 새로운 얼굴이 많다. 네덜란드 라보은행(Rabobank)의 개인 고객 부문에서 필란트로피 조언자로 활동하는 사람은 예전에 세계자연기금(Worldwide Fund for Nature)에서 모금담당자로 일했고 UBS(예전 이름은 스위스연방은행) 필란트로피 서비스의 새로운 조언자는 전에 영국 장애인자선단체인 스코프(Scope)에서 근무했는데, 그곳에서 공공 지원 주택을 위한 기발한 투자 시스템을 고안했다. 지난 5년 사이 필란트로피 분야에서 일하는 전문 조언자의 수가 급증했기에 5부에서는 그들을 만나 무슨 일을 하는지 알아볼 것이다. 전문적인 모금담당자인 필란트로피 전문가가 늘어나기 시작한 것은 좀더 오래되었지만 이 집단 역시 똑같이 기세가 대단하여 현재 전국의 모금단체들은 수백, 경우에 따라서는 수천 명의 회원을 두고 있다. 이 두 집단, 그러니까 필란트로피 조언자와 필란트로피 전문가는 유럽의 필란트로피 변화와 관련이 있을까? 물론 있다. 그리고 그들이 영향을 미친 방식에 대한 증거도 확인할 것이다.

6부에서는 유럽에서 기부를 재설계하는 방법을 살펴본다. 빠르게 성장 중이고 접근이 쉬운 프랑스의 기부재단 같은 새로운 체제는 필란트로피스트가 기부 활동을 조직화하도록 장려한다. 채권과 대출 같은 금융 상품도 점점 '사회적 투자(social investment)'에 관심을 갖고 자신의 '사회적 환원(social return)'을 측정할 수 있는 좋은 방법을 원하는 필란트로피스트들의 욕구에 부응하고 있다.

7부는 사람들이 해당 분야에서 길을 찾는 데 도움이 되도록 구성했다. 부록에 출처 목록이 나와 있으므로 7부에서는 필란트로피와 필란트로피스트를 찾는 방법과 새로운 투명성을 활용하여 그들을 이해하는 방법에 중점을 둔다. 여기에는 장래성 연구, 필란트로피스트를 찾아서 이해하는 과정을 다룬 장이 포함되어 있다.

마지막으로 8부에서는 유럽에서 발견되고 있는 필란트로피, 즉 전통적이고 조용한 필란트로피 활동과 현재 대륙을 휩쓸고 있는 보다 시끄럽고 다양한 필란트로피 투자에 대한 몇 가지 결론을 이끌어낸다. 눈에 보이는 변화를 시장에서 활동하고 있는 세력과 연결하고 그것을 바탕으로 미래를 추론하려고 한다.

책 전반에 걸쳐 여기 표현된 아이디어를 형성하는 데 도움을 준 인터뷰 대상자들을 다시 언급한다. 나는 벨기에, 덴마크, 프랑스, 독일, 이탈리아, 네덜란드, 스페인, 스위스, 터키, 영국 사람들과 이야기를 나누었다. 그들은 재단 관련자, 필란트로피스트, 모금담당자, 투자자, 조언자, 그리고 동물 권리와 문화, 교육, 환경, 신앙, 건강, 인권, 민간봉사, 국제 발전 등의 분야에 종사하거나 이런 문제에 집중하는 사람들이다. 그들은 현장에서 빌어지는 변화를 목격하고 있으며, 자신과 조직이 유럽의 고액 필란트로피 분야에서 발생한 변화에 어떻게 대응하고 있는지 설명한다.

이 책에는 필란트로피 분야 혁명을 통해 자신의 길을 찾는 데 도움이 되는 방대한 자료가 포함되어 있다. 당신이 필란트로피스트든 자산관리 전문가든 모금담당자든 필란트로피를 공부하는 학생이든 상관없이 내가 이 책에 담을 수 있는 것보다 더 많은 것을 알아낼 수 있는 자료를 찾아야 한다.

2장

필란트로피 활동에 변화가 나타나고 있는가?

이 책을 쓰는 동안 유럽 전역에서 필란트로피 활동과 관련된 일을 하는 이들과 이야기를 나눌 기회가 많았다. '부록 : 인터뷰 질문'에 인터뷰 가이드(사실 엄격하게 구성된 인터뷰가 아니라 평범한 대화에 가까웠지만)가 소개되어 있다. 책 곳곳에서 인터뷰 참여자들의 관점을 확인할 수 있지만 그들을 소개하는 차원에서 첫번째 질문에 대한 그들의 대답부터 먼저 살펴보자.

유럽의 필란트로피 활동에 변화가 나타나고 있는가?

유럽의 필란트로피 활동에 변화가 나타나고 있는가? 이 책을 위해 인터뷰한 사람 모두에게 가장 먼저 던진 질문이었다. 그리고 압도적으로 많은 이가 "그렇다"고 답했다. 하지만 노련한 전문가들 중에는 이런 다수의 견해에 반대의 목소리를 내는 사람들도 있었다. 그들 의견부터 살펴보자.

연속성

필란트로피 활동 전문가 테리사 로이드는 비영리 이사회의 고문으로 일하고 있다. 『부자들은 왜 기부를 하는가Why Rich People Give』(2004), 『더 풍요로운 삶Richer Lives』(베스 브리즈 박사와 공저, 2013) 등 4권의 책을 쓴 그녀는 현재의 변화 수준에 대해 더 신중한 입장이다.

"지금의 변화를 혁명이라고 부르기는 힘들다. 예전에도 빈부 격차를 메우려고 노력하는 사람들은 늘 있었다. 그때부터 쭉 지속되어온 과정이다. 하지만 초점이 바뀌었다. 예를 들어 19세기에는 고용인들의 복지에 중점을 두었기 때문에 인정 많은 공장주들은 그들이 살 집을 지어주었다. 하지만 요즘 부자들은 주택 공급은 국가가 할일이라고 말한다."

테리사 로이드는 필란트로피 활동의 동기가 거의 변하지 않았다고 생각하는 듯하다.

"필란트로피 활동과 관련된 서사가 바뀐 것 같지는 않다. 참여하는 이들 모두 대의를 이루려는 열정이 있고 자선단체가 변화를 일으킬 것이라고 확신한다. 기부할 때 특히 중점을 두는 분야가 있는데, 가족재단은 주로 교육, 연구, 예술 분야를 후원한다. 그들은 자녀에게 올바른 가치관을 심어주기 위해 필란트로피 활동을 이용하는 것일지도 모른다. 예를 들어 세인즈버리(Sainsbury) 가문은 각 세대마다 자선 신탁과 재단을 설립하도록 권유하여 현재 20개의 신탁이 있다. 가치관은 타인을 존중하는 것과 관련이 있다. 여러분도 자녀들이 의무감과 도덕심, 그들이 살아갈 사회에 대한 확고한 생각을 품은 채로 자라게 하고 싶을 것이다."

그러나 테리사 로이드는 적어도 '영국에서는 중대한 변화'가 하나 진행 중에 있다는 사실을 인정했다. "일부 사람들의 경우 조심스럽게 행동하면서 남들 눈에 띄지 않으려고 했던 태도가 바뀌었다."

영국에서 독자적으로 활동하는 필란트로피 활동 전문가 데이비드 캐링턴(David Carrington)도 '새로운 필란트로피 활동'이 정말 '새로운' 것인지에 대해 회의적인 입장이다. "그것은 바퀴를 다시 발명하겠다는 말이나 다름없다." 에이드리언 사전트(Adrian Sargeant) 교수가 여러 차례 지적한 것처럼 그도 "기부 수준이 극적으로 달라지지는 않았다"고 말한다. 네덜란드에 있는 가족재단 관리자도 우리가 바퀴를 재발명하는 것에 지나지 않는다는 데이비드 캐링턴의 말에 동의한다. "변화가 진행되고 있는 것은 맞다. 하지만 대부분 오래된 것을 가리키는 새로운 말을 만들어낸 것에 불과하다. 묵은 와인을 새 병에 담은 셈이다. 임팩트를 예로 들어보자. 필란트로피 활동이 어떤 임팩트를 만들어내느냐고 물어본다면 열이면 열 모두 다른 대답을 할 것이다."

명확한 자료가 부족하여 이 문제를 제대로 논하지 못하는 경우도 있다. 네덜란드 에라스뮈스대학 로테르담 경영대학원 경영학부 조교수 파말라 위엡킹 박사는 이렇게 말했다. "잘은 모르겠지만 전에는 자기 정체를 숨겼던 고액 기부자들이 점점 모습을 드러내고 있다는 느낌이다. 하지만 실제로 기부금이 늘어났는지는 알 수 없다."

이탈리아 토리노에 있는 콤파니아 디 산파올로의 필란트로피 활동 연구 책임자인 마르코 데마리에도 측정 가능한 수준의 변화가 진행되고 있는지는 확신하지 못했다.

"개인 기부가 전보다 더 공론화되었고 기부할 수 있는 방법도 다양해졌다. 하지만 실제로 기부받은 내역을 측정해본다면? 아마 실망할 것이다. 대중들의 관대한 도움을 원하는 이들은 전보다 훨씬 많아졌다. 덕분에 사람들 마음에 작은 변화가 생기기는 했지만, 그렇다고 필란트로피 활동이 새로운 단계에 접어들었다고는 생각하지 않는다."

그는 사고방식의 변화가 필란트로피 활동에 긍정적인 영향을 미친다고 말한다. "당신이 20년 전에 이탈리아에 자선단체를 설립했다면 보조금은 전혀 받지 못했을 것이다. 하지만 이제는 사람들이 필란트로피 활동과 자선재단을 높이 평가하고 있다. ……과거에는 존재하지 않았던 전문적인 공동체도 구성되어 있다."

필란트로피 활동의 눈에 띄는 변화

그러나 인터뷰 대상자 대부분은 유럽의 중요한 필란트로피 활동에 상당한 변화가 일어나고 있다고 확신했다.

프랑스 최고의 경영대학원 HEC(École des Hautes Études Commerciales)를 지원하는 HEC의 바르바라 드 콜롱브(Barbara de Colombe) 이사는 단호하게 말했다.

"물론 변하고 있다. 가장 눈에 띄는 변화는 갈수록 더 많은 사람이, 더 많은 액수를, 새로운 분야에 기부한다는 점이다. 전통적인 필란트로피 대상은 인도주의, 사회사업, 실업자, 노숙자, 어린이 등이었다. ……최근 10년 동안에는 새로운 분야, 특히 교육과 고등교육 분야에 시간과 돈을 기부하는 사람들이 점점 늘어나고 있다."

미켈 데 팔라데야(Miquel de Paladella)는 업소셜(UpSocial)의 공동 설립자이자 CEO이고 바르셀로나 ESADE(Escola Superior d'Administració i Direcció d'Empreses) 사회혁신연구소 교수이기도 하다. 그는 나와 함께 바르셀로나대학에서 모금 활동 관련 준석사(postgraduate)과정을 가르치며 아소카(Ashoka), 유니세프(UNICEF), 플랜 인터내셔널(Plan International)에서 일한 경험이 있다. 그는 이렇게 말한다. "확실히 변화가 진행되고 있다. 중요한 변화는 '부오니스모(buonismo, 약간 냉소적인 '선량함', 온정주의를 뜻함)'가 임팩트와 성과를 강조하는 경험적 관점으로 바뀐 것이다." "하지만 문제가 끝없이 계속된다는 사실에 좌절감을 느끼는 이들도 많다. 한 아이의 생명을 구하는 것만으로는 충분하지 않다. 사람들은 한 아이만 돕고 끝내는 것이 아니라 시스템을 뜯어고치고 싶어한다. 모두가 품은 야심이 전보다 더 커졌다."

마리스테판 마라덱스(Marie-Stéphane Maradeix)는 유제품회사 다논을 소유한 가문이 파리와 마드리드에 기반을 두고 설립한 필란트로피 재단 퐁다시옹 다니엘 에 니나 카라소(Fondation Daniel et Nina Carasso)의 CEO다. 그녀는 문화부 장관이 기부금에 대해 매력적인 재정 특례를 제공하는 새로운 법률을 제정한 "2003년부터 프랑스의 필란트로피가 매우 빠르게 발전했다"고 생각한다.

구세주 사제수사회(Salvatorian Fathers and Brothers)에 소속된 국제원조 지원서비스 살바토리안 사무소(SOFIA)의 총책임자 아르누 메르턴스(Arnout Mertens)는 이 수사회에서 기금 모금을 담당하고 있다. 유럽의 종교 분야에서도 필란트로피 활동이 변화하고 있을까? "물론이다. 나는 이 분야에서 8년 동안 일했다. 그동안 전체적인 풍경이 크게 달라졌다. [다른 분야보다] 속도가 느릴 수는 있다. 종교 분야는 더 보수적이기 때문이다."

에드윈 베네마(Edwin Venema)는 네덜란드 〈드 디케 블라우어De Dikke Blauwe〉(예전 이름은 〈필란트로퓜 저널Filanthropium Journaal〉)의 편집장이다. "내가 보기에는 변화 양상이 매우 뚜렷하다. 확실히 달라지고 있다." 필란트로피 활동의 변화 증거는 "우리가 지난 몇 년 동안 주시한 트렌드와 완전히 일치한다. 기부에서 투자로의 커다란 변화가 일어나고 있다. 하지만 모든 것이 다 변한 것은 아니어서 예전 스타일의 필란트로피 활동도 여전히 네덜란드 필란트로피 활동에서 매우 중요한 요소다. 하지만 투자로 전환되려는 움직임이 매우 뚜렷하다." 기성 조직과 새로운 조직이 민간 지원금을 조달하려고 하면서 "시장에 완전히 새로운 역동성"이 나타나고 있고 "새로운 필란트로피스트와 기업들은 재단을 설립하여 이에 대응하고 있다. 지금은 모든 것이 움직이는 중이다."

장마리 데스트레(Jean-Marie Destrée)는 퐁다시옹 카리타스 프랑스(Fondation Caritas France)의 부국장이다. 그는 필란트로피의 가족적인 가치를 강조하지만 여기에서도 변화가 일어나고 있는 것을 목격했다. "예전에는 전 재산을 자녀에게 물려주었다. 하지만 이제 단순히 돈을 물려주는 것만으로는 아이들이 행복해질 수 없다는 사실을 깨달았다. 중요한 것은 가치관을 전하는 것이다. 우리 단체의 기금 설립자 중 상당수는 자녀들에게 가족의 가치관을 전하고 싶다는 마음으로 기금을 조성했고, 자녀들을 기금 이사회에 참여시킨다."

마르크 보트만(Marc Wortmann)은 국제알츠하이머병협회(ADI)의 상임이사이자 유럽모금협회의 부회장을 역임했다. "필란트로피 활동이 변하고 있는가?"라는 질문에 그는 이렇게 답했다. "그렇다고 생각한다. 필란트로피는 광범위한 주제다. 알츠하이머 분야에서 본 바로는 재단이 먼저 우리에게 다가왔다. 우리가 재단을 찾아간 것이 아니라 그 반대였다. 예전에 비해 경계선 너머를 바라보는 이들이 늘어났다." 그는 재단의 개방성이 확대되고 있다고 말했다. "그들은 적극적으로 상황을 주도하면서 프로젝트에 참여하거나 언론에 공식 발표를 하고 싶어한다. 그리고 전부는 아니지만 일부는 익명을 원한다."

덴마크의 국립자원봉사위원회와 장애인협회 이사인 울리크 캄프만(Ulrik Kampmann)은 건축환경을 개선하여 삶의 질을 높이는 데 주력하는 필란트로피 단체인 레알다니아(Realdania)의 개발이사를 지낸 바 있다. 그는 "필란트로피 활동이 매우 빠르게 변화하고 있다"고 생각한다. "나는 덴마크의 대규모 재단 두 곳에서 일하는 동안 우리가 점점 전략적으로 변해간다는 사실을 알게 되었다. 재단이 중점적으로 후원하는 분야는 갈수록 줄어들었다. 우리는 어떻게든 확실한 임팩트를 발휘하고 싶었다."

세르주 레셰르(Serge Raicher)는 유럽벤처필란트로피협회(European Venture Philanthropy Association : EVPA)의 공동 설립자다. 그에게 필란트로피 활동이 변하고 있는지 물어보았다.

"변하고 있다. 가장 큰 변화는 필란트로피 공동체 내의 세대교체다. 가문의 2세대나 3세대가 그들만의 방식대로 필란트로피 활동을 하려고 한다. 산업계와 기술업계 사람들도 필란트로피 활동가로 변신하고 있다. 이것은 엄청난 변화다. 상황을 완전히 재고하게 해주었고 사고방식도 바뀌었다."

아프리칸 파크(African Parks)의 유럽 지역 책임 모금담당자 소피 보세나르(Sophie Vossenaar)는 스티흐팅 데 폰덜브뤼흐(Stichting De Vondelbrug), FIN, 네덜란드재단협회의 이사회에서도 활동하고 있다. 그녀는 필란트로피 활동이 변화하는 방식과 관련하여 세 가지 의견, 즉 사회적 임팩트 투자에 대한 관심 증가, 조직의 폭넓은 사회적 관점, 주로 종교와 결부되어 있던 기부 동기의 변화 등을 제시한다.

"물론 필란트로피 활동은 변하고 있다. 하지만 사회적 투자 부문에서도 새로운 형식에 대한 관심이 커지면서 많은 변화가 생기고 있다. 대의명분이나 자선 활동뿐 아니라 사회적 이슈에 관심을 갖는 이들이 훨씬 늘어났다. 일부 자선단체는 이에 반응하고 있다. 예를 들어 네덜란드폐재단(Longfonds, http://research.longfonds.nl/)은 폐 건강뿐 아니라 훨씬 광범위한 건강 문제에 관심을 보이고 있다."

소피 보세나르는 "예전에는 돈으로 천국에 가는 길을 사려고 했던 이들이 대부분의 필란트로피 활동을 수행했다"고 말한다. "과거에는 교회가 지금보다 훨씬 큰 영향력을 행사했다. 이제는 사람들이 이런 일을 하는 것이 재미있다는 사실을 깨닫기 시작했다."

캐런 윌슨(Karen Wilson)은 기업가정신과 투자에 대한 조언을 해주는 GV 파트너스 창업자이자 브뤼셀에 있는 브뤼헐경제연구소(www.bruegel.org) 선임연구원이다. 그녀가 바라보는 필란트로피 활동도 변하고 있을까?

"물론이다. 지난 20년 동안 유럽, 미국, 그리고 전 세계에서 사회적 기업가정신운동은 계속 발전해왔다. 사람들은 이런 사회적 기업가들에게 재정 지원이 필요하다는 것을 깨달았다. 그와 동시에 필란트로피스트들은 본인들이 원하는 임팩트를 얻지 못하고 있다는 사실을 깨달았다. 필란트로피스트들은 보다 적극적으로 나서고 싶어한다. 그래서 '우리의 보조금 프로그램이 자원을 활용하는 가장 좋은 방법인가?'라고 묻고 있는 것이다."

캐런 윌슨은 이런 아이디어(임팩트에 대한 요구, 보조금 프로그램에 대한 좌절감, 임팩트 투자에 대한 새로운 초점)가 결합되어 패밀리 오피스와 일부 재단이 주도하는 변화가 진행되고 있다고 생각한다. 이제 대출과 투자가 기부보다 좋은 도구로 인식되고 있다. "재단의 관점에서 보면 당시의 자본금만 다시 돌려받아도 보조금보다 낫기" 때문이다.

유럽벤처필란트로피협회 연구이사였다가 지금은 바르셀로나 ESADE 경영대학원 교수인 리사 에엔베르허르(Lisa Hehenberger) 박사도 유럽의 고액 필란트로피 분야에 변화가 생기고 있느냐는 질문에 확실히 긍정적인 반응을 보였다.

"그렇다. 다양한 유형의 플레이어들이 필란트로피 전략과 일정한 범위의 재정적 이익에 대한 기대감을 안고 이 분야에 진입하고 있다. 이는 필란트로피와 관련해서는 새로운 현상이다. 과거에도 사회적 이슈에 관심을 보이는 재단은 많았지만 그들은 각 분야에 대한 임팩트보다는 얼마나 많은 자금을 투입했느냐에 초점을 맞추었다. 필란트로피는 전보다 훨씬 자원 지향적인 활동이 되어가고 있다."

아르튀르 고티에(Arthur Gautier) 박사는 파리 ESSEC(예전 명칭은 l'École Supérieure des Sciences Économiques et Commerciale) 필란트로피학과의 책임자 겸 연구원이다. 그가 생각하기에 "유럽에서는 필란트로피 활동이 갈수록 주류로 자리잡아가고 있다. 국민들과 징치인들은 부유한 기부자들이 관여하는 것을 지적 한다. 이 필란트로피 분야에 대한 관심이 커지고 있다."

스페인의 사회 투자기업 크레아스(Creas)에서 코디네이터로 일하는 루이스 베루에테(Luis Berruete)는 필란트로피 활동이 변하고 있다고 생각할까?

"스페인에서는 변화 속도가 느리다. 나는 [푼다시온 비센테 페레르 (Fundación Vicente Ferrer)에서] 오랫동안 모금담당자로 일했는데, 당시에는 주로 기부를 요청하는 방식을 사용했다. 하지만 이제는 '투자'를 한다. 내 생각에 변화가 천천히 진행되는 이유는 [사회적 임팩트 투자 같은 새로운 방법과 관련된] 실적이 아직 없기 때문인 것 같다."

억만장자 아버지가 설립한 재단에서 일하는 프랑스의 한 필란트로피스트가 비공식 석상에서 한 말에 따르면 프랑스 역시 변화가 더디다. "프랑스는 혁신에 서투르다. 진보적인 우리 재단 입장에서 볼 때 프랑스에는 진보적인 가족재단이 네 개밖에 없다." 하지만 그렇다고 해서 아무 일도 일어나지 않는다는 이야기는 아니다. "2008년 이후로는 확실히 달라졌다. 새로운 세대가 등장하면서 재정환경과 문화에도 변화가 생겼다. 느리지만 확실히 바뀌고 있다."(프랑스의 법적 변화에 관한 자세한 내용은 8장 참조)

쥐디트 시몽(Judith Symonds)은 프랑스에 기반을 두고 유럽과 미국에서 일하는 전략 및 필란트로피 전문 조언자다. 그녀는 시앙스 포(Sciences Po)에서 석사급 학생들에게 새로운 필란트로피와 사회적 투자를 가르친다. 쥐디트 시몽에게 "필란트로피가 변하고 있는가?"라고 물었다.

"변하고 있다. 하지만 장소에 따라 변하는 방식이나 속도는 제각각이다. 유럽, 특히 프랑스에서는 사회적 투자 영역(소액 금융, 임팩트 투자, 소셜 비즈니스)에 대한 인식과 관심이 훨씬 높기 때문에 이런 맥락에서 살펴보는 것이 중요하다. 임팩트 투자, 소액 금융, 필란트로피 활동은 이곳의 문화 때문에 더 힘든 상황을 겪고 있다."

쥐디트 시몽은 "그것은 문화나 국가의 지배적인 역할과 관련이 있다. 필란트로피 활동과 관련해서는 돈 이야기를 '꺼리는' 분위기가 있었다. 하지만 사회적 투자 움직임이 분수령이 되면서 투자 이야기를 꺼내기가 한결 수월해졌다"고 말한다.

스테파니아 코니(Stefania Coni)는 이탈리아 토리노에 있는 폰다치오네 CRT('CRT'는 예전의 카사 디 리스파르미오 디 토리노Cassa di Risparmio di Torino 은행을 가리킨다)의 국제 프로젝트 코디네이터다. 이 재단은 지역 저축은행에서 설립한 재단 그룹 중 하나다(8장 참조).

"물론 변하고 있다. 이탈리아에서는 변화를 강하게 느낄 수 있다. 예전에는 필란트로피를 사람들에게 도움이 되는 일을 하기 위한 기부라고 생각했다. 이탈리아에서는 이런 접근 방식이 다른 방향으로 나아가고 있다. 우리가 유럽벤처필란트로피협회의 일원이 되기로 결정했던 것이 기억난다. 이사회를 상대로 전통에서 벗어난 필란트로피에 대해 설명하는 것은 힘든 일이었다. 접근 방식을 바꾸는 것도 힘들었다. 자신이 모르는 것을 밝혀내야 했기 때문이다."

JP 모건에서 일하다가 현재 팩터리 유럽(Factary Europe)의 이사로 활동하는 내 동료 마르틴 고드프로이드(Martine Godefroid)는 표면적인 변화와 핵심 동기를 구분한다.

"필란트로피 활동의 동기는 변하지 않았다. 하지만 필란트로피가 기부자에게 주는 인식과 더불어 사회 변화에 대한 책임의식이 생겨났다. 기부자들이 주로 종교적 믿음을 통해 동기를 부여받았을 때 뭔가를 되돌려받는다는 것은 곧 자기들이 완전히 사심 없는 상태가 아님을 의미한다고 느꼈다. 하지만 이제 기부자들은 필란트로피 활동이 많은 것을 가져다준다고 말한다."

마르틴 고드프로이드는 이렇게 말한다. "사람들이 필란트로피 활동을 하는 방식, 관련된 사람들의 수, 보조금 규모, 고액 기부금 내역을 공개한다는 사실 등이 달라졌다. 보다 전문적이고 체계적인 필란트로피가 등장하고 있다."

컨설턴트, 저술가, 트레이너인 마리타 하이바흐(Marita Haibach)는 독일의 메이저 기빙 인스티튜트(Major Giving Institute)를 공동 설립했다. "확실히 변화가 생기고 있다. 최소 2억 유로에 달하는 엄청난 기부금이 들어왔다. 또 수백만 유로 규모의 기부금 이야기도 들을 수 있다." 이는 독일에서 새로운 현상이다. 예전에는 사람들이 자신의 필란트로피 활동에 대해 이야기하지 않았고 지금도 공개적으로 말하는 이들은 여전히 대중에게 비난을 받을 수 있다. 유럽 전역에서 진행되는 트렌드(5부에서 살펴볼 예정이다)를 곰곰이 생각해본 그녀는 독일에서 주목할 만한 주요 동향은 "사람들이 자기만의 재단을 만드는 것"이라고 지적한다.

아탈라 쿠탑(Atallah Kuttab) 박사는 아랍 지역의 필란트로피 자문 기관인 사아네드(Saaned, www.saaned.com)의 설립자다. 그는 아랍재단포럼의 창립자이자 아랍인권기금의 창립 회원이기도 하다. 아탈라 쿠탑 박사는 유럽과 아랍어권에서 필란트로피 활동을 한 경험이 있기 때문에 그에게도 유럽의 필란트로피 활동 상황에 대한 의견을 구했다. 그는 "100년 전 프로이센이 독일에서 권력을 쥐었고 그들은 필란트로피스트와 정부가 서로 협력하여 병원을 운영하도록 했다"라고 하며 유럽의 여러 나라가 각기 다른 전통을 지닌 개별적인 나라임을 상기시켰다. 그는 빈부 격차를 변화의 핵심 동력으로 꼽았다. "아랍 지역에는 오래전부터 빈부 격차가 있었다. 이 지역에는 가장 부유한 이들과 가장 빈곤한 이들이 섞여 있다. 카타르, 모리타니, 수단, 이집트를 생각해보라."(빈부 격차와 관련된 내용은 4장에서 자세히 다룰 것이다.)

볼프강 하펜마이어(Wolfgang Hafenmayer)는 임팩트 투자 자문 그룹인 챌린저73의 창립 파트너다. 그는 변화에 대한 질문에 뭐라고 답했을까? "바뀌기를 바란다! 필란트로피 활동은 오랫동안 매우 비전문적인 방식으로 진행되었는데, 별로 임팩트 있는 방식도 아니었다. 이제는 바뀌어야 할 때다." 그는 또 다음과 같이 말했다.

> "이 분야의 핵심 동력은 전문성이다. 기업인들이 이 분야에 진출하고 있는데, 그들은 성과에 훨씬 관심이 많고 그에 맞춰 조직을 구성하는 사람들이다. ……우리에게는 아직도 그냥 돈을 나누어주기만 하는 18세기 족장 같은 사람들이 있다. 하지만 다른 한편에는 '임팩트를 발휘하고 싶다면 투자를 해야 한다'고 말해주는 전문 조언자도 있다."

하지만 그는 전통적인 필란트로피를 비판하는 것은 아니라고 힘주어 말한다. "기존의 필란트로피 활동 방식도 딱히 좋거나 나쁜 것은 아니고 그럭저럭 괜찮다. 다만 이런 식의 필란트로피 활동을 오늘날의 임팩트 투자자와 비교하는 것이 불가능할 뿐이다." 그는 이 분야가 세분화되고 있다고 강조했다. "필란트로피 활동에는 소액 기부부터 수백만 유로 규모의 투자까지 다양한 부문이 존재한다. 필란트로피 활동의 변화를 통해 [전통과 현대의] 다양한 부문을 인식하게 되기를 바란다."

정확한 과학적 증거는 아니다

이들의 견해는 과학적인 변화의 증거가 아니다. 이 책 전체에서 살펴보겠지만 정확한 과학적 증거는 거의 없다. 유럽에는 고액 필란트로피에 관한 과학적인 자료가 없기 때문이다. 다만 유럽 곳곳에서 활동하는 전문가들의 견해('아니다', '그렇다', '어느 정도는 그렇다', '잘 모르겠다' 등)를 충실히 재현했기를 바랄 뿐이다. 이 책의 나머지 부분에는 각각의 관점에 대한 더 많은 내용이 포함되어 있다. 결국 판단은 각자 스스로 해야 한다.

| 3장 |

새로운 필란트로피가 아니다

서론

'새로운 필란트로피'라는 용어는 학계에서 논의되고 있지만, 한편으로는 모금담당자와 필란트로피 실무자도 사용하고 있다. 정말 '새로운 필란트로피'는 존재하는 것일까?

새로운 필란트로피가 아니다

'새로운 필란트로피'라는 표현은 비영리 부문 전체에서 널리 사용되면서 남용되고 있는데, 구글에서 이 문구를 검색하면 7만 8400개의 결과가 나온다. 거의 30년 전에 잘츠부르크 세미나에서 "새로운 유럽을 위한 새로운 필란트로피"(Brademas et al, 1993)라는 말을 처음 들었다. 1년 뒤 마누엘 파레스 이 마이카스(Manuel Parés i Maicas)는 바르셀로나에서 『새로운 필란트로피와 사회적 소통*The New Philanthropy and Social Communication*』(1994)을 출간했다. 인디애나대학의 유명한 필란트로피 센터에서 일하는 릴리아

와그너(Lilya Wagner)는 2002년에 발표한 논문에서 '새로운 기부자'가 '새롭게 창조된 것인지, 아니면 진화된 것인지' 물으면서 '새로운 필란트로피'라는 개념을 '벤처 필란트로피' 실천과 결부했다. 〈이코노미스트Economist〉는 2006년에 발행한 '자선자본주의(philanthrocapitalism)의 탄생' 특별호 (Anon, 2006)에서 '새로운 필란트로피스트'에 대해 설명했다. 미렌 구티에레스(Miren Gutiérrez)는 2006년에 인터 프레스 서비스(Inter Press Service)에 기고한 기사에서 "자선은 역사의 뒤안길로 사라졌고 이제는 새로운 필란트로피가 온다"라고 했다. '새로운 필란트로피'라는 말은 비르지니 세게르가 2009년에 출간한 프랑스의 고액 필란트로피스트에 관한 책 제목이자 이 출판사가 2015년에 펴낸 책(Morvaridi, 2015) 제목인 동시에 필란트로피 문제를 다루는 블로그(예를 들어 Sibille, 2008)의 이름이기도 하다. 마크 저커버그(Mark Zuckerberg)가 2015년에 투자를 사회적 목적으로 전환한다고 발표하자 카나리아제도를 비롯한 유럽 전역의 신문에 '새로운 필란트로피'에 관한 기사가 쏟아졌다(Anon, 2015b). 이는 '에드워드시대의 새로운 필란트로피'까지 소급 적용된다(Laybourn, 2015).

조금만 조사해도 기발한 필란트로피 아이디어는 대부분 예전에 시도된 적이 있다는 사실을 알 수 있다. 사회적 기업을 예로 들어보자. 참신한 아이디어처럼 들리겠지만 이는 사실 매우 오래전부터 있었다. 프랜시스 하인스(Frances Hines, 2005)는 사회적 기업을 "빅토리아시대의 사회적 풍경이 잘 다듬어진 것"이라고 표현했지만 사실 그보다 훨씬 더 과거로 거슬러올라갈 수 있다. 예를 들어 1552년에 예루살렘에 건설되어 와크프(waqf), 즉 기부재단의 역할을 하게 된 하세키 술탄 이마레트(Haseki Sultan Imaret)는 노숙자들에게 음식과 쉼터를 제공했다. 이 급식소는 25개 마을과 여러 상점에서 얻은 임대 수입과 목욕탕, 비누 공장 두 곳, 제분소 11곳 등 다양한 사회적 기업을 통해 필요한 자금을 조달했다(Peri, 1992). 하세키 술탄 이마 레트는 여성 필란트로피 활동과 관련된 사례이기도 하다. 하세키 휘렘 술 탄(Haseki Hürrem Sultan)이 운영을 위탁했고 그녀의 지참금을 사용하여 설립했을 가능성도 있기 때문이다.

2011년 지속 가능성에 관한 블로그 에틱(Ethic)에 올라온 기사(Anon, 2011a)에서는 "새로운 필란트로피를 믿는가?"라고 묻는다. 베스 브리즈(Beth Breeze, 2011) 박사는 『자발적 행동의 근원에 대한 이해*Understanding the Roots of Voluntary Action*』에서 "믿지 않는다"고 답했다. 그리고 새로운 필란트 로피를 주제로 한 장(章)에서 이 문제와 관련하여 사람들이 제기한 모든 주장을 뒤집으며 깔끔하게 정리했다. 베스 브리즈 박사는 "'새로운 필란트 로피'에 관한 주장이 왜 신빙성을 얻게 되었는가?"라고 묻는다. 그녀는 새 로운 필란트로피에 대한 환상은 '역사적 기억 상실', '새로운 것에 대한 선 호', '남들과 구별됨과 동시에 전통적인 의미의 필란트로피에 내포된 부정 적인 함축과 거리를 두려는 현대 기부자들의 욕구'에서 비롯된 것이라고 생각한다.

베스 브리즈 박사는 과거에 등장했던 새로운 필란트로피에 관한 주장 을 더 언급하는데, 적어도 엘리자베스 머캐덤(Elizabeth Macadam)이 『새로 운 필란트로피*The New Philanthropy*』를 출간한 1934년까지 거슬러올라갈 수 있다. 베스 브리즈 박사는 19세기 런던에서 필란트로피스트 집단이 분석 적 관점에서 필란트로피에 접근하는 '새로운 과학적 필란트로피스트 군단' 양성을 목표로 창설한 빈민구제협회(SBCP)에서 '새로운 필란트로피'의 특 징 중 상당수(어쩌면 대부분)를 발견할 수 있다고 말한다. 조너선 파울러 (Jonathan Fowler, 2011)가 지적한 것처럼 SBCP는 '경험을 통해 가난한 사 람들에게 유익하다고 확인된 것', 즉 지금까지와는 다른 '임팩트를 만들어

낸 것'을 과학적이고 체계적으로 측정하는 것을 목표로 삼았다.

기브웰(Give Well, www.givewell.org) 이사회에서 활동하고 있는 티머시 오그던(Timothy Ogden)은 오늘날의 기부자들은 다르다는 생각을 부인했다. 2015년 〈얼라이언스Alliance〉에 실린 기사에서 그는 "오늘날의 기부자들은 다르다. ……그들은 임팩트를 측정하는 데 관심이 있다"는 말에 의문을 제기했다. 그는 "초기 필란트로피스트들은 정말 임팩트에 신경쓰지 않았을까?"라고 질문을 던진 뒤 그들이 실제로 신경썼다는 사실을 입증했다. 초기 필란트로피스트들은 다양한 비즈니스 모델을 이용하여 임팩트를 측정했고 티머시 오그던은 "임팩트 면에서 오늘날의 기부자들이 다른 점은 임팩트에 얼마나 신경쓰느냐가 아니라 그것에 접근하는 방식이다"라고 주장한다. 그들은 20년 전에는 사용할 수 없었던 도구와 데이터를 이용하여 임팩트를 정의하고 측정한다. 그는 임팩트 활동이 아직 광범위한 필란트로피 공동체에 미치는 임팩트의 증거를 제시하지 못했다는 아이러니를 지적하면서 비판적인 견해를 취하고 있다. 기부자가 자신의 임팩트를 측정할 수 있는 더 많은 정보를 원한다는 가정을 바탕으로 2002년 런던에 본사를 둔 비영리 싱크탱크(think tank) 겸 연구센터 겸 컨설팅회사인 뉴 필란트로피 캐피털이 설립되었다. 그러나 이 조직의 개발 책임자인 트리스 럼리(Tris Lumley)는 2015년 논문(Milner, 2015)에서 "그것은 불확실한 가정이었던 것으로 밝혀졌다"고 인정했다. "기부를 통해 최고의 사회적 이익을 얻으려고 적극적으로 나서는 기부자는 소수였고 이는 자기 조직의 임팩트를 명확하게 전달할 수 있는 자선단체들도 마찬가지였다."

하지만 우리는 부모와는 다른 방식으로 필란트로피 활동을 하고 있는 젊은 기부자들을 알고 있다. 그들은 임팩트, 조직의 지속 가능성, 본인이 후원하는 조직에 참여하는 문제에 대해 남들과 다르게 생각한다. 고액 필란트로피 시장이 세분화되고 기부에 대해 확연히 다른 태도를 보이는 집단이 출현했다는 증거가 있다(4장 참조).

이런 역사와 '새로운 필란트로피'가 정확히 무엇을 의미하는지에 대한 '불확실한 가정'을 생각하면 이 용어를 쓴다는 것 자체가 말이 되지 않는다. 차라리 권위 있는 레스터 샐러몬(Lester Salamon)이 2014년에 그의 저서에서 사용한 "필란트로피의 최전방에서 벌어지는 혁명"이라는 말을 차용하여 쓰는 편이 더 나을 듯하다. 여기서 혁명이라는 말을 뭔가가 선회한다는 뜻으로 받아들인다면 우리는 유럽의 고액 필란트로피 분야에서 벌어지는 또다른 혁명의 한복판에 서 있는 것이 분명하다.

이전의 혁명

유럽, 아니 정확하게는 기독교가 지배하던 유럽에서는 적어도 세 차례의 필란트로피 혁명이 있었다. '무어인'의 지배를 받았던 스페인의 경우 적어도 10세기 이후부터 건강, 교육, 빈곤에 대한 필란트로피 활동이 있었다(Carballeira Debasa, 2012). 이는 "고대 메소포타미아, 그리스, 로마, 이슬람교가 등장하기 이전의 아라비아 등 초기 문명의 영향을 받았다."(MacDonald & Tayart de Borms, 2008, p. 22) 유럽의 자선 신탁과 재단의 모델은 이슬람의 아우카프(awqaf, 기부재단, 단수형은 와크프)를 바탕으로 한 것일 수도 있다. 모니카 가우디오시(Monica Gaudiosi)는 "옥스퍼드대학은 전형적인 영국 학술 기관을 대표하는 것 같다. 하지만 옥스퍼드가 발전하던 초기 단계에서는 이슬람의 합법적인 자선 신탁 기관인 와크프의 덕을 많이 보았을 수도 있다"라고 했다(1998, p. 1231). 샤를 드바슈(Charles Debbasch, 1987)는 재단을 가톨릭교의 유산이라고 주장한다. 313년에 밀라노칙령을 통해 기부금을 받아 재단을 설립하게 되었다는 것이다. 하지만 병원을 돕기 위해 법적 성격을 띤 재단을 만든 이는 13세기 교황 인노켄티우스 4세(Innocentius IV)였다.

기독교 유럽에서 일어난 1차 필란트로피 분야 혁명은 4세기에서 6세기에 빈곤이라는 개념이 '발명'되고 이를 지원하는 '자선'을 제도화하는 데 교회가 중요한 역할을 했다(Magnani, 2009). 중세의 필란트로피가 종교 엘리트들의 권한이었다면(Bekkers & Wiepking, 2015) 2차 혁명 때는 상인들과 기업가들이 주체로 떠올랐다. 이때부터 국가가 필란트로피를 규제하기 시작했다. 1601년 영국의 엘리자베스 1세는 '자선 목적으로 기부된 토지와 재산의 오용을 바로잡기 위한 법률'인 자선신탁법(the Statue of Charitable Uses Act)을 통과시켰다. 이런 규정은 "민간 자선단체의 행정을 합리화하고, 자선단체에 기금을 제공하는 목적을 명확히 하며, 이런 기금이 기부자가 지정한 용도에 맞게 활용되도록 하고, 민간 자선단체를 국가의 감독 아래 두기 위한 것이다."(Seel, 2006)

3차 혁명은 복지국가의 발전이다. 베커스(Bekkers)와 위엡킹(2015, p. 2)이 지적한 것처럼 20세기 초의 네덜란드 정부는 다음과 같은 일을 했다.

> 상해로 인해 더이상 일할 수 없게 된 사람들(1901), 아픈 사람들(1913, 1930), 고령자(1919), 전반적으로 지원이 필요한 사람들(1965)을 위한 제도를 비롯하여 사회보장제도를 위한 여러 가지 법률을 도입했다. 이런 법률은 종교 기관이 준비한 민간 빈곤 구제의 필요성을 서서히 줄이고 복지를 국가의 책임으로 만들었다.

이런 패턴은 유럽 다른 지역에서도 다양한 수준으로 반복되었다.

그러나 '이런 변화 때문에 네덜란드에서 필란트로피가 종말을 맞은 것은 절대 아니다. 종교 기관에서 운영하는 기존의 자선단체들은 여전히 활발히 운영되었지만 노숙자, 중독자, 정신질환자 등 국가가 접근하기 어려운 사회 집단으로 관심을 돌렸다. 20세기 후반에는 새로운 종교적·세속적 필란트로피 단체들이 급증했다. 이들은 인권, 국제 구호, 문화, 스포츠, 레크리에이션 분야처럼 정부의 핵심 업무 영역 밖에 있다고 여겨지는 공공 재화와 서비스에 관심을 집중했다.'

지금 유럽 필란트로피 활동의 4차 혁명을 맞이하고 있다고 해도 놀랄 필요는 없다. 혁명의 수레바퀴는 전에도 돈 적 있지만 오늘날에는 더 빠르게 돌아가고 있다. 그러므로 잘 대비해야 한다.

새로운
사람들

4장

필란트로피스트

2부에서는 유럽의 필란트로피에 대한 새로운 생각을 가진 새로운 사람들이 있음을 보여준다.

바닥에 앉기

유럽파운데이션센터(European Foundation Centre : EFC)의 콘퍼런스는 원래 양복에 넥타이를 매고 서로 아는 체하며 고개를 끄덕이는 나이든 백인들로 가득한 매우 위엄을 세우는 행사였다. 원로 정치인들만을 위한 자리라고 할까. 하지만 지금 EFC 콘퍼런스에 오면 매우 다양한 사람들을 만날 수 있다. 노련한 경비원은 여전히 자리를 지키고 있지만 이제는 단정하게 차려입은 스위스 은행가와 프랑스 투자 매니저 사이에 20대 대표단이 앉아 있는 모습을 보게 될 것이다. 유럽에서는 필란트로피 활동에 참여하는 사람들이 바뀌고 있다. 아니 적어도 그런 것처럼 보인다.

모금담당자, 자산관리 전문가, 재단은 스스로 부를 일군 신세대 필란트로피스트들이 존재한다는 사례 증거를 갖고 있다. 그리고 개인적인 진술 외에도 유럽의 벤처 필란트로피 성장, 필란트로피 세력으로서 여성의 등장, 유럽 재단 수의 급속한 증가 같은 변화 증거도 갖고 있다. 이 신세대는 필란트로피에 대해 부모나 조부모와는 다른 관점을 갖고 있으며 '기부'보다는 '투자'를 통해 전략적으로 베풀고 싶어한다. 이런 사고의 변화는 다음과 같은 광범위한 사회적 변화를 반영한다.

> 시민사회에서 활동중인 사람과 조직은 갈수록 스스로를 '사회 변화를 위한 영감과 아이디어의 원천'으로 여긴다. 헌신적인 시민들은 빨리 변화가 생기기를 바라며 타인이 해결책을 제시할 때까지 기다리기만 하는 것이 아니라 주도적으로 해결책을 개발하여 실행에 옮긴다(Anon, 2015c).

2부에서는 이런 사람들을 집중적으로 살펴볼 것이다. 유럽에서 고액 필란트로피 활동을 형성하고 있는 세력을 알아보고, 이 분야의 연구를 검토하고, 유럽에서 부와 부에 대한 태도에 어떤 일이 벌어지고 있는지 이해하려고 노력할 것이다.

필란트로피스트 모임과 네트워크의 존재는 유럽의 필란트로피가 변하고 있다는 증거다. 자신의 필란트로피 활동, 동기, 부의 규모, 동료 집단에서 느끼는 감정 등에 대해 이야기하는 것은 유럽의 오래된 기부 전통에서는 가능하지 않거나 예의바르지 않은 행동이다. 사람들은 필란트로피에 대해 배우고 주변 사람들을 통해 필란트로피를 전략적으로 수행하는 방법을 익히고 이런 배움에 대한 열망은 유럽 필란트로피 분야 혁명의 중요한 요소다. 필란트로피스트 모임과 네트워크가 유럽 전역에서 성장하고 있는데,

5장에서는 그들이 누구이고 어떤 문제에 직면해 있는지 알아볼 것이다.

19세기와 20세기 초에는 여성들의 필란트로피 활동이 활발했지만 그 시기 이후 이 주제는 조용히 사라졌다. 오늘날 유럽 여성들의 상황은 과거와 매우 다르다. 여성의 권리—또는 최소한 권리의 일부—는 법에 의해 보호되고, 여성은 부의 생성자이자 소비자로서 경제에 막강한 힘을 발휘하며, 여성은 사회적 변화가 계속될 것임을 확실시한다. 여성들이 획득한 이런 새로운 사회경제적 자본이 필란트로피 활동으로 전환되는 것일까? 유럽 여성들은 필란트로피에 다르게 접근하고 있는 것일까? 6장에서는 이런 질문에 대한 답을 찾고, 위민 무빙 밀리언스(Women Moving Millions) 같은 여성 필란트로피스트 네트워크의 활동이 두드러지는 미국의 상황과 간략히 비교할 것이다.

유럽 필란트로피 활동에서 가장 중요한 발전 중 하나는 '벤처 필란트로피스트'의 등장이다. 이 모델은 1990년대 후반에 하버드대학(Letts, Ryan, Grossman, 1997)에서 만들어져 캘리포니아주 실리콘밸리 커뮤니티재단에서 실용화되었다. 벤처 필란트로피의 경우 필란트로피스트들은 벤처 캐피털 투자와 관련된 많은 기술을 필란트로피에 적용한다. 그들의 목표는 보조금, 부채, 자본 같은 맞춤형 재원을 이용하여 측정 가능한 사회적·환경적 임팩트를 만들어내고 사회적 목적이 있는 조직을 강화하고 성장시키기 위해 재무 외적인 조직 후원을 지원하는 것이다. 벤처 필란트로피 활동을 하는 조직 수는 적지만—2016년 유럽벤처필란트로피협회 회원 수는 200개가 조금 넘는 정도였다—상당수의 대규모 유럽 재단과 일부 초대형 재단들이 벤처 필란트로피 모델을 일부 받아들였기 때문에 그 임팩트는 매우 크다고 할 수 있다. 벤처 필란트로피는—적어도 유럽에서 정의하는 바에 따르면—임팩트 투자와도 밀접한 관련을 갖는데, 이는 상당한 규모의 자금이 사회와 환경 부문에 투입될 수 있게 한다. 7장에서는 유럽의 벤처 필란트로피 분야에서 벌어지고 있는 일들을 살펴볼 것이다.

　고액 필란트로피는 거의 항상 대대적인 환영을 받는다. 하지만 여기서도 몇 가지 문제가 생긴다. 그중 하나가 수혜자에게 직접 기부하는 문제다. 일부 기부자는 파트너와 프로젝트를 후원하기 위해 북반구에 있는 NGO에 기부하는 것이 아니라 남반구의 개발도상국으로 향하는 비행기에 올라 프로젝트에 직접 기부한다. 출처는 불분명하지만 한 부유한 가문에서 자란 선한 마음씨를 가진 후손이 비행기 비즈니스석을 타고 콩고민주공화국으로 가서 사륜구동차를 빌려 타고 돌아다니다가 자기가 발견한 첫번째 프로젝트에 현금을 기부했다는 이야기가 있다. 이런 행동은 20세기 이후 유럽의 NGO를 지탱해온 모델에 위협이 될까?

　그리고 고액 필란트로피에 관한 의문도 많다. 금전적 여유가 있는 사람들이 사회적·환경적 행동의 방향에 영향을 미치는 것은 과연 옳은 일일까? 이와 관련된 논의를 요약해보자.

다시 미래로

　이 책 1장 서론에서 살펴본 것처럼 필란트로피 분야에 혁명이 일어나고 있다. '바리케이드를 무너뜨리자!' 같은 식의 혁명은 아니지만 수레바퀴가 돌아서 지금껏 보지 못한 부분이 드러나는, 문자 그대로의 혁명 말이다. 새로운 사람들은 부모나 조부모가 베푼 자선보다 인류에 더 도움이 되기를 바라는 마음으로 추적 가능한 오래된 기원을 지닌 새로운 아이디어를 시도하고 있다. 그리고 그 과정에서 사적이고 비밀스럽고 익명으로 진행되던 필란트로피의 실상을 밝힌다.

네 명이 이 혁명의 많은 부분을 일구었는데, 그중 세 명은 현재 활동하고 있고 한 명은 과거의 인물이다. 빌 게이츠와 멀린다 게이츠, 그리고 그들의 친구 워런 버핏(Warren Buffett)은 막대한 부의 상당 부분을 대의를 위해 기부하겠다고 약정하고 대규모 재단을 설립하여 대표적인 필란트로피스트가 되었다. 최근 한 보고서(Anon, 2015c)는 "그들의 상당한 지원금과 적극적인 태도 덕분에 최근 몇 년 사이 국제적 차원에서 재단에 대한 대중의 인식이 형성되었다"고 밝혔다.

이 책 준비과정에 참여한 많은 인터뷰 대상자도 게이츠 부부와 그들의 기부에 대해 언급했다. 바르셀로나의 미켈 데 팔라데야는 "빌 게이츠는 유럽의 모델"이라고 말했다. "빌 게이츠의 개인적인 참여나 보다 과학적인 방법으로 대의명분을 선택할 수 있는 능력 등을 감안하면…… 그는 재단 규모가 지금의 5분의 1, 10분의 1밖에 안 되더라도 분명히 주위에 임팩트를 주었을 것이다." 울리크 캄프만도 이에 동의하면서 스칸디나비아 관점에서 보았을 때의 미묘한 차이를 설명한다.

"덴마크 재단들은 주로 미국에서 영감을 얻는다. 처음 시작할 때는 세계 보건에 대한 게이츠 부부의 일곱 가지 도전(http://grandchallenges.org/)을 발판으로 삼았다. 그러나 게이츠가 한 것과 같은 방식으로 거대한 도전에는 대처하지 못했다. 그들[미국 재단]은 매우 전략적이다. 우리는 촉매반응을 일으키는 접근 방식을 시도하고 있는데, 그것도 미국에서 영감을 받은 것이다. 미국 모델을 그대로 따르는 것은 아니지만 거기서 영감을 얻고 있다."

19세기 필란트로피를 오늘날의 혁명과 연결하는 사람이 한 명 더 있다.

앤드루 카네기(Andrew Carnegie)는 1835년 11월 25일에 스코틀랜드 던 펌린에서 윌리엄 카네기와 마거릿 모리슨 카네기의 두 아들 중 장남으로 태어났다. 윌리엄은 손으로 베를 짜는 직공이었는데, 새로 발명된 수력 방직기 때문에 직장을 잃는 바람에 앤드루가 열세 살 때 가족 모두 미국 펜실베이니아주 앨러게니로 이주했다. 앤드루 카네기의 첫번째 직업은 면화 공장에서 실을 감는 것이었다. 그는 배달원으로도 일했으며 열일곱 살 때는 펜실베이니아철도 서부지국 감독관인 토머스 A. 스콧(Thomas A. Scott)의 전속 전신(電信) 기사가 되었다. 앤드루 카네기는 철도회사에서 빠르게 승진했고 종국에는 토머스 A. 스콧에게 지역 감독관 자리를 물려받았다. 1865년 앤드루 카네기는 철도회사를 그만두고 사업을 시작했다. 10년 뒤에는 철강 산업에 뛰어들어 미국에서 가장 크고 성공적인 철강회사인 카네기 스틸에서 가장 유력한 파트너가 되었다. 1901년 그는 2억 달러에 자기 지분을 JP 모건에 매각했다. JP 모건은 앤드루 카네기에게 당신은 이제 '세계에서 가장 부유한 사람'이 되었다고 말했다(Carnegie, 2006, p. vii).

앤드루 카네기는 우리에게 '부의 복음'을 전해주었다. 〈노스 아메리칸 리뷰North American Review〉 1889년 6월호에 '부'에 관한 에세이로 실렸던 이 글은 영국의 〈폴 몰 가제트Pall Mall Gazette〉에 '부의 복음'이라는 제목으로 다시 실릴 정도로 많은 관심을 불러일으켰다. 오늘날의 필란트로피스트, 특히 벤처 필란트로피스트들과 이야기를 나누어보면 그중 상당수가 '부의 복음'을 읽고 앤드루 카네기가 전하는 신념을 본인 사상의 토대로 삼았음을 알 수 있다.

앤드루 카네기는 일생 동안 부를 축적했다. 그는 '거액을 물려줄 경우 받는 사람에게 이익이 되기보다 해를 끼치는 일이 많다'고 여겨 부모가 자식에게 부를 물려주어서는 안 된다고 믿었다. 그는 부유한 사람들에게 다음과 같은 행동을 권장한다.

> 겸손하고 허세를 부리지 않는 생활의 모범을 보여주고…… 자신에게 의존하는 이들의 정당한 요구를 적절히 충족시켜준다. 그런 뒤에는 자기에게 들어온 모든 잉여 수익을…… 공동체에 가장 유익한 결과를 도출할 수 있도록 관리를 요청받은 신탁 자금으로 간주한다.

자신이 확고하게 지지하는 선행을 완수하려면 죽기 전에 많은 돈을 써야 한다. 앤드루 카네기의 글에서는 자기 재산의 절반을 필란트로피 활동에 기부하겠다는 공개적인 약속인 '기부 약정(http://givingpledge.org)'의 뿌리를 엿볼 수 있다. 2017년 기준으로 148명의 억만장자가 기부 약정서에 서명했는데, 네덜란드에서는 이 약정을 본떠 네덜란드 부유층이 재산의 최소 10퍼센트를 기부하거나 사회적으로 투자하도록 설득하기 위한 드 블라우어 벨로프테(De Blauwe Belofte), 즉 블루 약정(www.deblauwebelofte.nl)을 만들었다(렌테재단Lenthe Foundation이 자금 지원).

앤드루 카네기는 부유한 사람은 갑자기 찾아온 자선 요구에 단순히 응하기만 하는 것이 아니라 자신의 관심사와 일치하는 대의명분을 찾아야 한다고 믿었다. 이는 전략적 필란트로피로 앤드루 카네기가 사용하지는 않았지만 오늘날 유럽 기부 분야의 일류 인사들이 일반적으로 사용하는 용어다.

사람들이 필란트로피 방식을 바꾸는 이유는 무엇인가?

고액 필란트로피 분야를 형성하는 세력이 많이 있는데, 어떤 세력은 힘께 작동하고 어떤 세력은 서로 충돌한다. 캐런 윌슨은 밀레니얼 세대 (1982년에서 2000년 사이에 출생) 사이에서 이런 세력이 작동하는 모습을 보여준다. 그는 하버드대학의 사회적 기업 이니셔티브에 대해 이야기하면서 "밀레니얼 세대는 사회적인 행동을 하고 싶어한다. 그와 동시에 정부 예산은 삭감되고 있다. 이런 요소가 개선된 커뮤니케이션[인터넷]과 결합되어 우리는 전 세계 소식을 들을 수 있다"고 말했다. 네덜란드의 〈드 디케 블라우어〉 편집장 에드윈 베네마는 네덜란드에서 새로운 세대가 미치는 영향을 다음과 같이 설명한다.

> "세대 차이가 어느 정도 존재한다. 나는 중요한 기부자들을 많이 만나보았다. 사업가들은 필란트로피에 좀더 사무적인 태도로 접근하여 사회적 이익과 경제적 이윤을 추구하려고 한다. 수요 측면에서 보면 기부금을 요구하는 것은 자선단체들뿐만이 아니다. 모금에 나선 새로운 사회적 기업들도 많은데, 네덜란드에서는 그런 기업들이 중요해지고 있다. 사회적 기업은 [전통적인] 비영리 부문의 경쟁자가 되고 있다. 기부와 투자의 가능한 모든 조합에는 거대한 회색 영역이 존재하는데, 현재로서는 매우 유동적이다. 구식 기부인지, 100퍼센트 투자인지 확인하기가 매우 어렵다. 이것은 약간 의미심장하다. 양자 사이에는 완전히 새로운 범위의 중간 단계가 존재한다."

에드윈 베네마의 설명은 고액 필란트로피에 대한 분석에서 반복적으로 등장하는 주제 두 가지를 강조한다. 첫째, 우리의 지식은 증거가 아니라 인식에 기초한다. 이는 에드윈 베네마의 견해를 비판하려는 것이 아니라 유럽에서 고액 필란트로피에 적용 가능한 객관적인 증거가 거의 없다는 사실을 반영한다. 네덜란드는 기부 패널 조사(Giving in the Netherlands Panel Survey : GINPS) 자료가 있어서 예외일 수도 있지만 여기서도 데이터는 제한적이다. '고액 순자산 보유' 가구의 정의는 '소득과 자산의 합이 최소 6만 유로'인 가구(Bekkers, Boonstoppel, de Wit, 2013)인데, 이는 우리가 '고액 필란트로피'로 간주할 수 있는 정도의 기부가 가능한 소득이나 자산 수준과 어느 정도 차이가 있다. 둘째, 에드윈 베네마는 "구식 기부 또는 100퍼센트 투자"의 정의 문제를 강조한다. 정의가 명확하지 않으면 고액 필란트로피 연구를 방해한다. 예를 들어 '고액 기부'의 정의는 무엇일까? 네덜란드에서 진행된 한 연구에서는 1000유로 이상 기부한 사람을 고액 기부자로 정의했다(Peerdeman, 2015). 에이드리언 사전트 교수는 다음과 같이 지적했다.

> 고액 기부의 구성 요소에 대한 보편적인 정의는 없다. 이는 조직 규모에 따라 크게 좌우되는 상대적인 개념이라고 볼 수 있다. 어떤 비영리 단체는 1000달러만 되어도 고액 기부라고 생각하는 반면, 어떤 단체는 100만 달러(또는 그 이상) 정도는 되어야 고액 기부라고 생각할 것이다(Sargeant, Eisenstein, Kottasz, 2015).

고액 필란트로피의 기준이 정의되어 있지 않기 때문에 시장과 그것을 형성하는 세력을 객관적으로 측정하기 어렵다.

돈, 마음, 사회?

파말라 위엡킹의 박사학위 논문은 유럽의 필란트로피 활동을 둘러싼 힘과 학자들이 그것을 이해하기 위해 노력한 방법을 가장 명확하게 설명한 자료 중 하나다. 그녀는 자선 기부에 관한 세 가지 주요 연구 부문인 경제적·심리적·사회학적 연구를 검토했다.

경제적 연구에서 소득에 초점을 맞춘 경우에는 고소득자일수록 기부를 많이 하는 것으로 나타났고, 가격효과에 초점을 맞춘 경우에는 세금 감면을 통해 자선단체에 기부하는 비용이 줄어들면 기부를 더 많이 하는 것으로 드러났다. 또한 경제학자들은 기부 동기가 사익(기부할 때 느끼는 온정)과 공익(기부 덕에 예방주사를 맞은 아이나 음식을 먹게 된 노숙자) 사이의 균형이라는 점을 연구했다.

구축과 보완

경제학자들은 국가 지출을 고려하여 사익과 공익을 측정하려고 했다. 지역 병원을 후원하기 위해 매년 100유로를 기부하는 상황에서 정부가 병원에 대한 보조금을 늘린다면(물론 그럴 가능성은 낮지만) 당신은 어떻게 하겠는가? 경제학자들은 만약 당신이 사익(온정)을 통해서만 동기를 부여받는 사람이라면 정부 보조금이 증가해도 계속 100유로를 기부할 것이라고 주장한다. 반면 공익에만 관심이 있다면 기부금을 줄일 것이다. 이는 민간 기부금이 공공 지출에 밀려나는 '구축(驅逐)'효과다. 이 책은 1970년대 이후 경제학을 관통한 주장을 자세히 분석하는 내용이 아니다. 기부금 수준이 변화한 원인에 대한 논쟁이 뜨거운데, 이를 정부 지출의 증가 또는 감소로 인한 결과라고 볼 수 있을까?

1979년의 미국 데이터를 이용하여 연구를 진행한 에이브럼스와 슈미츠(1984)는 수혜자의 빈곤 정도와 정부의 지원 수준이 민간 자선 기부금을 결정한다는 사실을 알아냈다. 하지만 제임스 안드레오니(James Andreoni)와 애비게일 페인(Abigail Payne, 2010)은 "실험 데이터와 조사 데이터를 통해 얻은 증거가 늘어나면서 이런 가정에 의문이 제기되고 있다"고 말한다. 그들과 다른 사람들이 지적하는 것처럼 "[정부 보조금 액수에 따라 개인 기부자가 자선단체에 기부하는 액수가 줄어들 것이라는] 이론이 성립하려면 자선단체가 지원받는 정부 보조금 변동을 기부자가 인식하고 그에 따라 대응해야 한다." 유럽에서는 기부자들이 정부 보조금 수준에 대해 아는 것이 거의 없다고 단정적으로 말할 수 있다(4부 '투명성' 참조). 제임스 안드레오니와 애비게일 페인은 2010년도 논문에서 구축효과를 발견하지만 대개의 경우 "기금 모금액이 감소한 결과"라고 말한다. 다시 말해 그들이 보기에 정부 보조금을 지원받는다는 것은 해당 조직이 민간 부문 모금에 별로 참여하지 않았다는 뜻이다. 3년 뒤 브리스틀대학의 세라 스미스(Sarah Smith) 교수까지 합류한 이 연구진은 지나치게 단순한 이 모형에서 작용하는 중요한 세부 요소들을 보여주었다. 영국 복권 보조금 프로그램에서 지급한 보조금을 검토한 결과 "보조금이 다른 수입원을 밀어내지 않았고" 실제로 "보조금이 자선단체의 생존 가능성을 높일 수 있다"는 사실을 알게 되었다(Andreoni, Payne, Smith, 2014, p. 85).

브루스 킹마(Bruce Kingma)가 1989년에 진행한 구축 연구가 자주 인용되는데, 이 연구가 공영 라디오에 대한 가구별 기부금 데이터를 이용하여 '구축효과를 정확하게 측정'했기 때문이다. 그러나 15년 뒤 소니아 만주르(Sonia Manzoor)와 존 스트라우브(John Straub, 2005)가 매우 유사한 자료에 같은 방법론을 사용한 결과 구축효과에 대한 브루스 킹마의 추정치가 '확실하지 않다'는 사실을 발견했다. 아르언 데 비트(Arjen de Wit)와 르네 베커스(René Bekkers)의 2016년 논문(de Wit & Bekkers, 2016)에서도 방법론과 관련된 이런 의문이 제기된다. 이들은 연구자가 정부 보조금이나 정부 계약 소득을 포함시키는지 여부에 따라 결과에 차이가 생긴다는 것을 알아냈고 다양한 실험 조건에서 구축효과가 역전되는 사실도 발견했다.

경제학자들의 이런 노력은 명백한 질문에 답을 제공하기 위한 것이다. 우리가 기부의 사익('온정')을 즐긴다는 사실을 알게 된 경제학자들은 우리를 '불순한 필란트로피스트'라고 불렀다. 우리는 모두 불순한 존재인 듯하다. 파말라 위엡킹과 인터뷰를 하면서 그녀에게 이 연구에 대해 물어보았다.

"구축효과에 대한 연구는 대부분 마음에 들지 않는다. 경제학자들은 이타주의를 시험할 수 있다고 생각한다. 하지만 나는 사람들이 그렇게 생각한다고 믿지 않는다. 구축과 관련된 이 자료들은 모두 이타주의를 증명하기 위한 것이지만 우리는 이미 사람들이 '순수한 이타주의자'가 아니라는 것을 알고 있다. 그래서 그들은 '불순한 이타주의'라고 부른다. 나는 그런 측면에서 사람들이 느끼는 온정에 관심이 있다."

그녀는 "사람들은 정부가 그 대의명분에 어떤 기여를 하는지 전혀 모르고 있다"는 사실을 상기시켜주었다. 즉 구축효과 이면에 존재하리라고 추정했던 원동력이 아예 없을 수도 있다는 말이다.

심리학자들은 봉사 활동처럼 사회 일각에서 타인에게 이로운 행동으로 정의한 친사회적 행동을 관찰했다. 비영리단체에 기부하는 것도 친사회적 행동의 한 유형인데, 일반적으로 기부자와 수혜자 사이에 중개자(비영리단체)가 존재한다. 이렇게 중개자가 존재하면 기부를 통해 얻을 수 있는 이익이 감소한다는 증거가 있다. 사람들은 대의명분과 관련 있는 사람에게 직접 베풀 때 더 행복감을 느낀다(Aknin et al, 2013). 그래서 고액 필란트로피 분야에서는 기부자가 수혜자와 직접 접촉하는 모금 전략을 많이 사용한다. 예를 들어 많은 NGO 단체는 고액 기부자를 위해 현장 방문 기회를 마련하고 대학들은 고액 장학금 기부자가 학자들과 직접 만나는 행사를 개최한다. 기부자와의 직접 연결 문제(다음 참조)도 이런 효과와 관련이 있을 수 있다.

파말라 위엡킹의 말에 따르면 사회학자들은 개인의 자선 기부에 거의 시간을 할애하지 않았다. 파말라 위엡킹은 사회학에는 필란트로피를 이해하는 데 도움이 되는 좋은 이론 모델이 있다고 주장한다. 첫째, 자선 기부에 대한 긍정적인 규범을 가진 사회 집단에 참여하는 사람들은 그 규범에 따라 행동한다. 로터리 클럽(Rotary Club) 회원들은 동료들이 함께하기 때문에 더 많이 기부한다. 이것은 모금 전략이 되었다. 기부에 대한 기준이 새롭고 높은 모임을 만들고 기부자를 가입하도록 권유하는 것이다. 이런 모임은 이름도 매우 다양하여 모교에 '프레지던트 서클'이나 '파운더스 클럽' 또는 그와 유사한 이름의 모임이 있을 수 있고 지역 극장에는 '컨덕터 서클'이 있을 수 있다. 예를 들어 마드리드왕립극장에서는 현재 기부자들에게 후원자, 협력자, 스폰서, 메세나라는 네 개의 서클을 제공하고 있다.

둘째, 사회학자들은 사람들이 엘리트인 자신과 사회의 다른 구성원들을 구별하기 위해 필란트로피를 이용한다고 주장한다. 사회학적 용어로 표현하면 이는 문화적·경제적 자본을 이용하여 사회적 불평등을 만들고 재생산하는 것이다. 이런 생각은 필란트로피에 대한 연구를 하는 동안 계속 접할 수 있다. 기부, 특히 고액 기부를 함으로써 개인이 엘리트 집단의 일원으로서의 사회적 위치를 확고히 다지는 것이다.

셋째, 사회적 자본이 많을수록―이를테면 친구 네트워크가 광범위할수록―요청받을 가능성이 높아지고 요청한 개인이나 조직의 자격을 확인하는 것도 쉽다(비용도 저렴하다). 미국의 브라운과 페리스(2007)가 수행한 연구에 따르면 연관된 네트워크가 넓고 본인이 속한 공동체에 대한 신뢰도가 높은 사람일수록 더 관대하다. 최근에는 모금담당자들도 네트워크를 조사하거나 인맥과 관련하여 점점 늘어나는 공유 정보에 의지하여 인맥이 넓은 부자들을 찾아낸다(내가 일하는 회사 팩터리에서도 '팩터리 아톰Factary Atom'이라는 도구를 사용하여 이런 조사 프로젝트를 많이 진행한다).

마지막으로 사회학자들은 우리의 기부 여부와 기부 대상에 영향을 미치는 요소인 자신감과 타인에 대한 신뢰도를 측정했다. 르네 베커스(2006 ; R. Beckers et al, 2010)는 특히 개발 NGO처럼 멀리 떨어진 곳에서 무형의 서비스를 제공하는 모금 조직(예를 들어 문화 또는 종교단체)의 경우 신뢰성이 매우 중요하다고 강조한다. 모금 조직의 신뢰도는 유럽의 고액 필란트로피 발전에 제동을 걸기도 하고 모금과 관련된 많은 우려의 중심이기도 하기 때문에 책 곳곳에서 다시 언급할 것이다.

파말라 위엡킹은 다양한 소득 집단에 속한 사람들이 공유하는 특정한 상황에서의 기부 수준에 대한 규범인 '기부 기준'의 개념을 설명한다. 유럽 필란트로피 분야에서 벌어지고 있는 일에 대한 한 가지 설명은 부유한 사람들 사이에서 이런 기부 기준이 바뀌고 있다는 것이다. 유럽의 주요 NGO단체에 정기적으로 기부하는 이들의 데이터베이스를 살펴보면 금세 수십 또는 수백 명의 부자를 찾아낼 수 있다. 그들의 기부액은 기본적으로 매우 적은 편이다. 예를 들어 스페인에 있는 한 NGO의 정기 기부자 데이터베이스를 분석한 결과 각각 3000만 달러 이상의 투자자산을 보유한 초고액 순자산 보유자(Ultra High Net Worth Individual : UHNWI)가 네 명 있다는 사실이 밝혀졌다. 이들 기부자는 한 달에 평균 25유로를 기부했다. 이들의 '기부 기준'은 2만 5000유로나 25만 유로가 아니라 25유로였다. 4부에서는 이것이 상위 소득 집단에 존재하는 정보 공백 때문일 수도 있다고 말한다. 최고 소득 집단에 속한 유럽인은 자신의 기부 정보를 공유하지 않기 때문에 고액 필란트로피에 대한 '기부 기준'이 없다.

가능성 있는 변화의 원인

유럽에서 필란트로피가 어떻게 진화했는지 설명하기 위해서는 여성 해방부터 조직화된 종교의 쇠퇴에 이르기까지 광범위한 사회적 변화를 원인으로 추측할 수 있다. 다음은 과거 연구에서 나타난 선택 사항이다.

- 필란트로피스트의 개인적 상황
  - 재산
  - 인구학적 특성(예를 들어 고액 필란트로피 활동을 시작하는 나이)
- 자신의 신념
  - 종교, 정치적 견해, 개인적 취향 및 기호
  - 여행, 인터넷, 연결 용이성이 이런 신념과 가치관, 취향에 미치는 영향
- 참여와 개인적 경험
  - 봉사 활동 참여
  - 필요성 인식
  - 권유(요청 – 더 많은 기부 요청 또는 다른 기관에서의 요청)
  - 임팩트에 대한 인식
  - 효용성 또는 돈의 가치에 대한 인식
- 정보 및 조언
  - 유럽 사회 부문의 투명성
  - 전문 필란트로피 조언지 수 증가

- 경제환경
  - 경제적 안정
  - 빈부 격차
  - 재정적인 기부 장려
- 사회적 기업, 기부자 모임, 벤처 필란트로피, 사회성과연계채권, 대출 같은 새로운 구조와 도구(또는 현재 필란트로피에 활용되고 있는 다른 분야의 도구)

여기에는 추측할 수 있는 여지가 별로 없다. 그래서 부와 그에 따른 필연적 결과인 빈곤부터 시작하여 유럽의 고액 필란트로피와 가장 관련 있어 보이는 것에 초점을 맞출 생각이다. 따라서 시장이 세분화되어 있고 필란트로피가 다양한 사회 집단에서 다채로운 방식으로 발전해왔음을 알게 될 것이다.

필란트로피스트의 개인적인 상황 : 부

임팩트 투자 자문 그룹인 챌린저73의 창립 파트너 볼프강 하펜마이어는 부를 상황에 맞게 설명한다. "1970년대 후반까지는 서른 살에 수십억 달러를 버는 사람이 없었다. 당시에는 마흔 살 생일을 맞이하기 전에 돈벌이를 그만두고 은퇴할 수 있는 사람은 극소수에 불과했다. 그러다가 갑자기 젊은 나이에 많은 돈을 버는 사람들이 생겨났다." 그는 이 현상에 대해 다음과 같이 언급한다.

"이건 필란트로피 산업이 왜 그렇게 성장했는지 설명해주는 주요 동인이다. 왜 사모펀드 출신들은 벤처 필란트로피(VP)를 시작하게 되었을까? 그들은 젊은 나이에 빠르게 돈을 벌었기 때문이다. 물질적인 욕구가 충족되자 그들은 의미를 찾기 시작했다. 자동차를 세 대 또는 네 대째 구입해도 더 큰 성취감을 느끼지 못한다. ……그래서 그들은 돈이 아니라 성취감을 위해 일하기 시작했다."

테리사 로이드도 이에 동의하면서 75퍼센트가 재산을 상속받은 1989년 〈선데이 타임스Sunday Times〉 부자 목록을 80퍼센트가 자수성가한 오늘날의 목록과 비교했다. 그녀는 재산을 축적하는 방식이 이렇게 달라지면서 "사람들이 던지는 질문과 그들의 기대치에 큰 차이가 생겼다"고 말한다.

다니엘 에 니나 카라소 재단의 CEO 마리스테판 마라텍스는 변화하는 부의 성격을 다음과 같이 요약했다. "최근에 사람들은 닷컴 붐과 금융, 통신 덕에 매우 빠른 속도로 부자가 되었다. ……그들이 빠르게 축적한 재산은 그들의 부모와 아무런 관련이 없을 수도 있다. 그들은 쉰 살 전에 이미 상당한 재산을 모았다." 마리스테판 마라텍스는 그들이 가장 먼저 하는 일은 "자녀들을 보호하는 것"이라고 했다. "그리고 그 일을 완수하고 나면 '이제 [사업에서] 한발 물러나 나와 다른 이들을 위해 즐거운 일을 해야겠다'고 결심한다." 새롭게 부를 일군 사람들의 경우 원래 부유하지 않은 가정 출신인 경우가 많기 때문에 주변 세상에 대한 태도가 다를 수 있다. "새로운 부자들은 주변 사회와 잘 연결되어 있고…… 그들은 최근에 발생한 경제 위기도 극복했다."

볼프강 하펜마이어는 다음과 같이 말한다.

"그들은 매우 전통적인 방식으로 자선단체에서 자원봉사를 시작한다.

그리고 그다음에는 NGO를 돕는다. 벤처 필란트로피 분야에서 자기와 생각이 같은―본인의 기술을 이용하여 임팩트를 만들어내고 싶어하는―사람들이 모인 커뮤니티를 찾는다. 그들은 직장생활을 통해 효율성, 위험, 투자, 변화에 대한 특정한 가정을 받아들였다. ……벤처 필란트로피 분야에서 그들이 할 수 있는 논의는 그들 입장에서 매우 논리적인 토론이다."

프랑스 재단의 연구(Laurens & Rozier, 2012) 내용에 따르면 2000년부터 2012년 사이에 프랑스에서 필란트로피 재단을 설립한 사람들 중 67퍼센트는 자기 힘으로 재산을 일군 것으로 나타났다. 이는 새롭게 축적한 부가 필란트로피 활동의 강력한 원동력이 된다는 것을 보여준다. 비교적 단순한 이런 변화는 많은 것을 시사한다. 유럽의 많은 필란트로피스트의 경우 살아 있는 동안의 필란트로피 활동은 (죽으면서 자선단체에 막대한 유산을 기부하는 것이 아니라) 대의를 이루는 과정에 직접 참여한다는 것을 의미한다. 이 책을 위해 인터뷰한 부유한 네덜란드 가문 출신의 필란트로피스트 겸 사회적 투자자는 "나는 직접 참여하고 싶었고, 내 두 형과 누이도 같은 생각이다"라고 말했다.

더 부유한 자와 더 가난한 자 : 빈부 격차

그러나 부는 고액 필란트로피의 기본 전제다. 기부를 많이 하려면 일단 돈이 많아야 하기 때문이다. 그렇다면 돈이 얼마나 있어야 많다고 할 수 있을까? 그 답은 상대적이다. 2016년에 우리는 돌이킬 수 없는 선을 넘었다. 가장 부유한 인구 1퍼센트의 재산 점유율이 역사상 처음으로 나머지 99퍼센트의 재산 점유율을 초과한 것이다(Cukier, 2015).

부와 필란트로피 사이의 관계에는 불안한 부분이 있다. 아버지가 재단을 설립했다고 하는 프랑스의 한 필란트로피스트가 비공식적으로 해준 이야기를 듣고 '프랑스인들이 돈과 맺어온 복잡한 관계가 떠올랐다. 필란트로피에 대해 자랑하는 것은 세련되거나 우아한 행동이 아니다. 그것을 공개적으로 자랑한다면 집행관[금지 명령을 내리는 법원 직원, 이 경우 세금 부과]이 찾아올 것이다.' 필란트로피 활동을 하는 부유한 사람들은 부자와 가난한 사람 사이에 지금처럼 심한 격차가 존재하는 것이 건전하지 못하다는 사실을 알고 있다. 워런 버핏은 2007년에 상원 재무위원회 회의에 출석하여 "기회 평등을 자랑스럽게 여기는 나라[미국]에서 슈퍼 리치와 중산층 사이의 격차가 점점 벌어지는 바람에 아무것도 아닌 존재가 되어가고 있다"고 말했다. 워런 버핏은 "금권정치로 향하는 민주주의의 움직임을 억제하기 위해서는" 상속재산에 세금을 부과해야 한다고 생각한다(www.reuters.com/article/us-buffett-congressidUSN1442383020071114).

금권정치에 대한 우려는 차치하더라도 빈부 격차 확대에 대한 일반적인 우려도 커지고 있는데, 이 우려는 필란트로피 활동의 대상인 빈곤과 직결된다. OECD 자료에서도 볼 수 있듯이 "불평등이 심할수록 경제 성장률은 낮다. 소득 불평등이 1지니 포인트(Gini point)* 증가하면 1인당 GDP 성장률은 연간 0.1퍼센트 감소한다."(Cingano & Förster, 2014) 빈부 격차가 늘어나고 있는 것도 도덕적·정치적 비판을 받아 마땅한데, 부자들의 기부는 환영하지만 그 부의 이면에 빈곤을 근절하기 위해 수많은 비영리단체가 존재한다는 자선의 딜레마를 생각하면 이런 비판을 이해할 수 있다.

---

* 지니 계수는 국민의 소득 분포를 나타내는 통계적 분산의 척도이며 일반적으로 사용되는 불평등 척도다.

ESSEC 필란트로피 체어의 책임자 겸 연구원인 아르튀르 고티에 박사도 "불평등에 대한 우려가 커지고 있다"고 말한다.

"최근 몇 년 사이에 부자들이 더 부유해졌다는 것은 누구나 아는 사실이다. 부자들은 자신의 부를 정당화하고 그 부를 이용하여 긍정적인 변화를 일으킬 방법을 생각해야 한다는 심한 압박을 받고 있으며, 금융계 엘리트들은 이런 불평등 해소를 위해 더 중요한 역할을 해야 한다는 커다란 압박감을 느끼고 있다. 이들 엘리트는 공공연하게 동료들에게 뭔가를 해보라고 도전하고 있다. 이 때문에 사람들이 자신의 필란트로피 활동에 대해 생각하는 방식이 바뀌었다."

'부'와 '빈곤'은 상대적인 용어다. 최상위 그룹의 경우에는 일반적으로 HNWI/UHNWI 측정값을 이용하여 정의한다. 고액 순자산 보유자(High Net Worth Individual : HNWI)는 투자 가능한 자산이 100만 달러 이상이고 초고액 순자산 보유자(UHNWI)는 3000만 달러 이상인 것으로 정의한다. 이것이 일반적으로 적용되는 고정된 측정값이다. 최하위 그룹에서 빈곤은 중위(중간) 소득으로 정의된다. 이는 '상대적 빈곤'인데, OECD 정의(www.oecd-ilibrary.org/sites/factbook-2010-en/11/02/02/index.html?itemId=/content/chapter/factbook-2010-89-en)에 따르면 '빈곤선'(가계 중위 소득의 절반) 이하의 생활 수준을 가리킨다. '빈곤갭'은 빈곤층의 평균 소득이 빈곤선 아래로 떨어지는 비율을 말한다.

빈곤갭

인구가 각각 100명씩인 리카도니아와 포브로니아라는 가상의 두 유럽연합 국가를 이용하여 이 수학 용어를 명확히 정의해보자. 리카도니아의 경우 60명이 연간 2만 유로, 30명이 1만 5000유로, 10명이 7000유로를 번다. 따라서 중위(중간) 임금은 1만 5000유로고 빈곤선은 그 절반인 7500유로다. 빈곤층(수입이 7500유로 이하인 리카도니아 시민 10명)은 빈곤선보다 7퍼센트 적은 7000유로를 번다. 이 7퍼센트가 리카도니아의 빈곤 깊이를 나타낸다. 또 리카도니아의 가난한 사람들이 빈곤에서 벗어나려면 돈이 얼마가 필요한지도 보여준다(이 경우 500유로). 한편, 포브로니아에서는 60명이 2만 유로, 20명이 7500유로, 20명이 2500유로를 번다. 현재 중위 임금은 7500유로고 빈곤선은 3750유로다. 따라서 빈곤갭은 50퍼센트에 달한다. 즉 가장 가난한 사람들이 중위 임금의 절반이 되려면 1250유로를 추가로 벌어야 한다. 포브로니아의 부유층 수(60)는 리카도니아와 동일하다는 데 주목하자. 차를 몰고 두 나라를 지나갈 때 차이를 느끼지 못할 수도 있다. 가난은 눈에 띄지 않는 경우가 많다.

불평등 측정

리카도니아와 포브로니아는 가상의 나라다. 그러나 여기서 이야기한 빈곤갭은 현실과 별반 다르지 않다. 2010년 스페인의 빈곤갭은 42퍼센트, 영국은 35퍼센트였다. 한편, 핀란드는 19퍼센트, 프랑스는 24퍼센트였다 (OECD, 2014).

토마 피케티(Thomas Piketty)가 1997년에 펴낸 불평등 경제에 관한 책은 현재 7판까지 나와 있다(Piketty, 2015). 토마 피케티는 불평등 경제에 대해 소개하면서 1970년부터 1990년 사이에 미국의 소득 하위 10퍼센트와 상위 10퍼센트 사이의 비율이 3.2퍼센트에서 4.5퍼센트로 늘어 거의 50퍼센트 가까이 증가했음을 보여준다. 영국에서는 이 비율이 32퍼센트 증가했는데, 대부분 1980년에서 1990년 사이에 늘어난 것이다. 한편, 스웨덴의 비율은 같은 기간 동안 변화가 없어서 미국이나 영국보다 상당히 낮은 수준을 유지했고 프랑스는 이 기간에 비율이 3.7퍼센트에서 3.2퍼센트로 낮아졌다.

빈곤갭과 필란트로피

이렇게 (선택된) 수치를 근거로 살펴보면 1990년에 고액 필란트로피 활동을 위한 호황시장으로 발전중이던 국가들(주로 미국과 영국)은 저소득층과 고소득층 사이에 큰 격차가 존재하는 국가들이었다. (a) '빈곤'은 상대적인 용어고 '상대적 빈곤'은 중위 급여에 따라 정의되며, (b) 기부금 규모와 소득 사이에 관계가 있다는 점을 고려하면 고액 필란트로피가 고소득층 대 저소득층 비율과 밀접한 연관이 있을 것이라고 가정하게 된다.

2001년 에드워드 울프(Edward Wolff)는 미국에서 가장 부유한 상위 1퍼센트 가구의 불평등 변화가 '개인 소득 대비 필란트로피 기부액 수준'과 관련이 있음을 발견했다. 이 집단이 미국 내 모든 자선 기부액의 절반가량을 차지하기 때문에 그 효과는 두드러진다. 페인과 스미스는 2015년 캐나다에서 진행한 연구에서 소득 불평등 증가가 기부 증가와 상관관계가 있음을 증명했다. 장옌성(江彦生, 2015)은 '부자'와 '가난한 자'가 서로 다른 네트워크에서 상호 작용하는 실험실 실험을 이용하여 이 프로세스를 연구했다. "매우 부유한 행위자와 매우 가난한 행위자를 연결하여 행위자들의 이웃 지역에 심각한 소득 격차를 일으키는" 네트워크에서는 사람들이 기부를 더 많이 해서 이 상황에 대응한다. 장옌성은 "(지역) 불평등이 충분히 커지면 평등주의적 공유가 촉발되는 듯하다"고 말했다. 〈뉴 사이언티스트 New Scientist〉에 인용된 안트베르펜대학 연구원 캐럴린 데클레르크(Carolyn Declerck)의 말에 따르면 "무의식적인 도덕관념"에 의해 이 과정이 추진될 수 있다(Pearson, 2009).

그 이면에는 두 가지 연결된 아이디어가 존재한다. 즉 고액 필란트로피 활동의 '공급' 측면은 소득 격차가 클수록(부자들이 더 많은 것을 갖는 것) 더 강해지고, '수요' 측면도 소득 격차가 클수록(상대적 빈곤도가 높은 가난한 사람들에게 더 많은 도움이 필요해지는 것) 강해진다는 것이다.

세르주 레셰르는 이 문제를 숙고했다. 빈부 격차가 필란트로피의 원동력인가?

"지적인 측면에서는 그렇다고 생각할 것이다. 하지만 가난한 사람은 다섯 명에서 열 명만 되어도 이미 너무 많다. 스페인의 위기[세르주는 이 나라에 대해 잘 안다]는 우리가 일하기 싫어하는 사람들만 쳐다보고 있는 것이 아님을 상기시켜준다. 부유층과 빈곤층의 공존은 분명히 하나의 요소였다. 갈수록 '우리 도시에 도움이 필요한 사람들이 있다'는 말을 많이 하게 된다. 그들의 요구가 점점 더 가까워지고 있다."

앤드루 카네기는 1889년에 '부의 복음'을 쓰면서 부자와 가난한 사람의 차이를 이해 부족이라는 관점에서 설명한다. 그는 산업화의 결과로 "엄격한 계급이 형성되었고, 늘 그렇듯이 상호 무지가 상호 불신을 낳았다고 말했다. 각 계급은 다른 계급에 대해 동정심이 없으며, 그에 대해 폄하하는 것은 무엇이든 인정할 준비가 되어 있다."(Carnegie, 2006, p. 2)

부의 문화, 필란트로피 문화?

왜 어떤 나라는 다른 나라들보다 부의 평등성이 높을까?

토마 피케티는 과세 측면에서 이 문제에 대한 글을 썼다. 그는 "모든 서구 국가에서 관찰할 수 있는 과세를 통한 현대적 재분배의 주요 특징은…… [그것이] 실제로 근로자들 사이에서는 유의미한 재정적 재분배를 야기하지 않는다는 것"이라고 주장한다. 현대 서구 경제권에서 세금은 부자에게서 가난한 사람에게로 자금을 이동시키지 않는다. 세금은 격차를 좁히지 못한다. 토마 피케티는 "가계 소득 격차가 적은 나라는 급여 불평등이 적은 나라고, 그 반대도 마찬가지다"라고 말한다.

다시 말해 격차의 크기를 규정하는 것은 조세제도가 아니라 사회 그 자체다. 예를 들어 스웨덴에서 보다 평등한 사회를 만드는 사회적 태도가 실질적인 고액 필란트로피 시장 발전을 저해하는 태도라고 할 수 있을까? 아니면 그 반대(그리고 약간 더 이해 가능한), 즉 더 많은 부의 창출(따라서 당연히 더 많은 빈곤도 창출하는)을 허용하는 사회적 태도가 고액 필란트로피 시장의 생성을 장려할 수 있을까?

평등을 선호하거나 부를 선호하는 이런 사회적 태도의 존재는 유럽에서 끊임없이 이어지는 논쟁의 핵심이다. 이런 토론은 대부분 거부에서부터 시작된다. "아니 여기에서는 고액 기부금을 모금할 수 없다. 그런 것은 우리 문화 관습에 어긋난다." 화자는 계속해서 "우리에게는 그런 필란트로피 문화가 없다"거나 "여기에서는 받아들여지지 않을 것"이라고 말한다. 나는 오랫동안 이런 주장에 반박하면서 실제로 거의 모든 나라에서(유럽은 당연히 어느 나라에서든) 고액 기부금을 모금할 수 있다는 것을 증명했다. 나는 수많은 역사적 사례를 이용하여 카디스, 샤르트르, 케임브리지 등 어디에 살든 간에 오래전부터 이어져온 고액 필란트로피의 역사 속에 살고 있고, 따라서 고액 기부 프로그램의 시작을 가로막는 문화적 장벽 같은 것은 없다는 점을 증명할 수 있다.

어쩌면 내가 틀렸을지도 모른다. 토마 피케티는 소득 격차를 결정하는 것은 재정 상태가 아니라 사회적 태도임을 시사하면서 스웨덴과 영국을 확실히 구분하는 문화적 차이가 존재한다고 주장한다. 그리고 만약 당신이 매우 험난한 이 추측의 여정에서 나를 따라 흔들리는 다음번 디딤돌을 밟고 (논쟁의 실마리를 얻기 위해) 빈곤갭이 클수록 고액 필란트로피를 위한 더 큰 시장이 존재한다는 내 가정을 받아들인다면 당신은 내가 틀렸다고 말해야 한다. '그런 종류의 필란트로피 문화'가 실제로 존재하기는 하지만 어떤 지역(영국, 미국)에는 해당 문화가 풍부하고 어떤 지역에는 거의 없기 때문이다. 이 주장에는 예외가 있다. 예를 들어 스페인은 빈부 격차가 상당히 크지만 최근까지만 해도 고액 필란트로피 시장이 발달되어 있지 않았다. 하지만 빈부 격차가 크고 고액 필란트로피 시장이 잘 발달된 유럽 국가들 사이에서 나타나는 우연의 일치는 흥미로우므로 더 연구해볼 가치가 있다.

내가 부자인 것이 마음에 드냐고?

필란트로피는 부의 무게를 좀더 쉽게 견딜 수 있는 한 방법이다. 전문적인 조언자와 자산관리자도 이 사실을 알고 있으며, 특히 젊은 상속자들은 부를 받아들이기 위한 방법으로 필란트로피를 이용한다.

유럽에서는 개인과 그가 지닌 부의 관계가 쉽지 않다. 유럽의 많은 부자는 자신의 부를 과시하는 것을 천박하고 무식한 행동이라고 여기며 가장 부유한 사람들 중 일부는 너무 사적이고 '평범한' 삶을 살기 때문에 가장 가까운 이웃들도 그들이 부자임을 알아차리지 못한다. 작가이자 컨설턴트인 마리타 하이바흐는 재산을 상속받은 독일 여성들의 네트워크인 페쿠니아(Pecunia)를 공동 설립했다. "많은 여성이 자신의 부에 대해 긍정적이지 않고 나쁜 돈이라고 여긴다"고 그녀는 말했다. 소피 보세나르도 비슷한 주장을 했다. 다음 세대에게 부를 물려주는 것은 젊은이들이 자기 삶을 영위하는 데 도움이 되지 않는다는 것이다. "사람들은 자식에게 부라는 짐을 지우고 싶어하지 않는다."

하지만 모두 부정적이기만 한 것은 아니다. 소피 보세나르는 자신의 부를 자랑하는 사람들도 있다고 말한다.

"1990년대 중반 네덜란드 IT업계에서는 첫번째 자금 회수 물결이 일었다. 이는 새로운 자금이었다. 과거에도 '잘사는' 사람들은 많았지만 이제 그들은 평생 쓸 수 있는 것보다 많은 돈을 갖게 되었다. 그때부터 퀴오테 500(Quote 500)[네덜란드의 부자 명단] 발표도 시작되었다. 전보다 부유한 사람들이 훨씬 많아졌기 때문이다."

유럽의 부는 갈수록 필란트로피의 형태로 '드러나게' 되었다. 쿠츠의 100만 달러 기부자 보고서(Anon, 2015h)나 프랑스의 HEC 경영대학원이 캠페인에 주요 기부자들의 이름을 발표하는 것을 생각해보라.

동기를 부여하는 종교

광범위한 인구조사 결과 종교와 독실한 태도가 기부와 관련이 있는 것으로 드러났다(연구 내용 모음은 베커스와 위엡킹의 논문(2011)을 참조하고, 부와의 잠재적인 연관성에 대한 자세한 분석은 베커스와 스미츠의 논문(2014)을 참조하라).

유럽은 갈수록 세속적인 사회가 되고 있다. 마르코 데마리에는 "기부의 종교적 동인이 사라지지 않았는데도 필란트로피 활동의 원인이 종교적 명분에서 인문학적 명분으로 바뀌고 있다"고 말한다. 르네 베커스와 파말라 위엡킹(2015)은 다음과 같이 지적했다.

네덜란드는 빠르게 세속화되고 있다. 1960년에는 종교단체에 가입하지 않은 인구가 전체의 18퍼센트에 불과했지만 2009년에는 전체 인구의 44퍼센트가 종교단체에 속해 있지 않았다. 그해에 나머지 인구 중 28퍼센트는 로마가톨릭교, 18퍼센트는 개신교, 5퍼센트는 이슬람교를 믿었다. 또 일주일에 한 번 이상 종교 예배에 참석하는 네덜란드인은 전체의 17퍼센트밖에 되지 않는다.

단 한 세대(1960~2009)만에 종교단체에 소속되지 않은 인구 비율이 두 배 이상 증가했다. 그러나 이는 자선 기부 총액에는 눈에 띄는 영향을 미치지 않은 것으로 보인다.

모금 경험이 있는 사람들은 모두 같은 이야기를 한다. 마리스테판 마라덱스는 "종교는 더이상 많은 자리를 차지하지 않는다. 갈수록 신앙심이 약해지고 있다"고 말한다. 하지만 세르주 레셰르는 "종교 활동에 참여하다보면 멈춰서 생각할 시간이 생긴다"고 주장한다. 그는 가치관의 변화를 "거부가 아니라 진화"라고 표현한다. "교회를 통한 기부는 줄었고 사람들은 이제보다 현대적인 도덕관을 고수하고 있다. 오래된 가치관을 자신의 것으로만들어 새롭게 적용하고 있는 것이다."

종교관은 이렇게 달라졌지만 유럽에서는 여전히 종교 중심의 기부가 막강한 힘을 발휘하고 있으며 이는 고액 필란트로피스트들의 경우에도 마찬가지다. 믿음에 기반한 기부가 벤처 필란트로피의 아이디어를 받아들인 경우가 적어도 한 번은 있는 듯하다. 로마에 있는 구세주 사제수사회는 자문위원회를 구성했다. 이 조직의 총책임자인 아르누 메르턴스는 다음과 같이 말한다.

"우리 이사회에는 필란트로피스트 두 명이 포함되어 있다. 한 명은 미국에서 부동산 투자를 통해 부자가 된 사람으로 예전에 구세주 사제수사회 소속이었다. 그는 우리에게 마케팅과 홍보에 필요한 돈을 후원해주었다. 또 한 사람은 첨단 기술 분야에 투자한 스위스계 영국인인데, 그는 우리가 간접비를 충당할 수 있도록 4년 동안 기부를 했다. 그들의 동기는 확실히 종교적이며 투자를 통해 얻는 영적 이익을 매우 중요하게 여긴다. 그들의 이익은 정신적 이익이다. 이런 기부자들 덕분에 우리는 장기적인 계획을 수립할 수 있다."

볼프강 하펜마이어도 '영적'이라는 단어를 사용했지만 그는 종교적인 것보다 더 넓은 맥락에서 이 말을 사용했다.

"돈 버는 것이 행복하다면 당신은 돈 버는 일에 집중할 수 있다. 자기개발을 두려워하는 사람이 많다. 하지만 어떤 사람은 개인적인 발전을 위해 영적인 부분, 필란트로피에 집중한다. 이제 일생 동안 다양한 '생애'를 살아가는 사람들이 많아졌다. 필란트로피는 많은 이에게 자신의 영적 발전으로 돌아가는 여정의 첫걸음이다."

그는 신흥시장에서도 필란트로피가 성장할 잠재력이 있다고 본다. "신흥시장에서도 거대한 변화가 일어나서 같은 경로를 따라가게 될 것이다. 일단 돈을 벌고 나면 삶의 의미를 찾으려고 하기 마련이다."

5장

증거와 효과

사람들이 변하고 있다는 증거는 무엇인가?

전략으로서의 필란트로피

'전략적 필란트로피'라는 표현은 '에라스뮈스 전략적 필란트로피 센터'부터 피터 프룸킨(Peter Frumkin)(2006)의 「전략적 기부 : 필란트로피 기술과 과학Strategic Giving: The art and science of philanthropy」 같은 다양한 논문과 책에 이르기까지 널리 쓰인다. 이 주제만 집중적으로 다루는 웹사이트도 있고 회사명에 해당 문구를 사용하는 회사도 있다. 이 말은 기업의 사회적 책임 프로그램(포터와 크레이머는 2002년에 쓴 논문에서 이미 '전략적 필란트로피'라는 표현을 지금과 같은 의미로 썼다), 재단 활동, 개인 필란트로피스트에게 사용한다. 또한 '사회복지와 재정적 수익성 향상'이라는 두 가지 목적을 가진 기업 기부—예를 들어 마스와 리킷(Mass & Liket, 2010)—를 의미할 때도 사용한다.

존 카니아(John Kania), 마크 크레이머(Mark Kramer), 패티 러셀(Patty

Russel, 2014)은 〈스탠퍼드 소셜 이노베이션 리뷰Stanford Social Innovation Review〉에 기고한 글에서 전략적 필란트로피의 핵심 원칙을 "명확한 목표, 데이터 중심의 전략, 강화된 책임, 엄격한 평가"라고 설명했다. 쇼(Shaw, 2015) 같은 일부 저자는 전략적 필란트로피에 공공 정책 로비라는 요소를 추가한다. 즉 정부 정책(예를 들어 교육, 보건, 여성 권리 등)을 바꾸기 위해 필란트로피 활동을 이용하는 것이다.

마크 크레이머는 전략적 필란트로피의 시작점으로 여겨지는 논문의 공동 저자 중 한 명이었다. 하지만 2014년에 그와 존 카니아, 패티 러셀은 이 접근 방식을 비판할 준비가 되어 있었다.

> 전략적 필란트로피는 사회적 변화가 종종 예측할 수 없고 다면적이며 특이하다는 것을 잘 알면서도 예측과 귀속, 반복이 가능한 선형적 인과관계의 사슬을 통해 성과가 발생한다고 가정한다. 주어진 성과를 달성할 확률과 만족도는 시간이 지남에 따라 점점 줄어들지만 자금 제공자들은 엄격한 다년산의 의제에 갇혀 있다. ……논리 모델의 강제적인 난순성 때문에 자금 제공자는 실제 사건을 결정짓는 수많은 비영리단체, 영리단체, 정부 행위자들 사이의 복잡한 역학관계와 대인관계를 간과한다.

레알다니아의 전 개발 책임자 울리크 캄프만은 보조금 지급과정에서 작용하는 이런 복잡한 역학관계를 잘 알고 있다. "우리 같은 재단 입장에서는 복잡성을 한두 단계 늘려야 한다. 조언부터 임팩트 발생까지의 모든 단계를 다 알 수 없다. 불확실한 부분이 많다." "목표를 세워야 한다. 하지만 이것은 사업 전략이 아니기에 더 느슨하다."

이런 글은 유럽에서 일어나는 일들에 대해서는 일고의 여지도 남기지 않는다. 사실 일부 기업의 사회적 책임(CSR)은 더 전략적인 듯하고(예를 들어 셸재단Shell Foundation의 활동을 살펴보자. www.shellfoundation.org/) 유럽 전역의 재단들은 전략을 수립하여 활용하고 있는 것이 분명하다.

유럽의 일부 개인 기부자는 기부 활동을 더 전략적으로 수행하고 있을지도 모른다. 세르주 레셰르는 "자선은 눈물을 흘리면서 큰 지갑을 갖고 온다"고 말한다. "사회적 투자에는 전략적 사고방식이 필요하다." 유럽 전역에서 재단이 증가하는 이유 중 하나는 이런 방식이 개인의 필란트로피를 공식화하여 관리하고 이를 보다 전략적으로 만들 수 있는 방법이기 때문이다.

부자들도 필란트로피 활동을 보다 전략적으로 펼치고 있는가? 그렇다고 말하는 사람들이 많고, 필란트로피 조언자와 컨설턴트 수가 급증하는 것을 보면 사람들이 자신의 기부에 대해 토론하고 계획하고 목표를 정하고 싶어하는 것이 맞는 듯하다. 부의 세계 너머에서는 피터 싱어(Peter Singer)와 옥스퍼드대학의 토비 오드(Toby Ord), 윌리엄 매캐스킬(William MacAskill) 등이 이끄는 '효과적 이타주의'라는 사회운동이 확산되고 있다. 이 운동은 효과적 이타주의 센터(www.centreforeffectivealtruism.org/), 자선단체 평가 프로젝트인 기브웰(www.givewell.org/), 기빙 에비던스(Giving Evidence, https://giving-evidence.com/about/), 기빙 왓 위 캔(Giving What We Can, www.givingwhatwecan.org/) 같은 조직들과 연계되어 있다.

전략적 필란트로피에 대한 관심이 뚜렷하게 증가하는 이유 중 하나는 기부자가 아직 살아 있다는 점 때문일 것이다. 파멜라 위엡킹 박사는 "살아 있을 때 기부하는 경향이 커지고 있다"고 말한다. 이는 부자들이 사후에 재산을 재단에 기부하기보다는 생전에 기부하는 것을 선호한다는, 널리 알려진 견해를 보여준다.

하지만 기부에 전략을 활용하자는 생각은 여전히 소수의 의견이다. 테리사 로이드는 "아마 기부자들 중에 필란트로피에 대한 전략적 약속으로 기부하는 이들의 비율은 낮을 것"이라고 추정한다. 이탈리아에 있는 91개 개인은행의 고객을 대상으로 진행한 2015년 연구(Li Perni, 2016)에서는 16퍼센트가 기부를 위해 연간 예산을 계획한 것으로 나타났다. 이는 기부 전략이 있다는 증거다. 투자 가능한 자산이 3000만 유로 이상인 고객들의 경우에는 이 수치가 43퍼센트로 증가했다. 이 집단에 속한 사람들은 재산이 많을수록 더 전략적으로 접근했다.

스페인의 사회적 투자기업 크레아스의 코디네이터 루이스 베루에테는 이 분야가 "아직 실적이 없기 때문에 천천히 움직이고 있다"고 경고한다.

> "스페인의 [기부] 사고방식에 실질적 변화가 일어난 것은 아니다. 사회적 수익을 내는 투자보다 필란트로피 기부에 돈을 쏟아붓는 투자자가 여전히 많다. 그들은 사회적 투자를 할 때도 경제적 이익을 바탕으로 투자를 평가하지 않는다."

유럽에서는 전략적 필란트로피에 대한 증거가 입증되지 않았다.

기부자 유형의 세분화

필란트로피스트들은 하나의 동질적인 집단이 아니다. 따라서 "부자들은 모두 똑같다"거나 "부유한 기부자들은 누구나 프로젝트에서 자기 이름을 붙이는 것을 좋아한다"고 말하는 사람들에게 거리낌 없이 이의를 제기할 수 있다. 유럽의 다양한 연구조사를 통해 부자들의 다채로운 본성이 드러났다.

퐁다시옹 드 프랑스의 한 논문은 적어도 프랑스에서는 상황이 변하고 있다는 초기 증거를 제시한다(de Laurens & Rozier, 2012). "2010년 여름 미국의 빌 게이츠와 워런 버핏이 기부 약정을 시작할 때까지 프랑스 언론은 프랑스 필란트로피의 면모와 그 중요성 및 방향성을 보여주기 위해 고군분투하고 있었다." 이 논문은 "새로운 시대가 탄생중이라면 새로운 시대는 수세기 동안의 역사와 완전히 단절될 것이라는 증거가 있다"고 조심스럽게 밝혔다. 그리고 기독교와 돈 사이에 '껄끄러운 관계'가 존재하고 특히 프랑스인들은 '부에 대해 공공연한 적대감'을 드러낸다고 말한다. 이 때문에 프랑스의 필란트로피 사업이 복잡해지고, 특히 '이 주제에 관한 의사소통'이 힘들다.

미디어프리즘(Mediaprism)의 설문조사(n = 1200)와 미국에서 가장 관대한 필란트로피스트 18명과의 인터뷰를 바탕으로 한 이 논문은 사람들이 필란트로피스트에 대해 갖고 있던 고정관념을 일부 깨뜨렸다. 그들은 고대 왕조의 후예가 아니라 스스로 부를 일군 기업가들과 고위 경영자들이었다. '강력한 개인적 신념에 이끌린 그들은 재산을 자식들에게 전부 물려주기보다는 사회와 나누는 쪽을 택했다.' 이런 선택을 한 그들은 세상을 변화시킬 임팩트를 발휘하고 싶어한다. 그들은 스스로에게 "나란 존재는 어떤 쓸모가 있는가?" "돈은 세상에 어떤 도움이 되는가?"라는 질문을 던진다.

필란트로피에 대한 프랑스 일반 대중들의 태도 변화에 관한 이 설문조사에는 이런 변화가 대부분 빌 게이츠와 워런 버핏의 기부 약정을 통해 이루어졌다는 증거가 있다. 설문 응답자의 3분의 1은 필란트로피스트의 이름을 말할 수 있었지만 그중 프랑스 필란트로피스트의 이름을 댄 사람은 아무도 없었다. 그들이 꼽은 인물은 '게이츠'와 '버핏'이었다. 설문조사 결과에 따르면 2012년에 프랑스인 대부분은 프랑스에서 활동하는 필란트로피스트가 100명 미만이라고 생각했고(사실 보고서에 따르면 600명이 넘는다) 일반인의 절반은 50명 미만이라고 생각했다.

2012년 재단과 기부자의 기금 중 40퍼센트는 지난 12년 사이에 조성된 것이었다. 이 분야는 빠르게 확장되면서 그런 상태가 계속 유지되고 있다. 새로운 재단과 기금의 급증은 일반적으로 생각하는 것보다 젊은 층들의 주도로 진행되고 있으며 그중 가장 큰 부분(39퍼센트)은 50세에서 64세가, 28퍼센트는 50세 이하가 만들었다. 이들은 대부분 스스로 부를 일구었고 재산을 상속받은 이들은 34퍼센트밖에 되지 않았다.

그러나 이 연구에서 가장 흥미로운 부분, 즉 프랑스의 전통적 필란트로피 모델과의 '완전한 단절'을 분명히 밝힐 수 있는 부분은 필란트로피스트들의 태도를 분석한 내용이다. 이 연구는 필란트로피 시장의 네 유형의 기부자를 파악한다.

- '필란트로피 상속자', 1950년대
  - 슬로건 : "기부는 의무다"
  - 영향을 미친 사람 : 부모, 조부모
- '공화국의 아이들', 1970년대
  - 슬로건 : "똑같은 세상, 모두를 위해"
  - 영향을 미친 사람 : 현장에서 일하는 익명의 자원봉사자들
- '연대하는 기업가', 1980년대에서 1990년대
  - 슬로건 : "더 나은 세상을 위한 투자"
  - 영향을 미친 사람 : 파스퇴르, 워런 버핏, 빌 게이츠
- '현장 투쟁가', 1990년대에서 2000년대

◦ 슬로건 : "세상을 바꾸자"
◦ 영향을 미친 사람 : 국경없는의사회 창시자인 베르나르 쿠슈네르(Bernard Kouchner)와 생태학자 겸 '어디에나 오아시스' 운동의 리더인 피에르 라비(Pierre Rabhi)

'필란트로피 상속자'들은 가산을 물려받으면서 기부에 대한 의무도 함께 상속받는다. 이 왕조의 건국 역사에서 신화적 지위를 차지하는 카리스마 넘치는 조상들의 자리를 이어받는 것이기 때문에 그 의무는 매우 고달프다. '공화국의 아이들'은 이와 다르게 평범한 어린 시절을 보냈거나 부모의 죽음, 이민처럼 힘든 일을 겪으면서 성장한 경우가 많다. 이들은 사회를 개선하는 데 교육의 역할이 중요하다는 사실을 인정한다. 또 '심오한 집단의식'과 부를 공유해야 한다는 의무감을 느낀다.

'연대하는 기업가'는 자수성가한 사람들이며 이들은 자신의 사업 기술을 필란트로피 활동에 적용한다. 진취성과 위험을 감수하고 혁신을 이루려는 정신이 선천적인 필란트로피 정신과 결합되어 있으며 어떤 경우에는 힘든 삶을 살기도 했다. 이들에게 필란트로피는 자유와 실험, 인간적인 접촉의 장이다.

가장 젊은 집단(2012년에 32세에서 45세 사이의 집단)은 '현장 투쟁가'다. 이들은 비영리 부문에 대해 잘 안다. 젊을 때 자선단체에서 자원봉사를 하거나 국제 인도주의 프로젝트나 협력 프로젝트를 조직한 경험이 있다. 이들이 얻은 부(스스로 일구거나 상속을 통해) 덕분에 재단을 설립할 수 있는 기회가 생겼다. 이 집단은 세상을 위한 '새로운 모델, 그리고 새로운 시스템'을 찾는 데 주력하고 있다. 이들은 유럽 곳곳에서 모습을 드러낸다. 예를 들어 바르셀로나에서 활동하는 사회적 기업가 라몬 베르나트(Ramón

Bernat)도 '현장 투쟁가'라고 부를 수 있다. 그는 아소카 설립자인 빌 드레이턴(Bill Drayton)의 말을 빌려 이렇게 말한다(http://usa.ashoka.org/social-entrepreneurs-are-not-content-just-give-fish-or-teach-how-fish). "나는 사회적 투자자다. 내가 하고 싶은 일은 사람들에게 물고기를 나누어주거나 물고기 잡는 법을 가르치는 것이 아니다. 어업 분야에 혁명을 일으키고 싶다."

'연대하는 기업가'와 '현장 투쟁가' 이 젊은 두 집단은 프랑스에서 필란트로피가 급진적으로 이탈하고 있음을 보여주는 증거다. 그들은 다음과 같은 선택을 했다.

> [필란트로피 활동을 위한] 투자의 이유나 금액, 지리적 영역은 일반적으로 그들에게 가장 중요한 한 가지 기준, 즉 행동의 효율성을 기반으로 한다. 임팩트가 적은 분야에 개인 재산이나 공금을 과도하게 투자하는 것은 그들에게 말이 안 된다. 따라서 재단이 활동할 분야와 목적을 선택할 때는 설립자의 관심사에만 기초하지 않는다. '경쟁' 상태에서 어떤 기능을 하는지에 따라 정의되기도 한다(de Laurens & Rozier, 2012, p. 26).

이런 필란트로피스트들은 작은 조직에 집중한다. 어떤 사람은 "나는 소규모 조직에 장점이 많다고 생각한다. 결국 그런 조직이 가장 큰 조직보다 투자 수익이 훨씬 많기 때문이다"라고 말했다(de Laurens & Rozier, 2012, p. 26). 이들은 소규모 조직이 겪는 어려움을 이해하고 있기 때문에 고령의 필란트로피스트라면 운영 프로젝트를 후원해야 한다고 주장했을 지원금을 구조적·기능적 비용으로 조달할 것이다. 이들은 조직과 그 활동에 직접 참여하면서 융통성 있는 자금을 제공하거나 대출을 보장한다. 이들 필란트로피스트 중 일부는 조직을 위해 자신의 인맥을 동원하고 비영리단체에 새로운 전문 지식을 전한다. 2012년 보고서에 자세히 기술된 이런 특징은 벤처 필란트로피스트의 특징과 매우 흡사하다.

뉴 필란트로피 캐피털이 영국에서 진행한 연구에서는 태도와 동기 차이를 기준으로 기부자 유형을 세분화했다(Bagwell et al, 2013). 이 보고서는 '반응형 기부자', '충실한 기부자', '참여형 기부자' 등 일곱 유형의 기부자를 정의했는데, 이들이 HNWI 기부자의 3분의 2 이상을 차지한다. 이들 그룹은 대의명분에 대한 관심, 임팩트에 대한 우려, 기부행위에 대한 공개 의지 등이 서로 달랐다.

고액 필란트로피 시장을 부문별로 나누어 생각하면 시장의 여러 난제, 특히 유럽 대륙 전체에서 나타나는 필란트로피에 대한 매우 다양한 태도를 이해하는 데 도움이 된다.

서클과 네트워크

오늘날 유럽 고액 필란트로피 분야에 나타나는 특징 중 하나는 기증자 모임과 네트워크(필란트로피 활동을 위해 서로 정보와 자금을 공유하는 공식적인 집단)가 존재한다는 것이다. 다른 필란트로피 영역에서도 볼 수 있듯이 이는 새로운 것이 아니다. 레이디스 서클(Ladies' Circle, 현재는 레이디스 서클 인터내셔널, www.ladiescircleinternational.org)은 1932년에 본머스(Bournemouth)에서 라운드 테이블 회원들의 부인들이 설립한 단체다.

네덜란드에 있는 마마 캐시(Mama Cash) 이사이자 설립자 중 한 명인 마르얀 삭스(Marjan Sax)는 여성들의 서클과 네트워크가 고액 필란트로피와 어떤 관련이 있는지 이해할 수 있게 도와주었다.

이런 모임의 구조는 크게 두 가지 유형으로 나뉜다.

1. 기부자 네트워크나 기부자 서클의 주목적은 필란트로피 기부다. 따라서 이런 조직의 역학관계와 구성원들의 동기는 다른 무엇보다도 필란트로피를 지향한다. 이런 단체들은 필란트로피 활동을 할 뿐 아니라 구성원들을 지원하고 인맥 형성 기회도 제공한다.
2. 인맥 형성, 상호 지원, 정보 공유를 주목적으로 하는 네트워크를 지원하고 의견을 나눈다. 상속재산이 있는 여성의 네트워크, 영향력 있는 여성의 네트워크, 여성 사업가의 네트워크 등은 필란트로피 활동을 할 수도 있지만 이는 그들의 원래 목적이 아니며 회원들이 가입하는 주된 동기도 아니다.

기부자 네트워크

기부자 네트워크에는 개인 필란트로피스트가 모여서 NGO, 프로젝트, 캠페인 지원을 위해 자금을 모은다. 네트워크는 강력한 학습 요소를 갖추고 있다. 회원은 자기가 지원할 수 있는 조직, 비영리 부문에 대해 배우고 효과적인 필란트로피스트가 되는 법도 배운다. 마르얀 삭스의 말에 따르면 필란트로피 정보를 공유하는 것뿐 아니라 경험과 유대감, 개인적인 이력을 공유하는 것도 이런 네트워크의 중요한 요소다. 네트워크 포 소셜 체인지 (Network for Social Change, http://thenetworkforsocialchange.org.uk)와 여성 기부자 네트워크(Women Donnors Network, www.womendonors.org/) 등이 그런 예다. 록펠러와 휼렛 재단에서 설립한 필란트로피 워크숍(www.tpw.org)과 필란트로피 연구소도 영국과 미국에서 활발히 활동하고 있다.

기부자 서클

기부자 서클은 NGO(원래 영국 옥스팜 산하에 있다가 지금은 가수 애니 레녹스Annie Lennox가 이끄는 더 서클The Circle)나 기빙 위민(Giving Women, 본부는 제네바에 있다, www.givingwomen.ch/), 미국에서 활동중인 여성 기부자 네트워크(www.womendonors.org/) 같은 모단체 산하에 만들어질 수 있다. 미국과 유럽에서 활동하는 위민 무빙 밀리언스(www.womenmoving-millions.org/)는 230명의 회원이 전 세계 여성과 소녀의 권리 증진을 위해 6억 달러 이상 기부하겠다고 약정하는 등 고액 필란트로피 활동에 집중하고 있다.

기부자 서클은 조직 방식이 매우 다양하다. 예를 들어 기빙 위민은 '프로젝트 서클'을 만들어서 선정된 프로젝트에 자금, 시간, 전문 지식, 기술을 지원한다. 이 조직은 2008년에 설립된 이후 23개가 넘는 프로젝트에 58만 9365스위스프랑을 후원했다. 여성을 위한 글로벌 펀드(Global Fund for Women)는 특정한 주제나 서아시아 또는 북아프리카 같은 지역을 중심으로 구성된 기부자 서클을 운영하면서 최소 수준 이상의 연간 약정액을 후원하고 프로그램 팀원이나 다른 전문가와 정기적으로 의견을 나눈다. 원래 옥스팜 산하에 설립되었던 더 서클은 스코틀랜드 서클, 변호사 서클, 음악 서클 등 다른 여러 서클이 탄생하는 데 촉매 역할을 했다.

어떤 기부자 서클은 기부와 후원에만 집중하는 반면, 어떤 기부자 서클은 학습을 목표로 하기도 한다.

기부자 서클의 문제점 중 하나는 그들이 기부자와 프로젝트 사이에서 까다로운 자리를 차지할 수 있다는 것이다. 유럽에서는 기부자 모임이 자체 조직을 운영하면서 직원들에게 급여를 지급하기 위한 자금을 조달하기 어려우므로 프로젝트 선정과 관리에서 NGO 역할을 수행하기 힘들다. 반대로 기부자 모임에 참여하는 이들은 규모가 큰 조직이 소규모 모임에 규칙과 제한, 관료체제를 요구하기 때문에 NGO의 계열사 역할을 하기가 어렵다는 것을 알게 된다.

지원 및 교류 네트워크

지원 및 교류 네트워크에는 독일의 페쿠니아(http://pecunia-erbinnen.net/)와 마르얀 삭스가 공동 설립한 네덜란드의 에르프도흐터르(Erfdochters, http://history.mamacash.nl/nl/theme/408/) 등 재산을 상속받은 여성들의 네트워크도 포함된다. 이 네트워크는 재산을 상속받았거나 장차 상속받을 예정인 여성들을 위해 만들어졌다. 마르얀 삭스는 "많은 남성 상속자와 다르게 여성들은 앞으로 닥칠 재정적·정서적 요구에 대한 대비가 미흡한 경우가 많다"고 말한다. 두 네트워크 모두 부유한 여성이 자신의 부를 편안하게 받아들이고 유산관리에 적극적으로 참여하도록 지원하는 데 중점을 둔다. 필란트로피 활동 관리도 여기에 포함되지만 이런 네트워크의 주목적은 필란트로피가 아니다.

이런 네트워크는 다른 상속자들과 경험을 공유하고 권한을 부여하는 데 초점을 맞춘다. 마르얀 삭스는 "비슷한 상황에 처한 다른 여성들을 만나면 창피함과 외로움이 자신의 부에 대한 긍정적 태도로 바뀌면서 재산관리에도 적극적으로 참여하게 된다"고 말한다. "네트워크에 소속된 여성들은 재산과 관련된 이력, 태도, 본인의 생각을 나누면서 돈독한 우정과 신뢰를 쌓아가고 개인적인 성장을 촉진한다."

몇몇 전문직 여성 네트워크도 필란트로피에 적극적이다. 이런 네트워크의 주된 역할은 구성원들을 연결하고 개인적·직업적 성장을 지원하며 더 많은 여성을 리더의 위치에 오르게 하는 것이다. 유럽에는 이런 네트워크가 많이 활성화되어 있다. 예를 들어 전문직 여성 네트워크(www.pwnglobal.net/), 경제와 사회를 위한 여성 포럼(www.womens-forum.com/), 헤지펀드 부문에서 활동하는 100명의 여성(www.100womeninhedgefunds.org) 등이 있다. 오드 드 튀앵(Aude de Thuin)이 2005년에 설립한 경제와 사회를 위한 여성 포럼은 2007년에 〈파이낸셜 타임스Financial Times〉가 선정한 영향력 있는 세계 5대 포럼 중 하나로 뽑혔고 전문가 포럼이나 필란트로피 관련 모임은 아니지만 두 분야 모두와 관련된 주제를 논의하고 있다.

네트워크와 서클은 유럽 전역에서 나타나기도 하고 때로 사라지기도 한다. 일부는 모금단체의 지원을 통해 존속되고 민간은행이나 자산관리 전문가의 지원을 받는 곳도 있다. 격식에 얽매이지 않는 비공식적인 단체도 있다. 부와 필란트로피에만 초점을 맞춘 서클과 네트워크가 생기면서 유럽의 여성 필란트로피 분야에 혁명이 일어났다. 필란트로피는 '헤지펀드 부문에서 활동하는 100명의 여성'이 하는 일의 일부이기는 하지만 그것이 존재 이유의 전부는 아니다. 반면 기빙 위민의 경우에는 기부가 중심 목표다.

기부자가 직접 전달

2015년에 로베르트 보슈 재단(Robert Bosch Stiftung)이 후원한 재단 회의에 대해 보고한 캐럴라인 하트넬(Caroline Hartnell)은 이렇게 말했다. "회의의 공통 주제는 NGO에 대한 불신이었다. NGO는 정부의 대리인(정부 프로그램을 운영하는 경우가 종종 있기 때문이다)이나 해외에서 자금을 조달하는 통로로 여겨질 수도 있고 비효율적이거나, 심지어 부패한 조직으로 볼 수도 있다."(Hartnell, 2015) 그 결과 러시아 필란트로피스트들은 도움이 필요한 사람들에게 직접 기부하는 것을 선호하고, 스페인 재단은 직접 행동하면서 자체 프로그램을 진행하는 것을 더 좋아하는 운영재단으로 진화하고 있다. 그녀는 "새로운 기부자들은 자기가 사업에서 성공할 수 있게 해준 기술이 사회 변화에도 도움이 되리라고 가정한다"고 말한다. 그리고 이렇게 직접 참여하려는 바람은 "필란트로피스트들이 아직 존재하지 않는 새로운 아이디어와 해결책을 구현하고 싶어하기 때문에 생긴다"고 한 에드몽드 로스차일드(Edmond de Rothschild) 재단의 피로즈 라다크(Firoz Ladak)의 말을 인용했다.

유럽에 기반을 두고 있고 주로 유럽 출신의 백인 직원들이 관리하는 북반구 NGO는 세련된 고액 필란트로피스트들의 눈에 점점 시대착오적인 모습으로 비치고 있다. 이들의 주요 마케팅 방식인 모금 활동은 비용이 많이 들고 비효율적인 수입 창출 방법으로 여겨지고, 벤처 필란트로피스트들은 자선 모금을 통해 얻은 자본이 대출이나 주식을 통해 조달하는 자본에 비해 비용이 많이 든다는 사실을 지적하는 데 앞장섰다. NGO와 함께 일하려고 했던 필란트로피스트들의 경험은 아무리 좋게 말해도 실망스러웠다. 그들은 NGO 사무실을 돌아다니면서 자기가 제안한 기부금 외에도 함께 참여할 방법을 찾아보려고 했지만 그들에게 돌아오는 대답은 한 가지뿐이었다. "당신이 주는 돈은 받겠지만 안타깝게도 그 돈을 사용하는 방식과 관련해서는 당신이 어떤 간섭도 하게 내버려두지 않을 것이다."

이런 유럽의 내부 요인 외에 외부 요인인 인터넷도 영향을 미친다. 소피 보세나르는 "세상이 전보다 작아졌다"고 말한다. "사람들은 '어디에서 변화를 이룰 수 있을까?'라고 묻는다. 일부는 글로벌 시민이 되고 있다." 남반구의 저개발 지역에서 진행되는 프로젝트가 기부자들에게 직접 또는 키바 같은 최소한의 중개자를 통해 활동 상황을 전달하는 일이 갈수록 쉬워지고 있다. 과거에는 북반구의 NGO 중개지들에게 전적으로 의존하던 가나의 프로젝트가 이제는 자체 웹사이트를 개설하여 기부금을 직접 모을 수 있게 되었다. 필란트로피스트들에게는 이것이 더 나은 거래처럼 보인다. 아크라에 있는 숙련된 현지 인력과 일하면 비용을 훨씬 적게 지불해도 되는데, 무엇 때문에 암스테르담 중심부의 비싼 사무실에서 일하는 임금이 높은 유럽의 직원에게 돈을 준다는 말인가?

유럽 NGO들은 대부분 기부자들의 이런 변화에 대비하지 못하고 있다. 그들에게는 고액 필란트로피가 조직 방식의 변화를 촉진할 만큼 중요한 존재가 아닌 것 같다는 인상을 준다. 대부분 자국 정부에서 주는 지원금과 수만 또는 수십만 명의 개인 기부자에게 의존하고 있는 그들은 NGO와의 거래를 단념하고 남반구의 수혜단체에 직접 기부하겠다는 소수의 요란한 필란트로피스트들의 요구를 들어줄 필요가 없다고 생각한다. 이는 필란트로피스트들의 주장이나 이해관계와 NGO의 이해관계 사이에 커다란 격차가 존재함을 보여준다.

괜찮은 것일까?

필란트로피와 권력

부가 필란트로피 활동을 통해 사회에 권력을 행사하는 것은 옳은 일일까? 이 논쟁은 명확한 기준 없이 좌우우지된다. 아르튀르 고티에 박사는 프랑스 상황에 대해 이렇게 말한다. "과거의 필란트로피는 부정한 돈 취급을 당했다. 하지만 오늘날에는 돈에 대한 논쟁을 벌일 여유가 없다. 실용주의가 이데올로기를 압도한 것이다."

2015년 보고서에서 지적했듯이 부유층이 주도하는 대규모 재단의 성장 때문에 다음과 같은 상황이 벌어졌다.

재단이 지닌 권력에 관한 논쟁이 불거지면서 세금 우대 조치나 '미션' 부족과 관련하여 활동의 정당성에 의문을 제기하고 재단 운영의 투명성을 요구하게 되었다. 앞으로 사회적 도전에 맞서 '더 두드러진' 역할을 수행하고 싶은 재단과 설립자는 자신의 입장과 정당성을 명확히 밝힐 필요가 있다(Anon, 2015c).

라이히(Reich, 2016, p. 468)의 논문에 따르면 법률 이론가이자 판사인 리처드 포즈너(Richard Posner)는 미국의 재단 모델을 가리켜 "아무도 책임지지 않는 완전히 무책임한 기관이다…… 왜 이런 재단들과 관련하여 대대적인 추문이 발생하지 않는지 그것이 수수께끼다"라고 말했다.

매슈 비숍(Matthew Bishop)과 마이클 그린(Michael Green)은 『자선자본주의*Philanthrocapitalism*』 2판(2010)에서 억만장자들은 무슨 권리로 건강이나 교육 정책에 영향력을 행사하는 것인지 질문한다. 이런 분야나 문화, 환경, 유산, 국제개발, 여성 권리 등 필란트로피스트가 관여하는 모든 분야의 우선순위를 정하는 것은 민주적으로 선출되어 유권자들에게 책임이 있는 정부가 해야 하는 일이 아닐까? 매슈 비숍과 마이클 그린(2010, p. 11)은 "부자들에게 더 많은 세금을 부과하고 정부가 세상의 문제를 해결하도록 하는 것"이 더 낫지 않겠느냐고 묻는다. 그들은 "필란트로피스트들이 가난한 사람들을 위한 해결책을 찾으려고 했던 분야와 교육 분야에서 국가의 역할이 현저히 증가하면서 필란트로피의 황금기는 모두 끝났다"고 지적한다. 하지만 그들은 세금을 인상하여 가난한 사람들에게 필요한 사회적 지원에 자금을 조달할 수 있는 정부의 능력이 부자들의 지리적 이동성과 경제 성장을 저해해서는 안 된다는 점 때문에 제한받는다고 주장한다(이것은 흔히 '신자유주의'라고 폭넓게 묘사되는 정치철학을 뒷받침하는 노선이다).

첫번째 문제인 부자들의 지리적 이동성은 몇몇 유명 탈세자의 국외 이주에 대한 언론 보도를 통해 더욱 부각되었다. 예를 들어 프랑스 배우 제라르 데파르디외(Gérard Depardieu)는 인기 없는 부유세(Impôt de Solidarité sur la Fortune: ISF)를 피하기 위해 프랑스와 벨기에 국경지대에 있는 통관소에서 벨기에 쪽으로 불과 몇 미터 떨어진 곳에 있는 주택을 구입했다. 하지만 제라르 데파르디외와 나이든 로커 조니 할리데이(Johnny Halliday)는 ISF를 피하기 위해 프랑스를 떠났지만 34만 2000명이 넘는 ISF 납세자들은 프랑스를 떠나지 않았다(2015년에 ISF를 납부한 사람의 수는 Pluyette, C., 2016 참조). 인기 없는 부유세도 사람들이 고향을 등지게 할 정도의 위력은 없는 것이다.

프랑스의 이런 증거는 부자들의 지리적 이동성이 높지 않으므로 정부가 부자들에게 세금을 더 많이 부과하고 추가 소득을 유권자들이 선택한 프로그램(건강, 교육, 환경)에 활용하는 것이 타당하다는 점을 보여준다. 이를 통해 '세상의 문제를 해결'할 수 있는지 여부는 논란의 여지가 매우 크지만 필란트로피 활동이 그런 해결책을 시도하기 위한 민첩하고 신속하고 실험적인 도구로 기능한 또다른 사례가 있다. 워런 버핏은 빌 앤드 멀린다 게이츠 재단에 300억 달러를 기부하겠다고 약정하면서 "그 돈으로 얻을 수 있는 이익을 극대화하는 면에서는 게이츠 부부가 연방재무부보다 훨씬 잘 해낼 것"이라고 말했다.

필란트로피와 나

필란트로피 활동은 가난한 사람들을 돕기 위한 것이지만 실제로는 부유한 사람들에게 이득이 된다는 잘 알려진 주장이 있다. 캘리포니아대학 버클리의 공공 정책 교수 로버트 B. 라이시(Robert B. Reich)는 2013년 12월

〈살롱Salon〉논평 기사에서 "부자들은 무료급식소에 기부하지 않는다. 그들은 예일대학이나 근사한 극장에 기부한다"고 말했다(Reich, 2013). 그의 견해는 다음과 같다.

> 현재 미국의 부유층이 청구하는 기부 공제액의 상당 부분은 다른 부유한 후원자들과 어울려 여가시간을 보내는 문화 궁전(오페라, 미술관, 교향악단, 극장 등)에 기부한 돈이다. 또 그들이 한때 다녔거나 자녀가 다니기를 바라는 엘리트 사립고등학교와 대학교에 낸 기부금도 있다.

파말라 위엡킹(2010)은 오스트로워(Ostrower, 1997)의 연구를 인용하여 "엘리트들은 예술단체처럼…… 하위층 사람들이 접근하기 힘든 단체에 기부하여 자신을 남들과 구별하고 싶어한다"고 주장했다. 테리사 오든달(Teresa Odendahl, 1989)은 레이건 재임기에 HNWI 기부금이 상류층의 이익을 위해 봉사하는 기관으로 들어갔다고 주장했다. 찰스 클롯펠터(Charles Clotfelter, 1992)가 동료들과 함께 (유럽에서는 도저히 구할 수 없는 데이터를 이용하여) 이 문제를 공들여 조사한 결과 많은 주의사항이 포함되기는 했지만 국가에서 운영하는 학교와 보건소는 가난한 사람들에게 봉사하는 반면, 비영리단체가 운영하는 학교와 보건소에서는 그런 모습을 보기 힘들다는 결론을 내렸다. 같은 책에서 레스터 샐러몬(1992, p. 147)은 "비영리적인 인적 서비스 분야는 빈곤층이 가장 필요로 하는 물질적 지원을 제공하거나 다른 방식으로 빈곤층에 봉사하는 일에 많이 관여하지 않는 듯하다"는 사실을 발견했다. 그는 "민간 자선단체에서 차지하는 소득 비중이 증가할수록 가난한 사람들에 대한 관심이 줄어든다"(p. 156)는 것을 보여주는데, 이 말은 곧 필란트로피 지원을 받는 기관이 가난한 사람들에게 관심을 보일 가능성이 낮아진다는 뜻이다.

유럽의 부유층은 일류 경영대학원, 옥스퍼드대학, 케임브리지대학, 콘세르트헤바우 콘서트홀, 테이트미술관 등에 기부한다. 그러나 그들은 푸드뱅크, 노숙자를 위한 프로젝트, 남반구 개발도상국에서 발생하는 수많은 인도주의적 비상사태를 위해서도 기부한다. 과세를 통해 얻는 수익의 경우에도 똑같다. 그 돈의 일부는 도심 노숙자에게 돌아가고 일부는 오페라 관련 단체에 돌아간다. 우리 사회에는 사회적 지원과 문화, 경영대학원과 푸드뱅크가 모두 필요하고 유럽은 국가 지원과 필란트로피 활동을 통해 이런 욕구를 충족한다.

새로운 사람들

4장과 5장에서는 (모든 재산을 유산관리인에게 맡기는 것이 아니라) 살아 있는 동안 선행을 하기로 결심한 이들의 증가부터 빈부 격차에 이르기까지 유럽의 고액 필란트로피 분야에 영향을 미치는 주요 세력 몇 가지를 살펴보았다. 이런 요소들 중 어느 하나 때문에 기부에 대한 태도가 바뀌는 것이 아니며 모든 기부자에게 영향을 미치는 요소도 없다. 시장의 기부자 유형 연구에서 나온 증거는 변화가 진행되고 있다는 가장 설득력 있는 신호지만 그 변화에는 일관성이 없다.

6장

여성*

유럽의 부유층 여성들 사이에서 필란트로피는 새로운 것이 아니다. 마리타 하이바흐는 「독일의 현대 여성 필란트로피Contemporary Women's Philanthropy in Germany」(1999)에서 베를린을 중심으로 활동한 여성 기업가 헤트비히 하일(Hedwig Heyl, 1850~1933)을 예로 들었는데, 그녀는 여성 인권운동을 위해 자기 재산을 상당액 기부했을 뿐 아니라 개인과 기업을 대상으로 모금 활동을 벌이기도 했다. 여성 필란트로피의 역사는 이보다 훨씬 더 거슬러올라간다. 예를 들어 필라이즈 빅멘(Filiz Bikmen)이 무라트 치작차(Murat Çizakça, 2000)의 논문을 인용하면서 지적한 것처럼 16세기 오스만제국 이스탄불에 설립된 2860개 재단 중 거의 40퍼센트는 여성들이 설립했다(MacDonald & Tayart de Borms, 2008).

그러나 유럽의 필란트로피 발전 상황은 여성과 남성 사이에 차이가 있

---

* 이 장의 토대가 되는 연구를 의뢰해준 마마 캐시(www.mamacash.nl)와 오크 파운데이션(http://oakfnd.org/)에 감사한다.

는 듯하다. 이 장에서는 이런 차이점에 대해 논하면서 그 이유를 설명하려고 한다(더 어려운 과제이기도 하다).

연구에 대한 간략한 검토

유럽의 부유한 여성의 수

재산은 고액 필란트로피 활동의 전제조건이기 때문에 여성이 보유한 부는 중요한 척도다. 하지만 안타깝게도 유럽의 부유한 여성 수에 대한 데이터가 부족하다. 전 세계 부자들과 관련하여 가장 널리 읽히는 연례 '세계 부 보고서(World Wealth Report)'의 경우 2010년부터 2014년까지 발행된 어느 판에도 부유한 여성에 대한 언급이 없었고 2015년 보고서에도 여성과 관련해서는 간접적인 언급뿐이었다(Anon, 2015d). 이 보고서에 따르면 전 세계 인구 중 HNWI는 남녀 통틀어 1460만 명 정도고* 그중 UHNWI는 13만 9300명인 것으로 추산된다. 그리고 유럽에는 약 400만 명의 HNWI가 있는 것으로 추정된다.

웰스엑스와 UBS은행이 발표한 2014년 슈퍼리치 보고서(Ultra Wealth Report 2014, Anon, 2014a)에 따르면 2014년 전 세계 UHNWI 인구는 21만 1275명으로 추정된다. 웰스엑스는 "우리는 글로벌 초고액 순자산 보유자 데이터베이스를 갖고 있는데, 이는 세계 최대 규모다"라고 주장할 뿐 이런 추정치를 얻은 방법은 공개하지 않고 있다. 하지만 '세계 부 보고서'에서는 2014년 UHNWI가 13만 9300명이라고 추정한 데 비해 월드엑스 보고서

---

* HNWI는 일반적으로 100만 달러 이상 투자 가능한 자산(주 거주지를 제외한)을 보유한 개인으로 정의한다. UHNWI(초고액 순자산 보유자)는 투자 가능한 자산이 3000만 달러 이상인 사람을 가리킨다.

에서는 21만 1275명이라고 한 것으로 보았을 때 재산 규모를 추정하는 일이 얼마나 어려운지 알 수 있다. 거의 7만 2000명이 차이가 나는 점으로 미루어보아 웰스엑스 보고서를 쓴 이들은 세계 부 보고서를 쓴 이들보다 1.5배 더 낙관적이라고 할 수 있다.

이들 부자 중 여자는 몇 명이나 될까?

2014년에 웰스엑스와 UBS은행이 발표한 2014년 슈퍼리치 보고서에서 전 세계 부유한 여성들의 상황을 검토한 결과 UHNWI 인구 중 13퍼센트는 여성이고, 이들이 UHNWI 부의 14퍼센트를 보유하고 있는 것으로 나타났다.

미국에서 수집한 데이터에 따르면 1969년 이후 가장 부유한 상위 1퍼센트에서 여성이 차지하는 비율은 소폭 감소했지만 2000년 자료에서는 여전히 상위 1퍼센트 다섯 명 중 두 명은 여성이었다(Kopczuk, 2015). 가장 부유한 1퍼센트는 전 세계 성인 인구의 0.017퍼센트에 불과한 UHNWI보다 규모가 훨씬 커서 상대적으로 재산이 적은 HNWI에 포함된다는 사실에 유의해야 한다. 한편, 팩터리가 2015년에 지난 10년 동안 영국에서 발표한 재산 목록 데이터를 분석한 결과 재산 보유자의 18퍼센트가 여성이었다.*

이런 다양한 비율이 나오는 것은 서로 다른 모집단과 세 가지 방법론(UHNWI는 3000만 달러 이상의 투자자산을 보유한 상위 1퍼센트의 부유층, 영국에서 발표한 부자 명단의 다양한 진입 요건을 충족하는 사람들만을 대상으로 했다) 때문이므로 어림짐작해야 하는 부분이 매우 많다는 사실을 명심해야 한

---

* 팩터리는 지난 10년 동안 발표된 영국 재산 목록(예를 들어 〈선데이 타임스〉 부자 목록 등) 데이터를 분석했다. 이 목록에는 남성 1만 3852명과 여성 2489명이 포함되어 있었다. 이런 유형의 자료 출처가 지닌 한계를 충분히 알고 있으므로 이 데이터는 추정치로만 활용해야 한다.

다. 유럽의 부유한 여성 수를 추정하기 위해 이 비율 중 가장 보수적인 비율(전체 인구의 13퍼센트)과 가장 보수적인 유럽 인구 추정치를 이용하여 계산한 결과 HNWI는 400만 명이고 UHNWI는 그중 4만 명이었다. 이는 유럽 전체 인구 중 52만 명이 여성 HNW(고액 순자산 보유 여성)이고 그중 5200명이 UHNWW(초고액 순자산 보유 여성)나 마찬가지다.

이는 자주 주목받는 한 가지 현상, 즉 유럽 여성이 남성에 비해 고액 필란트로피 기부를 적게 하는 현상을 설명할 수 있을 것이다. 그것은 단순히 HNW 여성이 남성보다 적기 때문이다.

여성의 기부 방식과 변화

미국 편향성

유럽의 부유한 여성 인구를 추정하는 작업도 힘들지만 학술 문헌을 통해 여성의 기부 이유를 규명하는 일도 그만큼 어렵다. 학술 문헌에 등장하는 연구는 전적으로 미국의 사례에 기초하고 있다. 예를 들어 자주 인용되는 데브라 메시(Debra Mesch)의 2011년 연구는 2002년과 2004년에 실시한 종합사회조사와 2008년의 지식 네트워크 데이터 세트를 기반으로 하는데, 모두 미국에서 수집한 데이터다(Mesch et al, 2011). 또 이 조사는 우리가 관심을 갖는 부유한 여성에게만 초점을 맞춘 것이 아니라 모든 인구 집단을 대상으로 한 것이다. 이 연구 결과는 흥미롭지만 유럽과는 무관할 수도 있다.

남성과 여성

최근 네덜란드에서 진행된 연구(Wit & Bekkers, 2015)를 비롯한 일부 연구에서는 보편적인 발견은 아니지만 남성이 여성보다 기부를 많이 한다는 사실이 드러났다. 데브라 메시(2009, p. 2)의 문헌 검토 내용에 따르면 "기부할 가능성이 높은 쪽은 여성이지만 남성은 기부액이 많다는 사실이 몇몇 연구에서 밝혀졌다."

그 원인은 단순히 소득 차이일 수 있다. 2015년 스페인 연구에서는 여성의 급여가 남성의 77퍼센트밖에 되지 않지만 비슷한 급여 기준에서는 여성들이 더 관대하다는 점을 발견했다(Rubio Guerrero, Sosvilla Rivero, Méndez Picazo, 2015).

연구에 따르면 남성과 여성은 기부 패턴이 다르고 일부 연구에서는 여성이 남성보다 많은 대의명분, 더 폭넓은 대의명분에 기부한다는 사실이 밝혀졌다(예를 들어 Wit & Beckers, 2015). 데브라 메시는 "남성들은 몇몇 자선단체에 기부를 집중하는 경향이 있는 반면, 여성들은 기부금을 여러 자선단체에 분산하여 기부할 가능성이 높다"고 보고했다.

필란트로피 단체에 소속된 여성들

영국의 팩터리가 실시한 연구에 따르면 지난 10년간 보조금을 지급하는 재단의 이사회에 소속된 여성의 수는 항상 적었다(Carnie, 2015). 2005년에서 2015년에 설립된 2312개 재단에 대한 자료를 바탕으로 한 이 조사에서는 재단 이사회마다 평균 한 명의 여성이 소속되어 있는 것으로 나타났다. 여성 이사가 과반수를 차지하는 재단은 여섯 개 중 한 개(16.6퍼센트)뿐이었다. 이 연구 결과는 영국 벤처 필란트로피 기금에 대한 예전 연구를 반영했는데, 여기서 팩터리는 VP 펀드 이사 중 여성이 27퍼센트밖에 안 된다고 보고했다(Carnie & Whitefield, 2013).

여성들은(적어도 영국에서는) 공식적인 필란트로피 단체에 잘 합류하시 않는 듯하다. 이는 그들이 공공연하게 필란트로피스트로 인정받고 싶어하지 않기 때문인 것일까?

인정 동기

미국에서 진행된 연구에서는 인정 욕구의 차이에 주목했다. 『여성과 필란트로피Women and Philanthropy』(Shaw-Hardy, Taylor, Beaudoin-Schwartz, 2010, p. 10)에 인용된 컨설턴트의 말에 따르면 "여성 기부자들은······ 기부에 따르는 사람들의 인정보다는 기부의 결과에 더 관심이 많다." 지속 가능한 녹색 산업에 투자한 고액 순자산 보유 여성들을 대상으로 2012년에 실시한 질적 연구 결과에서도 이렇게 결과를 중시하는 태도가 드러났다. "그들 대부분은 자기 재산이 정말 합리적인 곳에 투자된다는 확신만 있으면 낮은 수익도 감수할 것이다."(Anon, 2012a)

'여성의 대의명분' 부재?

필란트로피스트로 활동하는 여성들은 여성과 관련된 대의명분과 큰 연관이 없다는 정황 증거가 있다. 이런 현상은 대의명분의 관점에서 보면 더 명확하다. 여성 인권 분야가 좋은 예다.

AWID(www.awid.org)는 여성의 권리를 위한 자원 확보에 관한 보고서를 여러 차례 발표했다. AWID는 스스로를 "양성평등, 지속 가능한 발전, 여성 인권을 달성하기 위해 헌신하는 국제적인 페미니스트 회원단체"라고 설명한다. 163개국에 4781명의 회원을 보유하고 있고 이 단체가 발간하는 주간 뉴스레터 구독자는 약 4만 6000명이다. "잎에만 물을 주니 뿌리는 말라간다"(Arutyunova & Clark, 2013)라는 제목의 2013년도 AWID 연구에 따르면 2010년에 전 세계 740개 여성단체가 거둔 총수입은 1억 600만 달러였다. AWID는 전 세계 740개 기관이 거둔 총수입과 같은 해에 단일 NGO 월드 비전 인터내셔널(World Vision International)이 거둔 26억 달러의 수입을 비교한다. 기부자들은 여성단체와 연계되어 있지 않다.

AWID의 조사 결과는 유럽의 여성과 소녀를 위한 재단의 지원금을 심도 있게 조사한 몇 안 되는 연구 중 하나인 「아직 개발되지 않은 잠재력 : 여성과 소녀를 위한 유럽 재단 지원금Untapped Potential: European Foundation Funding for Women and Girl's」(Shah, McGill, Weisblatt, 2011)에 잘 나와 있다. 마마 캐시, 유럽재단센터, 재단센터가 공동으로 관리한 이 연구는 여성과 소녀를 위한 지원금을 분석하면서 19개국 145개 재단을 다루었다. 이들 재단은 총자산이 92억 유로에 달하고 자산 규모가 5000만 유로 이상인 재단이 65개나 포함되어 있었다. 연구진은 42개 재단이 받은 9100개 이상의 보조금에 대한 데이터를 확보했다.

조사 대상 재단의 과반수(58퍼센트)는 2009년 지출액의 10퍼센트 미만을 여성과 소녀에게 혜택이 돌아가는 프로그램에 할당했다. 전체 재단 중 4분의 1은 여성과 소녀를 위한 기금을 전혀 지정하지 않았다. 2009년에 재단들이 여성과 소녀를 후원하기 위해 할당한 총보조금의 중앙 백분율은 4.8퍼센트였다*(Cantwell, 2014). 재단들이 할당한 총보조금 수의 중앙 백분율은 4.1퍼센트였다.

여성과 소녀에게 혜택이 돌아가는 것으로 확인된 모든 보조금 중 거의 절반(45퍼센트)은 인적 서비스 분야에 대한 보조금이었다. 그리고 보조금 비중이 두번째로 높은 부분은 인권 분야였다(21퍼센트).

---

* 이는 "21세기 여성 기업가 정신의 장벽(21st Century Barriers to Women's Entrepreneurship)"에 언급된 수치와 매우 유사하다(Cantwell, 2014). 이 보고서에 따르면 중소기업 전체 대출액 중 4퍼센트만 여성 기업인에게 놀아간다.

2009년 「아직 개발되지 않은 잠재력」에서는 이 시장에 대해 평가하면서 잠재력은 매우 크지만—재단의 90퍼센트가 여성 및 소녀와 관련된 한 가지 이상의 문제에 관심을 보였다—실제 전달되는 금액은 적다고 특징지었다. 전체 보조금 액수의 4.8퍼센트와 보조금의 4.1퍼센트만이 여성과 소녀를 위한 프로그램에 투입되었기 때문이다. 이 연구에서는 이런 격차가 발생한 이유를 분석하지는 않지만 저자들은 "한 가지 가능한 이유는 재단이 관심은 있지만 이런 분야에 실질적으로 진입할 수 있는 지점을 찾지 못했기 때문일 수도 있다"고 추측한다(Shah, McGill, Weisblatt, 2011, p. 32).

또한 저자들은 "보조금 조성과 그 밖의 프로그램 활동에 의도적으로 젠더 렌즈를 적용하는 것의 중요성을 보다 명확하게 표현하고 전달하면 여성과 소녀에게 지원금을 지원하기 위해 의도적으로 접근하는 재단의 비율을 늘릴 수 있다"고 하면서 커뮤니케이션에 중점을 둔다. 개발되지 않은 잠재력은 재단과 여성 기금 사이의 이해 부족과 접촉 부족 때문에 발생한 것으로 보인다. 이는 결국 커뮤니케이션(이 단어를 가장 넓은 의미로 사용했을 때) 문제다.

의견 말하기

「아직 개발되지 않은 잠재력」 저자들이 확인한 커뮤니케이션 문제는 「여성의 경제적 권한 부여를 위한 비즈니스 사례Business Case for Women's Economic Empowerment」(Hagen-Dillon, 2014)에도 나오는데, 이 논문에는 "기업 부문의 지원금 지원과 여성의 권리—인식, 언어, 참여 증진 방법"이라는 부차적인 연구가 포함되어 있다. 오크 파운데이션(Oak Foundation)의 자금을 지원 받은 이 연구는 어셈블리포(Assemblyfor, www.assemblyfor.com/, 당시 이름은 위터 벤처스Witter Ventures였다)가 진행했다. 저자는 "여성의 권리를 주장하는 언어는 의사소통을 가능하게 하기보다 오히려 제한하는 것 같다"고 지적한다.

커뮤니케이션 문제와 더불어 "대부분의 인터뷰 대상[여성권리단체, 기업, INGO 등]은 가시성이 높아진 것 외에는 여성운동의 성과를 단 하나도 언급하지 못했다." 수년간의 노력에도 불구하고 양성평등은 여전히 이슈가 되고 있으며 여성에 대한 폭력은 줄어들지 않았다. 다시 말해 여성운동의 임팩트를 입증하는 데 문제가 있는 것이다.

1999년에 여성단체와 기업 사이의 관계를 검토한 마리타 하이바흐는 독일에서는 "양측[여성단체와 기업]이 서로를 의심하면서도 동시에 상대방에 대해 잘 모른다"고 지적했다. 그녀는 독일의 여성단체가 국가 지원금에 의존한다는 점을 언급하면서 커뮤니케이션과 임팩트 문제를 연관지었다.

> 정부 의존으로 인해 발생한 주요 결과는 공공 의제에서 여성 문제가 사라졌다는 점이다. 이와 동시에 조직의 성과도 거의 보이지 않게 되었다. 이 조직들은 여성 개개인이나 다른 민간 자금 조달자의 기금 모금에도 참여하지 않았기 때문에 지지자 기반을 구축하는 데도 실패했다.

유럽의 비영리 부문 전반에서 여성 지지자들로 구성된 지지 기반을 구축하려는 노력은 눈에 띄게 부족했다. 많은(어쩌면 대부분일지도 모른다) 개발 협력 NGO의 기금 모금 자료를 살펴보면 이런 NGO 프로그램에서는 여성의 중심적인 역할(소규모 기업가로서의 여성, 보건 시스템에서 활약하는 여성, 여성 농부 등)에 대한 자료를 많이 찾아볼 수 있다. 데이터를 검토하면 기부자의 절반가량(비율은 조금씩 다르다)이 여성이라는 것도 알 수 있다. 하지만 특별히 여성들을 대상으로 한 모금 프로그램을 찾아보려고 하면 찾기 힘들 것이다. 아이러니하게도 NGO의 모금담당자는 여성인 경우가 대부분인데도 불구하고 상황은 이렇다.

여성과 필란트로피 – 아직도 눈에 띄지 않는가?

유럽에는 부유한 여성들이 상당히 많다. 아마 UHNW 여성이 5000명은 될 것이다. 네덜란드에서는 여자가 남자보다 적게 기부한다는 연구 결과가 있다. 스페인에서는 이런 '적은 액수'가 소득과 관련이 있을지도 모른다는 증거가 나왔다. 하지만 실제로는 남녀 모두 자기 소득에서 동일한 비율을 기부하는 것일 수도 있다.

영국에서는 여성들이 필란트로피 단체에 가입할 가능성이 낮다는 증거를 볼 수 있고 미국에서는 여성들이 대중에게 기부자로 인식되고 싶어 하지 않는다는 사실을 확인할 수 있다. 이 모든 것은 유럽에서 여성의 필란트로피 활동이 인정받는 것을 방해한다.

여성 필란트로피 활동의 자연스러운 대의명분인 여권 신장에는 확실히 지원금을 받지 못하고 있다. 이는 여성 인권단체들이 그들의 지지층이 되어줄 필란트로피스트들과 소통을 하지 않기 때문이다. 좀더 구체적으로 말하면 그들은 자신들이 어떤 임팩트를 만들어내는지에 대해서도 알리지 않는다.

여기에는 모순된 놀라움이 있다. 프로그램 수혜자인 여성들에게 초점을 맞추고 있고 모금담당자가 대부분 여성인데도 여성을 겨냥한 모금 프로그램을 개발한 NGO가 거의 없다는 사실이다.

여성들의 고액 필란트로피 활동, 특히 여성을 위한 여성의 고액 필란트로피 활동은 유럽의 비영리단체, 조언자, 자산관리 전문가들에게 도전이자 기회다.

7장

벤처 필란트로피스트

서론

유럽의 필란트로피 활동에서 가장 중요한 발전 중 하나는 '벤처 필란
트로피스트'의 출현이다. 이 책을 위해 비공식적으로 의견을 들려준 프랑
스의 한 필란트로피스트는 현재 "프랑스에서 가장 중요한 문제는 임팩트
투자와 벤처 필란트로피"라고 말했다.

벤처 필란트로피란 무엇인가?

벤처 필란트로피 모델은 〈하버드 비즈니스 리뷰Harvard Business
Re-view〉(Letts, Ryan, Grossman, 1997)에 실린 한 논문에서 처음 설명되었고
캘리포니아주의 실리콘밸리 커뮤니티재단이 실제 필란트로피 활동으로
만들었다.

크리스틴 리츠(Christine Letts, 하버드대학), 윌리엄 라이언(William Ryan,

당시에는 컨설턴트, 현재는 하버드 연구원), 앨런 그로스먼(Allen Grossman, 당시 아웃워드 바운드Outward Bound CEO, 현재 하버드대학 교수)은 재단에서 제공한 100억 달러(1995)의 보조금을 언급하면서 다음과 같이 논평했다.

사회 프로그램은 대부분 높은 기대와 커다란 가능성으로 시작하지만 결국 제한적인 임팩트와 불확실한 전망으로 끝난다. ……보조금 지급과정에서 재단들은 종종 비영리단체의 성패를 좌우할 수 있는 조직 문제를 간과한다. ……재단의 태도는 비영리단체들이 오랫동안 임무에 집중하면서 조직의 역량을 원칙적으로 가치 있는 것으로 여기도록 장려했지만 실제로는 정신 산만한 부담감만 안겨주었다.

재단들은 그동안 벤처 캐피털 기업을 연구하여 재단과 관련된 여섯 가지 벤처 캐피털 관행을 파악했다.

- 리스크관리
  - 프로젝트 중에서 '대성공'을 거둘 수 있는 것은 몇 개뿐임을 인정하고 성공과 실패 리스크를 관리한다.
- 성과 측정
  - 직원, 매출, 기본적인 운영체계 면에서 조직의 건강과 발전도 측정
  - (이것이 프로젝트 결과나 지출된 보조금을 기반으로 하는 성과 측정과 얼마나 다른지 주목하라)
- 친밀한 관계
  - 벤처 캐피털리스트는 피투자자에게 경영진 코칭, 전문 인력 채

용, 최상의 재무 형태에 대한 조언 등 '다양한 비현금적 부가가
치 지원'을 제공한다.
- 이와 대조적으로 '대부분의 재단은 비영리 이사회에 참여하거
  나 멘토 역할을 하지 않는다.' 왜냐하면 그들은 '이런 참여가
  방해가 될 것이라고 생각하기' 때문이다.

• 지원액
- 재단은 소액 보조금을 많이 지급하여 '[그들이 하는] 모든 일
  에 필요한 자금을 충분히 제공하지 않는' 반면, 벤처 캐피털리
  스트는 소수의 대상에게 거액을 투자한다.

• 관계를 맺은 기간
- 미국 주요 주의 재단들이 지급한 3만 5000개의 보조금 중 1년
  이상 지급된 것은 5.2퍼센트뿐이라는 사실에 주목한 크리스틴
  리츠와 동료들은 재단과 비영리단체의 관계가 오래 지속되지
  않는다는 점을 비판하면서 이를 보통 5년에서 7년 동안 지속
  되는 벤처 캐피털과의 관계와 비교했다. 그들은 재단이 보조금
  을 오랫동안 지급할 경우 비영리단체들이 재단에 지나치게 의
  존하게 될까봐 우려하고 있다고 말했다.

• 투자금 회수
- 벤처 캐피털 기업은 다른 투자자에게 매각하는 방식으로 투자
  금을 회수하지만 재단은 비영리단체에 대해 그런 식의 조치를
  취하지 않는다. 그렇기에 비영리단체들은 프로그램에 필요한
  자금을 구하느라 너무 많은 시간을 소비한다.

그들은 실질적인 조직 지원이나 조직 구축을 위한 투자, 장기간에 걸친

지원 등 보조금 지급을 대신할 수 있는 방법 실험, 비영리단체의 장기적인 지속 가능성에 초점을 맞춘 사업 계획 개발 등 재단(및 관련된 필란트로피스트)이 보조금 포트폴리오에 적용할 수 있는 다양한 대응 방안을 제시한다.

이런 생각들은 진화했지만 1997년 논문에서 여전히 확인할 수 있다. 벤처 필란트로피 분야에서 활동하는 필란트로피스트들은 벤처 캐피털 투자와 관련된 기술을 많이 활용한다. 이들은 비영리 조직체계를 강화하고 발전시키기 위한 조직관리와 코칭, 독려, 네트워크 형성에 자신과 동료, 다양한 인맥을 동원한다.

벤처 필란트로피스트는 비영리단체 파트너들과 긴밀하게 협력한다. 라몬 베르나트는 "난 이런 '실습'은 사회적 기업가들과 함께해야 한다고 배웠다"고 말한다. "그리고 본인이 직접 참여해야 한다." 테리사 로이드도 똑같은 주장을 반복했다. "[자수성가한 부자들은] 자기가 주주, 파트너와 비슷하다고 생각하기 때문에 무슨 일이 벌어지고 있는지 지켜볼 권리와 책임이 있다고 여긴다." "어떤 경우에는 이것이 그렇게 이상한 생각이라는 데 놀라기도 한다. 조직이 문제를 처리하는 방식을 보고 '조직은 이것이 문제를 해결하는 가장 좋은 방법임을 어떻게 알까?' '좀더 상류에서 개입할 방법은 없을까?' '조직은 어떤 식으로 배울까?'"라고 묻는다. 필란트로피스트들이 단순한 기부 이상의 일을 하고 싶어할 때는 이런 생각이 좌절감을 초래할 수도 있다고 소피 보세나르는 설명한다. "넷포키즈(Net4Kids) 공동 설립자[룩 판 덴 보흐(Loek van den Boog)]가 도움을 주기 위해 유명한 유엔 기관을 찾아갔지만 그들은 기부에 대한 생각만 했다. 그는 참여를 원했는데 말이다."

리사 에엔베르허르는 벤처 필란트로피스트들도 같은 기분을 느낀다는 점에 주목한다.

"벤처 필란트로피스트들은 기부에 매우 좌절감을 느낀다는 말을 자주 한다. 기부를 통해 얻은 결과를 볼 수도 없고 일 처리가 투명하지도 않다. 그들은 자신의 전문적인 경험을 활용하여 돈, 기술, 네트워크 등 좋은 일을 할 수 있다는 사실을 깨달았다. 그것이 [벤처 필란트로피스트의] 원래 동기였던 것 같다. 그들은 이 분야에서 일하는 사람도 기술을 보유하고 있지만 금융 분야의 전문 지식과 이런 사회 부문의 기술을 연결한 하이브리드 방식을 개발할 수도 있다고 생각했다."

한 벤처 필란트로피스트는 임팩트 측정치를 찾아내서 이 정보가 확실히 알려지도록 한다(이 책 5부 참조). 그녀는 단체에 필요한 자금을 조달하거나 보조금이나 대출, 주식 투자 등을 혼합할 때 창의적인 방법을 이용하고, 조직에 필요한 지원액뿐 아니라 필요한 시기까지 고려한다. 또한 철저한 선별 및 실사 과정을 거쳐 많은 단체에 전략적으로 투자하는데, 개중 몇몇은 실패하고 극소수만이 잠재력을 최대한 발휘하게 된다. 그리고 이들 조직을 일정 기간 동안 후원하는데, 크리스틴 리츠와 동료들(1997)이 벤처 캐피털과 관련하여 이야기기한 7년까지는 아니겠지만 1, 2년만 지원하고 마는 재단 보조금보다는 확실히 기간이 길 것이다. 또한 벤처 필란트로피스트는 투자금 회수 계획까지 세운다. 이는 벤처 필란트로피스트와 비영리 단체의 관계에서 가장 곤란한 순간 중 하나다. 벤처 캐피털 분야와 다르게 비영리 부문에는 벤처 캐피털리스트가 주식 거래소 상장 등을 통해 투자금을 회수할 수 있는 출구가 없기 때문이다.

현재 유럽의 벤처 필란트로피 상황

유럽벤처필란트로피협회가 진행한 연례 조사는 해당 분야이 가장 처근 현황을 알려준다. 2013년과 2014년 조사에 따르면 유럽벤처필란트로피협회 회원들은 2013년 회계 연도에 벤처 필란트로피와 사회적 임팩트 투자에 8억 2500만 유로를 기부했는데, 이는 전년 대비 28퍼센트 증가한 액수다. 대부분의 지원금은 보조금 형태(57퍼센트, 가치 기준)였지만 공채(20퍼센트)와 지분 또는 준지분(15퍼센트), 담보 등도 사용되었다. 금전적 지원 외에도 전략 컨설팅 지원(벤처 필란트로피 자금의 81퍼센트), 코칭과 멘토링(77퍼센트), 인맥 연결(76퍼센트), 재무관리 지원(65퍼센트), 자금 조달 또는 수익 전략(61퍼센트), 거버넌스(벤처 필란트로피 자금의 56퍼센트) 등도 지원했다. 자본 재활용을 모색하는 벤처 필란트로피 자금이 늘어나고 있으며 가장 커다란 범주에 속하는 기금의 41퍼센트는 사회적 수익과 재무적 수익의 혼합을 목표로 한다. 이런 기관은 사회단체에 자본을 투입했다가 나중에 자금을 회수하거나 자본에 대해 긍정적인 수익을 창출할 수 있기를 바란다.

유럽의 벤처 필란트로피 기금

유럽벤처필란트로피협회 회원들은 유럽 벤처 필란트로피 활동에 대한 폭넓은 관심을 반영한다.

2007년에 리히텐슈타인 대공 가문이 설립하고 막시밀리안 왕자가 이끄는 LGT 임팩트 벤처스(www.lgtvp.com) 같은 가족 필란트로피 재단도 있다. 이 기금은 경영 노하우, 인맥 연결, 자금 지원 등 벤처 캐피털과 비슷한 접근 방식을 이용하여 사회나 환경 문제에 대한 확장 가능한 솔루션을 보유한 유럽 외부의 조직(인체면역결핍바이러스 양성인 엄마들을 고용하여 새롭게 인체면역결핍바이러스 양성 판정을 받은 엄마들을 교육하고 지원하게 하는 남아프리카공화국의 마더스투마더스Mothers2Mothers, www.m2m.org 같은 단체)을 후원한다.

파이트러스트(PhiTrust, www.phitrustpartenaires.com) 같은 사회적 투자 기업도 있다. 2005년에 설립된 이 회사는 사회에 긍정적 이익을 주는 기업과 비영리단체를 후원한다. 이들의 투자 포트폴리오에는 금융, 부동산, 환경, 농업 등이 포함되어 있다. 예를 들어 세네갈에서 소규모 농가의 우유 생산을 전문화하는 사회적 기업인 라 레트리 뒤 베르제(La Laiterie du Berger)에도 투자한다. 많은 대규모 재단이 유럽벤처필란트로피협회에 가입했다. 잘 알려진 예로 독일의 베텔스만 재단과 BMW 헤르베르트 크반트 재단, 네덜란드의 이케아 재단, 영국의 에스메 페어베언(Esmée Fairbairn) 재단, 이탈리아의 폰다치오네 CRT 등이 있다. ABN AMRO 프라이빗 뱅킹 같은 여러 은행도 회원이다.

많은 유럽벤처필란트로피협회 회원은 유럽 HNWI 투자자들 사이에 생긴 필란트로피에 대한 관심 변화를 반영하면서 빠르게 발전했다. 예를 들어 네덜란드의 노아버르 재단은 원래 벤처 캐피털 투자회사, 사회적 기업 투자자, 재단 등 세 부분으로 구성되어 있었는데, 나중에는 특정한 인구 집단과 주제(청소년과 건강 문제를 다루는 일레븐 플라워스 펀드Eleven Flowers Fund, 음악 치료를 전문으로 하는 암비투스 재단Ambitus Foundation 등)나 방법(비타 밸리Vita Valley, 의료 분야의 혁신과 지식 전달에 초점을 맞춘 아울스 재단Owls Foundation)에 초점을 맞춘 기금이 포함된 분사형 네트워크로 발전했다. 노아버르는 환자와 병원 관리, 건강 이니셔티브를 개선하기 위한 소프트웨어 등 다양한 프로젝트에 투자했다.

유럽벤처필란트로피협회 회원들은 대출(언론 활동을 금지하거나 검열하는 나라의 라디오 방송국과 신문사에 시중 금리로 돈을 빌려주는 미디어 개발 투자 펀드 Media Development Investment Fund)이나 프로그램 연계 투자(Programme Related Investment: PRI — 폰다치오네 카리플로Fondazione Cariplo, 다음 참조)

등 그들의 목표를 달성하는 데 도움이 되는 다양한 금융 도구를 이용하여
약속을 이행하고 있다.

영향력

유럽의 일부 필란트로피스트는 전체 패키지를 구입하지 않고 벤처 필
란트로피 요소만 채택했다. 이 책을 쓰기 위해 인터뷰한 네덜란드의 한 부
유한 가문 출신의 필란트로피스트 겸 사회적 투자자는 자기 가족이 "브레
닌크메이예르(Brenninkmeijer) 가족에게서 많은 영감을 받았다"고 말했다.
"우리는 2007년에서 2008년에 그들과 이야기를 나누었는데, 그들은 당시
사회적 임팩트라는 개념과 벤처 형태의 필란트로피를 활용하고 있었다. 그
들은 효율성 측정과 혁신을 원했다." 유산 상속을 통해 부의 세대교체가
진행되던 시기에 그런 통찰력을 얻은 가족은 지금까지의 필란트로피 활동
을 돌아보게 되었다. "브레닌크메이예르 가문 사람들과의 대화가 아마도
분수령이 되었을 것이다. 우리 가족은 그들의 이야기에 크게 공감했다." 그
러나 그것은 기적적인 개종이 아니었다. "매우 명백한 일이었지만 우리 눈
앞에 또렷한 길이 나타나기까지는 시간이 조금 걸렸다. 그 변화를 이해하
기 위한 어휘와 분석적 틀이 부족했던 것이다."

벤처 필란트로피 분야는 규모가 제한적인데도 이런 영향력이 발생한
다. 유럽 한 나라의 자선재단에서 조성한 보조금만 합쳐도 벤처 필란트로
피와 사회적 임팩트 투자에 투입된 8억 2500만 유로 정도는 쉽게 넘어설
수 있다. 예를 들어 2013년과 2014년 영국의 상위 300개 자선재단이 지급
한 보조금은 24억 파운드였다(Pharoah, Jenkins, Goddard, 2015).

임팩트

유럽벤처필란트로피협회의 2013년과 2014년 조사 응답자 중 50퍼센트는 '거의 항상' 임팩트 측정을 사용하고(2011년 47퍼센트에서 증가) 35퍼센트는 '가끔'(2011년 25퍼센트에서 증가) 사용한다는 조사 결과를 보면 임팩트 측정의 중요성이 증가하고 있음을 알 수 있다.

벤처 필란트로피 기금이든 벤처 필란트로피 모델을 일부 적용한 재단이든 임팩트에 대한 논의가 벤처 필란트로피 활동의 중심적인 부분이 되고 있다. 리사 에엔베르허르 박사는 "모든 유럽벤처필란트로피협회 간행물 중 임팩트 측정 간행물이 가장 인기가 높다. 사람들은 임팩트 측정에 정말 관심이 많다"고 말한다. 그러나 데이비드 캐링턴은 "자금 제공자들이 갈수록 임팩트에 집착하는" 바람에 주의가 딴 데로 쏠리고 있다고 우려한다. "우리 지원금이 어떤 임팩트를 만들어낼까? 이는 대답할 수 없는 질문이다. 지원금은 조직이나 프로젝트를 통해 이루어지는 변화에서 하나의 요소일 뿐이기 때문이다. 보조금 액수가 별로 많지도 않고 사회를 변화시킬 만큼 장기적이지도 않다는 것을 재단이 알고 있으므로 결국 '우리는 당신을 믿지 않는다'는 메시지만 여기저기서 들려오는 상황으로 끝날 수도 있다." 데이비드 캐링턴은 벤처 필란트로피 탄생에 영감을 준 바로 그 단기주의에 대한 비판을 되새기고 있다(Letts, Ryan, Grossman, 1997).

임팩트 투자가 필란트로피 활동 자금을 빼앗아가는가?

벤처 필란트로피를 명확하게 정의할 수 있는 방법은 없다. 데이비드 캐링턴과 다른 이들이 지적한 것처럼 그것은 사심 없는 자선 기부부터 완전한 이익 우선 투자에 이르기까지 다양한 투자 스펙트럼의 일부다. 벤처 필란트로피는 그 중간 어디쯤에 위치하고 사회적 임팩트 투자는 거기서 오른쪽에 위치하여 이익을 우선시하는 쪽에 더 가깝다.

임팩트 투자는 유럽의 필란트로피 분야와 재단 콘퍼런스에서 인기 있는 주제다. (불행히도 모금 콘퍼런스에서는 아직 인기가 많지 않아 많은 비영리단체가 이 특별한 배를 놓치고 있다.) 베로니카 베키(Veronica Vecchi)와 동료들(2015)이 지적한 것처럼 여기에는 경제적인 이유가 있다. HNWI의 부는 증가했고 대체 자산에 투자하는 부(임팩트 투자는 '대안'으로 분류된다)의 비율도 늘어나고 있다(2013년부터 2014년까지 3.4퍼센트 증가). 이것은 사회적 보금자리를 찾는 돈으로 HNWI 투자자의 92퍼센트는 사회적 임팩트를 중요시하고 40세 미만의 사람들이 특히 이 주제에 관심이 많다.

브리지스팬 그룹(Bridgespan Group)의 보스턴 사무소 책임자 마이클 에츨(Michael Etzel)은 〈스탠퍼드 소셜 이노베이션 리뷰Stanford Social Innovation Review〉에 기고한 글에서 미국에서는 임팩트 투자가 갈수록 많은 돈을 끌어들이고 있는데, 대부분(55퍼센트 정도) 민간 펀드 매니저를 통해 들어온다고 말한다(Etzel, 2015). 그는 재단이 전체 임팩트 투자 자금의 6퍼센트만 제공한다고 언급하면서 자금 제공자들이 투자한 돈을 일부 또는 전부 돌려받고 거기에 이자까지도 받을 수 있는 '필란트로피 임팩트 투자'가 많은 기회를 제공한다고 주장한다. "필란트로피 자금은 적은 손실부터 적당한 이익에 이르기까지 모든 것을 제공하는 투자에 노력을 집중할 수 있고 또 그래야만 한다. 이 분야는 빈곤, 범죄, 노숙자, 교육, 녹색에너지, 그 밖의 문제에 대처하는 재정적으로 취약한 사회적 기업이 많이 상주하는 곳이다."

필란트로피스트들은 새로 등장한 사회적 기업 대부분에 가장 적합한 장기 자본 방식을 취하는 임팩트 투자를 위한 공간을 마련해야 한다. 최근 연구 보고서의 증거에 따르면 필란트로피스트들은 투자금 전부는 아니더라도 대부분을 돌려받아 향후 재배치에 사용할 자금을 확보할 수 있다. 그러나 필란트로피스트들은 이런 투자가 시장 수준의 수익을 낼 것이라고 기대해서는 안 된다.

'프로그램 연계 투자', '미션 연계 투자' 등 다양한 이름으로 알려진 재단의 이런 투자는 상당한 잠재력을 갖고 있다. 표준적인 재단 모델은 안전한 곳에 1억 유로를 투자한 뒤 그 이자(연간 약 300만 유로에서 500만 유로)로 보조금을 준다. 이를 프로그램 연계 투자 방식으로 바꾸면 연간 300만 유로에서 500만 유로의 보조금을 지급하는 것 외에도 프로그램이나 사명에 부합하는 사회적 기업에 500만 유로에서 1000만 유로의 기부금을 투자할 수 있다. 폰다치오네 카리플로가 바로 이런 방법을 사용하여 2014년 12월 당시 보유하고 있던 총자산의 6퍼센트인 5억 유로를 공공 지원 주택용 토지 같은 '미션 연계 투자'에 투입했다(www.fondazionecariplo.it/it/la-fondazione/patrimonio/gestione-erating-etico-degli-investimenti.html 참조). 2014년에 지급한 총보조금은 1억 5900만 유로로 프로그램 연계 투자에 투자한 금액의 3분의 1에 불과하다(이 두 수치는 직접 비교할 수 없다는 점을 명심하자. 투자는 기업의 장기 자산의 일부를 형성하는 반면, 보조금은 한 번 지출하면 끝이다). 리사 에엔베르허르 박사는 프로그램 연계 투자에 대한 관심이 높아지고 있다고 말한다. "100퍼센트 미션 연계 투자를 원하는 스페인의 한 재단에도 그렇게 말했다. 나는 그렇게 될 것이라고 생각한다. 그 돈으로 더 많은 일을 할 수 있는 추진력이 있기 때문이다."(2015) 하지만 "그렇게 되려면 임팩트 투자가 견고해야 한다"고 경고한다. 법직·상업적 구조가 갖추어지고 사고팔 시장도 있어야 한다는 것이다.

우려되는 부분은 필란트로피스트들이 임팩트 투자나 재정적으로 그 경계선상에 있는 '필란트로피 임팩트 투자'에 집중하기 위해 다른 형태의 필란트로피를 포기할 것이라는 점이다. 이 또한 케이크 논쟁이다. 사람들은 임팩트 투자가 새로운 스펀지층과 크림층을 만들어 케이크 크기를 늘리는 것이 아니라 고정된 크기의 금융 케이크에서 점점 더 많은 부분을 차지할까봐 걱정한다.

유럽에는 어느 쪽이든 자료가 없다. 그리고 그 질문은 불필요할 수도 있다. 이 분야와 관련된 인터뷰 대상들에게 의견을 요청하자 그중 대다수가 임팩트 투자는 다른 형태의 필란트로피를 보완하기 때문에 더 큰 케이크 논쟁과 관련이 있다고 생각했다. 네덜란드의 필란트로피스트 겸 사회적 투자자는 "임팩트 투자 때문에 필란트로피가 피해를 보지는 않는다"고 말했다. "우리는 기부액을 줄이는 것이 아니다. 예전에 투자관리자에게 맡기던 자산액 그대로다." 하지만 필란트로피에서 임팩트 투자로 돈이 이동할 수 있다는 것은 인정했다. "그 점은 정말 우려되는 부분이다." 이탈리아의 한 필란트로피스트는 이 책을 위한 인터뷰 요청을 거절하며 이렇게 말했다. "나는 임팩트 투자 부문에서 일하고 있고…… 순수한 필란트로피 분야에는 관여하지 않는다." 그의 인지 지도상에서는 필란트로피와 임팩트 투자가 명확히 구별되어 있는 것처럼 들린다. 캐런 윌슨도 재단과 그들이 시도하는 프로그램 연계 투자를 언급하면서 "그들이 임팩트 투자에 사용하려고 필란트로피 예산을 줄일 것 같지는 않다"고 동의했다.

데이비드 캐링턴도 같은 부분을 강조하면서 이를 투자의 '분기점'이라고 부른다.

"나에게 이 분기점은 돈이 재정적 수익을 얻기 위한 투자에 사용되거나 사회적/공적 이익을 위해 기부하는 것이라는 전통적 통설(특히 투자 운용사들이 퍼뜨리는) 때문에 생긴 부정적인 결과다. 사회적 투자는 금전적 수익과 사회적 수익을 모두 얻기 위해 의도적으로 만든 전통적 분기점에 대한 도전이다."

다른 사람들은 기부와 투자 사이에 연속성이 있다고 생각한다. 라몬 베르나트는 다음과 같이 말한다.

"사회적 임팩트 투자와 필란트로피 사이의 경계는 갈수록 명확하지 않다. (어떤 유형이든 상관없이) 투자는 거의 100퍼센트 고용 창출 같은 사회적 임팩트를 발휘하는 투자라고 설명할 수 있다. 내가 생각하는 사회적 임팩트는 변화를 이루는 기업가들이 '일을 실현하도록' 돕는 것을 뜻한다. [그는 이 마지막 구절을 영어로 말했다.] 그것은 그 사람의 가치관과 관련이 있다."

골리앗 때리기

벤처 필란트로피는 전통적 비영리단체를 상징하는 골리앗에게 돌을 던질 태세를 취한 미켈란젤로의 다윗이라고 할 수 있다. 헌신적이고 창의적이며 비판적이고 활동적인 부자라고 할 수 있는 벤처 필란트로피스트는 유럽의 전통적인 필란트로피를 변화시키는 길을 걷고 있다. 그들은 변화를 일으키는 유일한 세력은 아니지만 중요한 세력이다.

정부는
필란트로피를
좋아한다

8장

정부의 행동

서론

3부에서는 정부가 유럽에서 고액 필란트로피 활동을 장려했다고 주장한다. 하지만 정부가 그러는 이유는 무엇인가? 그리고 왜 하필 지금 그러는 것일까?

유럽 전역의 각국 정부는 필란트로피를 장려하고 있다. 각국 정부는 개인 기부를 장려하는 세금 및 재정 변화와 비영리단체의 설립이나 관리를 자유롭게 하는 법적 변화를 통해 이 작업을 수행하고 있다. 또한 정부는 필란트로피가 남용될지도 모른다는 우려 때문에 투명성에 관한 법률을 이용하여 필란트로피 활동을 공개하도록 규정하고 있다. 투명성은 이 책의 핵심이다. 투명성이 높아지면 결국 유럽에서 어떤 일이 벌어지고 있는지 알 수 있기 때문이다.

하지만 모든 것이 다 좋은 것만은 아니다. 제3섹터에 반대하는 정부의 움직임, '억압적인' 입법, 유럽 전체의 긴축 프로그램 등으로 인해 많은 비영리단체가 제공하려는 사회복지 서비스가 줄어들고 있다.

3부에서는 정부가 특히 고액 필란트로피 활동과 관련하여 무슨 일을 하는지 살펴보고 정부가 개입하는 이유와 그것의 효과 여부를 확인할 것이다.

정부는 필란트로피를 좋아한다

당신은 애버딘이든 빈이든 아니면 그 사이의 어디쯤이든 정부가 새로운 체계와 더 좋은 세금 감면 혜택, 또는 돈을 제공하면서 필란트로피 활동을 홍보하고 지원하는 곳에서 살 가능성이 높다.

정부재단

유럽 여러 나라의 정부들은 필란트로피를 위한 새로운 수단을 대량으로 만들기 위한 법률을 제정했다. 새로운 형태의 재단, 사회적 기업, 채권처럼 변형된 형태의 자금도 여기에 포함된다. 가장 극적이고 복잡한 사례라고 할 수 있는 프랑스는 여덟 가지 형태의 재단을 만들었다. 독일은 2013년에 기간제 재단을 설립할 수 있는 '자원봉사 활동 강화법' 등 새로운 유형의 재단을 위한 법률을 제정했다(Anon, 2015c). 이런 임시 재단은 최소 10년 이상 존립해야 하며 재단 업무를 위해 전 자산을 쓸 수 있다. 이 법안 중 일부는 기존 법률에서 꼭 필요한 부분을 현대화한 것이다. 예를 들어 벨기에는 2002년에 재단에 관한 새로운 법을 제정했는데, 그 이전의 법은 1921년부터 시행되던 것이다(Mernier & Xhauflair, 2014).

마리스테판 마라덱스의 말에 따르면 '퐁 드 도타시옹(fonds de dotation, 대략적으로 기부재단이라는 뜻)' 설립은 "2003년도 법률[기부에 대한 재정적 부담을 덜어준] 제정 이후 가장 중요한 단계"였다. 2011년에는 852개의 퐁드 도타시옹이 있었다. 그리고 프랑스 재무부 발표에 따르면 2015년 1월에는 2000개가 넘었다(www.economie.gouv.fr/daj/fonds-dotation).

또한 정부는 조직을 비영리 부문에 억지로 편입하기도 하고 가끔은 제외하기도 한다. 이탈리아에서는 정부가 아마토법(Amato law, 제218호, 1990년 7월 30일)을 이용하여 저축은행과 '반케 델 몬테(Banche del Monte)' 사이에 개입하는 극적인 사례도 발생했다. 저축은행의 신용 기능을 필란트로피 사업과 분리하여 전자는 상업적인 영리은행에서, 후자는 재단에서 관리하게 한 것이다. 마르코 데마리에는 이렇게 말한다. "이는 제3섹터의 자금 조달 측면에서 볼 때 진정한 돌파구였다. 그러나 이런 조치를 취한 이유는 필란트로피를 위한 것이 아니었다. 이탈리아의 은행 부문이 유럽연합 입맛에 맞게 바뀐 것은 의도하지 않은 결과였지만 어쨌든 이로 인해 지역 필란트로피 사업의 오랜 전통이 되살아났다." 그들을 대표하는 협회 ACRI(www.acri.it)에 따르면 현재 이탈리아에는 은행에서 설립한 재단이 88개가 있다.

때때로 정부는 이런 단체들이 자선 기관이나 공익사업자의 지위(둘 다 일반적으로 기부금에 대한 세금 공제가 가능하다)를 통해 이익을 얻지 못하도록 제외하기도 한다. 영국의 사립학교들은 자선위원회와 법원, 의회 사이에서 끊임없는 논쟁의 대상이 되어왔다. 마찬가지로 몇몇 캠페인 단체도 영국 자선법 테두리에서 운영되고 있다. 예를 들어 그린피스는 정치 캠페인 활동 때문에 자선단체로 등록할 수 없다. 그래서 그린피스 환경 신탁을 설립하고 이를 자선단체로 따로 등록(등록번호 284934)하여 과학 연구, 조사, 지속 가능한 개발 촉진 등 정치적 행동으로 여겨지지 않는 활동을 수행하고 있다.

아이러니하게도 정부가 이렇게 새로운 조직을 계속 창설하는 와중에도 유럽의 재단들이 오랫동안 요구해온 유럽 재단법 제정은 계속해서 거부되고 있다. 이 프로젝트는 대형 재단 세 곳(베텔스만 재단, 에벨린 운트 게르트 부세리우스 자이트 재단, 콤파니아 디 산파올로)과 유럽재단센터(Hopt, von Hippel, Anheier, 2009)가 모든 유럽연합 회원국에서 동등한 권리와 혜택을 누릴 수 있는 범유럽 연합의 형태로 15년간 추진한 것이다(Hopt, von Hippel, Anheier, 2009). 이는 유럽 의회와 위원회의 지속적인 로비 주제였지만 2014년 11월에 열린 유럽연합 28개국 대표자 회의에서 법령에 대한 합의에 도달하지 못했다. 결국 이 법령은 2015년 입법 프로그램에서 제외되었고 다시 나오기까지 몇 년이 걸릴 수도 있다.

돈을 위한 돈

베스 브리즈와 테리사 로이드가 『더 풍요로운 삶』에서 지적한 것처럼 각국 정부는 2001년부터 2004년까지 '기부문화를 장려'하고 '기부자 수와 기부액을 늘리기' 위해 영국에서 진행한 '기빙 캠페인(Giving Campaign, 주로 세금을 절감할 수 있는 기부제도인 기프트 에이드Gift Aid를 홍보하는 전략을 썼다)' 같은 다양한 캠페인을 벌이고 있다. 이 캠페인은 〈선데이 타임스〉를 설득하여 연간 부자 목록에 자선 기부 내역을 포함하고 기부를 위한 새로운 금융 수단에 대한 연구 결과를 발표했다. 그리고 HSBC를 비롯한 네 곳의 은행이 고객 조언 서비스에 필란트로피를 포함하도록 장려했다. 캠페인 기간 동안 기프트 에이드를 통해 세금 상환을 청구한 자선단체가 더 늘어나 현금 가치 기준으로 2001년과 2002년에 4억 2000만 파운드였던 것이 2003년과 2004년에는 5억 9000만 파운드로 증가했다. 캠페인 기간 3년 동안 기프트 에이드 기부를 통해 자선단체가 받은 세금 상환액이 40퍼센트 늘어난 것이다(www.gov.uk/government/uploads/system/uploads/

attachment_data/file/532381/Table_10_3.pdf에 나온 수치).

2년 뒤 영국 정부는 다시 한번 필란트로피 사업에 뛰어들었고 이번에는 영국 대학들을 위한 2억 파운드의 매칭펀드를 제공했다. 이 프로그램은 대학들이 모금과 관련하여 전문성을 키우도록 하기 위해 고안되었다. 2012년에 모어 파트너십(More Partnership)은 "영국 고등교육의 필란트로피 검토" 보고서에서 다음과 같이 언급했다.

2006년에서 2007 회계 연도 말에 131개 기관이 13만 2000명의 기부자에게서 총 5억 1300만 파운드의 기금을 조성했다고 보고했다. 5년 뒤에는 152개 기관이 20만 4000명 이상의 기부자에게서 6억 9300만 파운드를 기부받았다고 보고했다. 즉 모금 기관 수는 16퍼센트 늘어나고 모금액은 35퍼센트, 기부자 수는 54퍼센트 증가했다(Anon, 2012b).

2011년에는 문화 부문, 2012년에는 국제개발을 위한 매칭펀드 계획이 있었고 2015년에는 예술위원회가 1750만 파운드 규모의 '촉매 : 진화(Catalyst:Evolve)' 프로그램을 통해 새로운 필란트로피 계획과 역량 강화, 훈련 프로그램을 위한 매칭펀드를 제공했다.

보조금을 받았는가, 못 받았는가?

에드윈 베네마는 "공익을 위한 지원금을 보면 우리 정부가 퇴보하고 있음을 알 수 있다"고 말한다. "정부는 세금으로 공익 자금을 조달하기가 어렵다는 것을 알고 있다. 그래서 이곳 네덜란드에서는 박물관과 문화단체 지원금이 대폭 삭감되었다. 이런 기관들은 이제 민간시장에 의존할 수밖에 없다. 공익을 위한 민간 지원금이 필요하다." 프랑스에서는 "협회의 55퍼센트가 보조금에 의존하고 있다." 파리에 있는 ESSEC 필란트로피 체어의 이사이자 연구원인 아르튀르 고티에 박사는 이렇게 말한다. "그래서 다들 절박감을 느낀다. 사회환경 문제는 갈수록 심각해지는데 공적 보조금은 줄었다."

프랑스 최고의 경영대학원 HEC를 후원하는 재단의 이사인 바르바라 드 콜롱브도 이 말에 동의한다.

"우리는 정부가 기존과 같은 역할을 계속할 수 없다는 것을 안다. 국가 부채가 엄청나기 때문에 국가는 모든 일을 맡을 수 없다. [프랑스의 고등교육 부문이] 경쟁력을 유지하면서 적절한 수준의 공교육을 제공하려면 필란트로피스트들과 협력해야 한다는 사실을 깨닫는 사람들이 점점 늘어나고 있다. 우리에게는 투자가 필요한데 국가가 더이상 모든 것을 다할 수 없으므로 고등교육 같은 부문에서는 민간 자원이 점점 중요한 역할을 하게 될 것이다."

프랑스에서 가족재단을 운영하는 한 필란트로피스트는 "정부가 할 수 없는 부분을 재단이 채워야 한다. 이제 정부가 와서 우리 재단 문을 두드리고 있다"고 말했다.

정부는 사회 부문에 대한 지원금을 줄이고 필란트로피가 그 격차를 메워주기를 바라면서 해당 부문에 대한 규제를 없애고 있는 것일까? 마리스테판 마라덱스는 그런 징후가 보인다고 느낀다. 2012년에 처음으로 비영리 부문에 대한 국가 보조금 지원이 해당 부문 수입의 50퍼센트 이하로 떨어진 것에 주목하면서 "국가와 매우 심각한 분리가 일어났다"고 말한다. 나머지는 대부분 서비스 계약이다. "필란트로피스트들도 이 사실을 알고 있다." 하지만 국가가 만들어놓은 틈새에 발을 들여놓고 싶어하는 사람은 거의 없다.

이런 언급은 정부가 비영리 부문에 대한 지원을 축소하고 있다는 광범위한 우려를 반영한다.

그것이 사실일까?

놀랍게도 제3섹터에 대한 전체적인 정부 지출에 대한 자료는 찾기 어렵다. 그러나 영국에는 전국민간단체협의회(National Council for Voluntary Organisations: NCVO)가 있다. "2000년에서 2001년에 80억 파운드였던 자원봉사 부문에 대한 법적 지원액이 2009년에서 2010년에는 139억 파운드로 늘어났다"(www.ncvo.org.uk/policy-and-research/funding/what-the-research-tells-us). 이는 10년 동안 실질적으로는 74퍼센트 증가한 것으로 '삭감'이라고 보기 어렵다. NCVO는 공공 지출 삭감 때문에 2010년과 2011년 수치와 비교하여 2015년과 2016년에는 이 부문이 연간 12억 파운드의 손실을 입었다고 추정한다(http://data.ncvo.org.uk/a/almanac13/almanac/voluntary-sector/income-in-focus/how-arepublic-sector-spending-cuts-affecting-the-voluntary-sector/). 139억 파운드에서 이 추정 수입 감소치를 빼도 2000년과 2001년부터 2015년과 2016년 사이에 비영리 부문에 대한 국가 지원금은 59퍼센트 증가했다.

스페인의 경우 심각한 경제 위기가 닥쳤을 때도 제3섹터에 대한 국가 지원금은 늘어났다. 이 데이터는 부분적이지만(사회 부문에서 활동하는 약 600개 조직만 포함) 국가 지원금이 2008년 103억 유로에서 2010년 105억 유로로 증가하여 2년 사이에 현금 지원액이 1.6퍼센트 늘어났음을 보여준다(Anon, 2012c). 하지만 이런 패턴은 안정적인 듯하다. 2010년과 2008년 상황을 비교하면서 인용한 이 보고서의 2008년 판에서 연구에 참여한

775개 사회 부문 기관 중 46.4퍼센트는 공공 부문 금융이 증가했다고 보고했고 32.6퍼센트는 이전과 동일하게 유지되었다고 밝혔다. 감소했다고 말한 것은 21퍼센트뿐이었다(Anon, 2012d).

네덜란드의 중앙모금국(Central Bureau for Fundraising, www.cbf.nl)은 1450개 회원 조직에서 데이터를 수집한다. 상세한 모금 및 수입 수치를 보면 2011년에 13억 유로였던 정부 보조금이 2014년에는 15억 9000만 유로로 증가했는데, 이는 현금 가치로는 21.5퍼센트, 실질 가치로는 17퍼센트 늘어난 액수다.

암스테르담 자유대학 필란트로피연구센터 책임자 르네 베커스 교수와 에라스뮈스대학 로테르담 경영대학원 비즈니스 사회경영학과의 파말라 위엡킹 박사를 만나 정부가 지원을 축소하고 있다는 인식과 그와 반대되는 현실을 나타내는 확실한 데이터 사이의 괴리에 대해 이야기를 나누었다. 르네 베커스 교수는 정부가 서비스 지원을 전반적으로 줄인 것(예를 들어 사회복지 서비스 축소) 때문에 비영리 부문, 심지어 예산이 많은 비영리 부문이 감당할 수 있는 것보다 더 많은 수요가 생겼을지도 모른다고 지적했다. "제3섹터 조직이 활동하는 분야에서 정부 예산이 삭감되었다. 이로 인해 이런 조직의 서비스에 대한 수요에 변화가 생겼고 때로는 증가하기도 했다."

파말라 위엡킹 박사는 다음과 같이 말했다.

필란트로피스트들은 이를 개인적인 관점에서 바라보며 지원을 축소하는 정부에 대한 그들의 의견은 실제 사실이 아닌 개인적 관찰과 미디어 선호도에 근거한다.

전반적으로 정부가 공공 지출을 늘리고는 있지만 네덜란드의 경우처럼 문화, 예술 같은 특정 분야에서는 공공 지출이 줄어들 수도 있다. 필란트로피스트들이 전보다 정부 지원금이 줄어든 분야에만 관심을 갖는다면 그들의 관찰은 정확할 수도 있다.

그리고 필란트로피스트들이 어떤 미디어를 소비하느냐에 따라 해당 매체를 통해 정부가 공공 지출을 줄이고 있다는 인상을 받을 수도 있다. 네덜란드와 영국 언론에서는 정부 지원금이 감소하고 있다고 공공연하게 이야기하는데, 특히 영국 정부의 '협약(Compact)' 체결 이후에 더 심해졌다는 것이다(www.compactvoice.org.uk/sites/default/files/the_compact.pdf 참조). 네덜란드에도 '참여사회'와 유사한 이니셔티브가 있다.

이 상황은 정의상의 문제 때문에 유럽 전역에서 복잡하다. 보조금과 서비스 계약 사이의 차이가 매우 작을 수도 있지만 이는 기금이 다른 방식으로 계산된다는 뜻이다. 그러나 이런 정의 차이나 자원 할당 문제, 르네 베커스와 파말라 위엡킹이 제기한 인식 문제 등을 감안하더라도 그 데이터는 사실에 반하는 것처럼 보인다. 이 분야의 사람들은 지원이 삭감되었다고 말하지만 데이터상으로는 지원금이 안정적이거나 심지어 더 증가한 것으로 보인다. 따라서 필란트로피의 많은 영역에서와 마찬가지로 여기서도 더 많은 데이터와 연구가 필요하다.

법이 요구하는 투명성

정부는 돈세탁과 부패에 대한 우려를 비롯한 여러 가지 이유 때문에 투명성에 관한 법을 개정하고 있다.

유럽재단의 주머니는 유리처럼 투명하지 않다. 그들은 오랫동안 재량껏 은밀한 생활을 누려왔다. 2001년쯤 스티흐팅 잉카 재단(Stichting Ingka

Foundation, 이케아 가구 그룹 지분을 일부 소유한 네덜란드 등록 재단) 사무소를 운영하던 변호사에게 연락했을 때 네덜란드에서는 연차 보고서나 회계 장부를 비롯하여 '아무것도 공개할 필요가 없기 때문에' 네덜란드에 재단을 등록했다는 이야기를 들었다.

고액 필란트로피 활동에 잠재적 임팩트를 발휘할 수 있다는 이유 때문에 이 책의 특별 관심사인 이 주제는 투명성에 관해 다루는 4부의 핵심 주제이기도 하다.

세금

정부는 증여세를 효율화함으로써 재단과 협회에 대한 민간 투자를 장려하고 있다. 2010년 안도라 정부가 법인세(안도라는 유럽의 조세피난처로 유명하다)를 처음 도입했을 때도 비영리재단, 협회, 종교단체, 대학, 정당 등은 법인세를 면제해주었다(Bisbal Galbany et al, 2013). 한 논평에 따르면 안도라 정부는 '[세금] 제도 국제화 및 현대화'의 일환으로 이를 추진했다(Oliver Arbós & Contreras, 2012). 9장에서 살펴보겠지만 보다 '현대적인' 시스템(이 맥락에서는 필란트로피를 장려하는 시스템)을 향한 추진력은 유럽의 다른 지역에서도 확인할 수 있다.

스웨덴은 1년 뒤(2011)에 기부에 관한 법률을 도입하여 평생 필란트로피 기부를 하는 이들에 대한 공제제도를 처음 만들었다―재단에 유산을 남기는 것은 원래부터 면세 대상이었다(Surmatz, 2014). 특정 지역에서 활동하는 재단이나 그 밖의 비영리단체에 기부하는 개인 기부자는 기부금의 25퍼센트(최대 1500크로나까지)를 공제받을 수 있다. 이렇게 법을 현대화해야 한다는 압력 중 일부는 스타우퍼(Stauffer)와 페르셰(Persche) 소송에 대한 유럽사법재판소 판결 때문에 생겼다('국경을 넘은 스타우퍼와 페르셰 소송' 참조).

프랑스, 영국, 독일, 스페인, 네덜란드, 이탈리아, 스위스는 모두 기부 비용을 저렴하게 하는 데 중점을 두고 기부금에 대한 세금 감면 정책을 현대화했다.

유럽재단센터는 기부자들이 이용할 수 있는 세금 감면 정책에 대한 최신 정보를 공개한다. 2015년 보고서(Anon, 2015e)를 요약하고 유럽의 경제 대국에 초점을 맞추면 세 가지 제도가 시행되고 있음을 알 수 있다. 핀란드나 구소련 지역 국가 중 일부처럼 세금 인센티브를 전혀 제공하지 않는 곳도 있고, 일정한 현금 한도나 소득과 연계된 한도까지만 공제를 허용하는 국가도 있으며, 기부금 중 일정 비율에 대해 공제를 해주는 국가도 있다. 2015년 중반 유럽의 상황은 다음과 같다.

- 세금 혜택 없음
  - 핀란드
- 최저 한도(2000유로 이하)까지 기부금 공제 가능
  - 덴마크, 노르웨이
- 기부금의 일정 비율까지 공제 가능
  - 포르투갈(기부금의 25퍼센트를 소득세에서 공제 가능)
  - 스웨덴(기부금의 최대 25퍼센트까지 공제 가능)
  - 스페인(기부금의 30퍼센트에서 75퍼센트 공제 가능)
  - 영국(과세 소득에서 기부금의 세전 액수만큼 공제 가능, 비영리단체는 기부금에서 공제된 것으로 여겨지는 소득세를 청구할 수 있음)
- 소득의 약 10퍼센트까지 기부금 공제 가능

- 오스트리아, 벨기에, 그리스, 이탈리아, 리히텐슈타인, 네덜란드, 폴란드(소득의 6퍼센트)
- 소득의 약 20퍼센트까지 기부금 공제 가능
  - 독일, 룩셈부르크, 스위스
- 소득의 더 높은 비율까지 기부금 공제 가능
  - 아일랜드, 소득의 30퍼센트까지
  - 프랑스, 소득의 66퍼센트까지

앞의 목록은 복잡한 지도를 상당히 단순화한 것이다. 예를 들어 한 국가 내에서도 기부자들에게 지역마다 다른 세금제도가 적용될 수 있음을 명심하자. 카탈루냐(스페인)와 벨기에 지역들이 그런 경우다.

이런 공제액은 자주 변경되므로 이 내용을 읽을 때쯤에는 앞에 소개한 개요와 유럽재단센터에서 보고한 최신 상황에 차이점이 있을 것이다. 이들은 또 게이밍에도 매우 개방적인데, 특히 필란트로피스트가 여러 나라에 자산이나 수입이 있는 경우에는 더욱 그렇다. 예를 들어 유명 국제자선단체는 오스트리아 기부자의 기부금을 받을 때 그가 당시 스위스에서 제공하던 괜찮은 세금 감면 혜택을 받을 수 있도록 그가 스위스에 등록해둔 재단을 통해 받았다.

프랑스 세법

프랑스에서는 기부할 때 돈이 적게 든다. 프랑스의 재단에 기부하는 사람은 기부금의 66퍼센트에 대해 세금 감면 혜택을 받는데, 상한선은 과세 대상 순소득의 20퍼센트까지다. 따라서 1000유로를 기부한 기부자가 실제로 내는 비용은 340유로에 불과하다. 여기서 프랑스의 복잡한 세금제도를 일일이 논하지는 않겠지만 퐁다시옹 드 프랑스는 http://isf.fon-dationdefrance.org//calculatrice에서 유용한 계산기를 제공한다.

부유세를 납부하는 사람을 위한 감세제도도 있다. 부유세는 130만 유로 이상의 자산을 보유한 개인이 내는 세금이며(2016년 1월 1일 기준, http://www.impots.gouv.fr/portal/dgi/public/particuliers.impot?pageId=part_isf&espId=1&impot=ISF&sfid=50 참조) 최저 자산 계층의 경우 0.5퍼센트에서 시작하여 최고 자산 계층은 1.5퍼센트까지 증가하는 누적체계가 적용된다. 특정 재단의 경우(이 목록은 2007년 8월에 시행된 'TEPA' 법에 따라 정의한 것으로 https://www.legifrance.gouv.fr/affichTexte.do?cidTexte=JORFTEXT000000278649&categorieLien=id에서 전문을 확인할 수 있다) 부유세 납세자가 기부금의 75퍼센트까지 세금 부담을 줄일 수 있으며 최대 5만 유로까지 공제가 가능하다. 따라서 3000유로의 부유를 납부해야 하는 납세자가 4000유로를 기부하면 4000유로의 75퍼센트가 3000유로이므로 부유세세를 내지 않아도 된다. 결국 부유세 납세자는 총비용 1000유로로 4000유로를 기부할 수 있는 셈이다. 물론 이것은 부유세 과세 대상이 될 가능성이 높은 고액 필란트로피스트에게 매우 매력적이다.

에콜 폴리테크니크(École Polytechnique)의 발전 담당 이사였던 마리스테판 마라덱스의 말에 따르면 2007년에 프랑스 정부가 도입한 재정 공제 변화는 상당히 중요했다. "에콜 폴리테크니크에서 일할 때 사람들이 부유세 캠페인을 이용하여 기부한다는 것을 분명하게 알 수 있었다."

국경을 넘은 스타우퍼와 페르세 소송

2006년부터 시작된 일련의 소송에서 유럽사법재판소는 기부와 관련하여 유럽의 국경을 개방했다. 이 소송 사건 중 가장 유명한 것은 2006년의 스타우퍼 소송과 2009년의 페르세 소송이지만, 한편으로는 미시온스베르크(Missionswerk), 라보라투아르 푸르니에(Laboratoires Fournier), 유럽위원회 대 오스트리아 소송에 대한 판결도 있었다. 토마스 폰 히펠(Thomas von Hippel, 2014)이 관련 내용을 훌륭하게 요약했다.

이탈리아에 등록되어 있는 재단 센트로 데 뮤지콜로지아 발터 스타우퍼(Centro de Musicologia Walter Stauffer)는 스위스 출신 젊은이들에게 장학금을 수여한다. 이 재단은 독일에 소유한 건물에서 임대 수입을 얻는다. 독일 세법상 독일에 등록된 재단(엄밀히 따지면 '공익단체')의 경우에는 이런 임대 소득에 대해 법인 소득세를 면제받지만 외국 공익단체는 혜택을 받지 못한다. 이 소송은 독일의 이런 규정이 유럽의 기본적인 자유를 침해하는지에 대한 의문을 제기했다.

유럽사법재판소는 임대 소득은 자본의 자유로운 이동 규정에 따라 보호된다고 판결했다. 재판소는 "해당 기관이 다른 회원국에 등록되어 있다는 이유로 세금 혜택을 제한하는 것은 정당하지 못한 일이다"라고 했다(von Hippel, 2014). 다시 말해 독일에서 임대 수입을 얻는 이탈리아 재단에 대한 세금 감면 혜택은 비슷한 유형의 독일 재단에 제공되는 세금 감면 혜택과 동일해야 한다.

페르셰 소송, 그리고 이후에 벌어진 유산과 관련된 미시온스베르크 소송은 국경을 초월한 기부에 관한 소송이라는 점이 더 명확했다. 전자의 경우 한 독일 거주자(페르셰 씨)가 포르투갈에 있는 센트로 포폴라 드 라고아(Centro Popular de Lagoa)라는 자선단체에 침대와 목욕용 리넨 제품, 보행 보조기, 그 밖의 장비를 기증했다. 독일 세법상 이와 같은 현물 기부는 세금 공제가 되기 때문에 페르셰 씨는 2003년에 개인 소득세 신고서를 제출하면서 공제를 요청했다. 하지만 세무 당국은 그의 요청을 거부했다.

6년 뒤(페르셰 씨는 매우 끈질긴 사람임이 분명하다) 이 사건이 유럽사법재판소에 회부되자 법원은 현물 기부를 포함한 모든 기부는 자본의 자유로운 이동 원칙에 따라 보호된다고 판결했다.

잘못이 밝혀진 것은 독일 당국만이 아니라는 점을 강조해야 한다. 비슷한 소송에 걸린 벨기에와 오스트리아 세무 당국도 법원에서 패소했다.

이 소송과정에서 유럽사법재판소는 '공익 활동 분야에서의 세법에 관한 일반적인 차별 금지 원칙'(von Hippel, 2014)을 만들어 회원국들이 공익 기관에 세금 특혜를 제공할지 여부를 결정할 수 있게 했다. 다만 세금 특혜를 제공할 경우에는 외국계 기관이 다른 유럽연합 회원국에 본부를 둔 것 외에 국가 공익 세법의 모든 요건을 충족한다면 해당 기관과 그 기부자들을 세금 혜택에서 제외할 수 없다고 판결했다. 또한 법원은 정부가 이들 기관에게 세금 특혜를 받은 국가에서만 필란트로피 활동을 하도록 요구할 수 없다고 판결했다. 다시 말해 리옹에 사는 프랑스인 납세자가 이탈리아에 있는 자기 모교에 기부금을 냈다고 하더라도 그는 프랑스 경영대학원 인시아드(Insead)에 기부한 이웃 사람과 똑같은 세금 혜택을 받아야 한다는 것이다. 법원은 유럽연합 내에 있는 외국 기관이 국내 세법의 요건을 충족하는지 확인하기 위한 '동등성 테스트(comparability test)'라는 개념을 도입했다.

유럽재단센터에서 진행하는 '유럽의 국경 없는 기부(Transnational Giving Europe : TGE)' 프로그램은 이 두 사례의 직접적인 결과로 '대부분의 회원국이 자국 법률을 개정하여' 유럽연합 회원국 A의 기부자가 회원국 B의 자선단체에 기부할 수 있도록 허용하고, 그들이 지역단체에 기부했을 때 얻을 수 있는 것과 동일한 세금 감면 혜택을 청구할 수 있게 했다(Surmatz, 2014). TGE는 스타우퍼와 페르셰 소송 사건이 벌어지기 전에 개인과 재단, 기업이 한 유럽연합 국가에서 다른 국가로 기부세를 효율적으로 전달할 수 있도록 선도적인 재단들이 만든 것이다. 이론적으로 유럽사법재판소의 판결이 나온 이상 TGE는 불필요한 존재가 되어야 한다. 하지만 TGE를 오래 이용한 한 회원이 개인적으로 해준 말에 따르면 각국 정부가 국경을 초월한 기부에 대한 세액 공제 청구를 행정적으로 어렵게 만들어놓았기 때문에 TGE 서비스에 대한 수요는 계속 있다고 한다. 일부 세무 당국에서는 법원이 도입한 '동등성 테스트'를 장벽으로 활용하여 기부자와 비영리단체에 귀찮고 불필요한 서류를 요구하고 있다. 그 결과 TGE가 수수료(액수가 아주 크지는 않다)를 부과하는데도 개인과 재단은 자국 국세청의 관료체제에 맞서느니 차라리 이 프로그램을 사용하는 것이다.

정부, 게이밍

정부는 자선 복권 발행을 허용할 때 종종 고액 필란트로피 사업 같은 실질적인 보조금 지급 기관을 설립한다. 현재 영국, 아일랜드, 스웨덴, 네덜란드, 독일, 스페인, 덴마크에는 자선 복권이 있다(유럽연합자선복권협회, www.acleu.eu). 프랑스에는 국가가 지분의 72퍼센트를 소유한 기업인 라 프랑세즈 데죄(La Française des jeux : FDJ)가 관리하는 로또가 있다. 2015년에 이 기업이 거두어들인 수입 137억 유로는 당첨자(66퍼센트)와 판매자(6.2퍼센트), 정부에게 지급되었다(www.groupefdj.com/fr/groupe/activite/finance/).

네덜란드의 노바메디아(Novamedia)는 이 시장이 얼마나 큰지 보여준다. 2017년 현재 노바메디아는 네덜란드, 스웨덴, 영국 세 나라에서 복권을 발행하고 있다. 네덜란드에서 이 회사는 홀딩 나티오날레 후데 둘렌 로터르에이언 NV(Holding Nationale Goede Doelen Loterijen NV)를 통해 복권 세 개를 운영하고 있는데, 그중에서 가장 규모가 크고 오래된 것은 국립 우편번호 복권이다. 이 회사는 2014년 12월부터 노바메디아와 여기서 판매하는 복권이 빌 앤드 멀린다 게이츠 재단(미국)과 웰컴 트러스트(Wellcome Trust, 영국)에 이어 전 세계에서 세번째로 큰 보조금 배분 주체라고 주장한다(www.novamedia.nl/web/Who-we-are/Organisation-Novamedia.htm). 2015년에 이 세 개의 네덜란드 복권을 통해 조성된 총보조금은 4억 4300만 유로였다(www.novamedia.nl/web/Who-we-are/Figures.htm).

2015년에 스웨덴 우편번호 복권은 스벤스카 포스트코드 스티프텔센(Svenska Postkod Stiftelsen)과 포스트코델로테리엣스 쿨투르 스티프텔세(Postkodelotteriets Kultur Stiftelse, www.novamedia.nl/web/Charity-lotteries/Sweden/Swedish-Postcode-Lottery-Nieuw.htm)라는 직영재단 두 곳을 비롯한 여러 자선단체에 1억 1580만 유로를 기부했다. 이들의 기부금 총액(5억 5900만 유로)은 6억 7400만 파운드(8억 500만 유로)의 보조금을 지급한 영국 웰컴 트러스트의 뒤를 잇는다(Anon 2015i). 덕분에 우편번호 복권은 네덜란드 비영리단체들에게 중요한 수입원이 되었다. 네덜란드 노바메디아 COO 시흐리트 판 아컨(Sigrid van Aken)의 말에 따르면 "2007년에서 2011년에 자선단체의 총 사적 소득에서 복권이 차지하는 비율은 9퍼센트에서 12퍼센트로 증가했다."(Zeekant, 2015)

네덜란드의 복권 구조는 정부가 새로운 비영리단체를 어떻게 법제화했는지 보여준다(www.postcodeloterij.nl/organisatie/governance-holding.htm). 스티흐팅 안델렌 나티오날레 후데 둘렌 로터르에이언 재단은 네덜란드 복권 세 개(나티오날레 포스트코드 로터르에이, 브리엔던 로터르에이, 반크히로 로터르에이)에 대한 권리를 소유한 홀딩 나티오날레 후데 둘렌 로터르에이언 NV의 지분을 100퍼센트 소유하고 있다. 노바메디아 BV는 이 권리에 대한 사용 허가를 받았다. 이 회사는 100퍼센트 노바메디아 홀딩 BV의 소유고 노바메디아 홀딩 BV의 지분은 스티흐팅 노바메디아 푼다티(Stichting Novamedia Fundatie, 재단)가 81퍼센트, 셀라 메디아 BV(Cella Media BV, 영리기업)가 나머지를 소유하고 있다. 불과 몇 년 전만 해도 유럽인 대부분이 영리기업과 비영리단체가 혼합된 이런 구조를 불편해했지만 이제는 갈수록 평범하게 생각한다.

복권 관련 재단의 보조금 지급은 혁신적일 수 있다. 스티흐팅 둔

(Stichting Doen, www.doen.nl)은 친환경적이고 사회적 포용성이 큰 사회를 만들기 위한 다양한 활동에 자금을 지원하고 있다. 20년 넘게 네덜란드와 해외 사회적 기업에 투자해왔고 초기 임팩트 투자자 중 하나였다. 이들의 투자는 대개 재단 이익에 부합하는 신생 기업이나 해외 투자 펀드를 통해 이루어진다.

자선 복권은 유럽에서 필란트로피가 변화하는 양상과 관련된 다양한 부분을 보여준다.

- 비영리 부문에 상당한 자금 흐름을 만들어냈다. 다만 그것이 새로운 자산인지, 아니면 제로섬 게임인지는 명확하지 않다.
- 유럽에서 규모가 가장 큰 재단 몇 개를 설립했는데, 그중 일부는 관습에 도전하는 혁신적인 보조금 프로그램을 제공한다.
- 필란트로피와 사업, 비영리 부문과 영리 부문을 혼합한 구조를 만들었다.

유럽 복권을 우려하는 시선도 있다. 그중 일부는 도박에 대한 도덕적·종교적 우려고 일부는 도박 중독과 관련된 건강상의 문제다. 또 어떤 비평가들은 복권은 주로 저소득층이 구입하기 때문에 가난한 사람들에 대한 간접세처럼 여겨질 수도 있다고 지적한다. 이런 우려에도 불구하고 복권은 확실히 인기가 많으며 유럽의 많은 비영리단체에 대한 보조금 출처로서의 역할이 커지고 있다.

정부의 해악

정치인들이 자선을 좋아한다고 말할 수도 있지만 그렇다고 해서 그들이 반드시 좋은 일만 한다는 뜻은 아니다. 정치인들이 그 분야에 해를 끼치는 경우도 너무나 많다.

이런 해악 중 가장 극적인 것은 최근 정부가 사회복지사업, 교육, 보건에 대한 예산 삭감을 단행한 것이다. 정치인들은 2008년에 시작된 금융 위기 때문이라고 평계를 댔지만 신자유주의 정책에 대한 장기적인 관심과 일치하는 이런 예산 삭감 때문에 비영리 부문에서 진행하던 훌륭한 사업들이 대거 취소되었고 지금도 계속 취소되고 있다. 유럽 정치인이 필란트로피나 '거대사회'에 대해 말하는 것을 들을 때마다 그가 바로 빈곤층을 위한 정부 서비스를 축소하는 데 찬성표를 던진 사람일 수도 있다는 사실을 명심해야 한다.

2015년 영국 정부가 브리스틀에서 스스로 목숨을 끊은 노인 자원봉사자에 대한 언론 보도에 대응하여 모금 활동을 통제하기 위한 일련의 정책 이니셔티브를 시작하면서 정치인들의 이중성과 표리부동한 모습이 더욱 부각되었다. 이런 통제는 고액 필란트로피를 타깃으로 한 것은 아니었지만 영국의 비영리 부문에 부패한 구석이 있다는 필란트로피스트들의 생각은 모금을 나쁜 관행으로 치부하는 선동적인 언론 기사를 통해 한층 더 굳어졌다.

자선단체를 공격하는 이런 움직임은 영국 곳곳에서 일하는 모금팀의 사기에도 영향을 미쳤다. 많은 사람이 모금 활동은 '싫다'고 거부함에도 불구하고 인류의 선한 본성에 대한 믿음을 품고 계속 기부를 요청하는 숭고한 행동이다. 모금담당자들의 사기는 바닥으로 떨어졌고 언론과 영국 정부 때문에 불만스러운 여름을 보낸 이들은 상실감과 사랑받지 못한다는 기분을 느꼈다. 정부는 위험을 무릅쓰고 필란트로피 사업의 섬세한 균형에 개입했다.

영국 정부가 모금 활동을 통제하는 것은 국가와 비영리 부문의 관계에서 생기는 패턴의 일부인 듯하다. 시민사회 및 민주적 참여위원회에서 함께 활동하는 자선단체들은 이 분야에서 '금지법'이라고 알려진 2014년에 시행된 로비, 비당원 선거운동, 노동조합의 투명성 관리법(www.legislation.gov.uk/ukpga/2014/4/contents/enacted/data.htm)과 관련하여 앞으로는 이 법률 때문에 생길 법적 문제와 평판 훼손을 피하기 위해 정부 비판에 조심스러운 태도를 취하게 될 것이라고 비판했다. 2016년에 제정된 정부 보조금 협약 조항인 '보조금 수령자가 납세자의 돈을 이용하여 정부에 로비하는 행위 금지'(www.gov.uk/government/news/government-announces-new-clause-to-be-inserted-into-grantagreements)는 비영리 부문을 침묵하게 하는 쪽으로의 방향 전환을 강조했다.

지금은 필란트로피와 국가 간의 관계가 끊임없이 변화하는 시기다. 테리사 로이드는 "국가가 뒤로 물러서는 바람에 이제 사람들은 누가 공익을 위해 돈을 지불해야 하는가? 누가 문화를 후원하고 투자해야 하는가?"라고 묻고 있다고 말한다. 심지어 공익의 정의조차 불분명해졌다고 한다. 유럽의 취약한 경제 상황과 정치인들 사이에 널리 퍼져 있는 신자유주의적 사고 때문에 정부는 공적 자금을 이용하여 더 많은 공익을 제공하기를 꺼린다. 대표적인 예가 기부에 대한 세금 감면이다. 마르코 데마리에는 적어도 이탈리아에서는 "공공 부채가 너무 많아서 정부가 기부금에 대한 세금 감면을 늘릴 수 없다"고 말한다.

필란트로피는 건강, 문화, 환경 문제에서 발을 뺀 정부의 공백을 메울 수 없다. 기부금으로 과세체계의 보편성을 대체한다는 것은 상상도 할 수 없는 일이다. 말로는 필란트로피를 장려한다면서 정작 거기서 이익을 얻으려고 하는 단체들을 엄하게 단속하는 등 좋은 경찰과 나쁜 경찰을 동시에 연기하는 정부는 필란트로피에 도움이 되지 않는다.

9장

정부가 행동하는 이유

서론

앞 장에서는 유럽 국가의 정부들이 어떻게 고액 필란트로피 사업을 장려하는지 살펴보았다. 이 장에서는 정부가 그렇게 하는 이유와 지금 그렇게 하는 이유, 그리고 그렇게 하는 것이 효과가 있는지를 알아본다.

정부는 왜 필란트로피 사업을 지원하는가?

대서양 건너편, 또는 해협 건너편에서 바라보는 유럽은 동질적인 집단처럼 보일 수 있다. 안정적인 민주주의 국가들이 시민에게 권리를 보장하고, 대부분 자본주의 경제권이며, 이 책의 주제와 관련해서는 활발한 시민사회단체가 국가와 필란트로피 파트너들의 지원을 받는다.

하지만 차이도 있고 고액 필란트로피 사업의 경우 이런 차이가 두드러질 수 있다. 유럽에서는 시민사회의 네 가지 모델을 확인할 수 있다.

앵글로색슨 모델에서 스칸디나비아 모델까지

유럽의 시민사회 네 가지 모델은 『유럽의 필란트로피*Philanthropy in Europe*』(MacDonald & Tayart de Borms, 2008, p. 8)에 잘 요약되어 있다.

많은 이에게 친숙한 모델은 영국과 미국의 앵글로색슨 모델로 시민사회단체(civil society organisation : CSO)를 '국가에 대항하는 균형추'로 여긴다. 이 모델에는 "강력한 자원봉사문화가 있고 재단은 정부가 돌보지 않는 사안에 지원금을 제공하고 시민사회를 지원한다."

라인강 모델(벨기에, 독일, 네덜란드)에서는 시민사회단체가 정부와 계약을 맺고 보건, 교육 같은 분야에 서비스를 제공한다. 그들은 정부 지원금에 의존하기 때문에 "재정적·법적 분위기상 기부와 증여를 별로 선호하지 않으며" 재단의 성장 속도도 더디고 늦다.

라틴/지중해 모델은 전통적으로 교회가 '자선'을 베풀고 국가는 사회복지 서비스를 제공하는 책임을 진다. "국가는 강력한 경제 주체이고……CSO는 독립적이고 자율적인 주체로 받아들여지는 데 어려움을 겪고 있다. 조직과 협회를 정치적으로 통제하려는 노력도 있다." 이런 상황은 다양한 방식으로 일어날 수 있다. 예를 들어 국가가 이탈리아 금융재단이나 프랑스에 있는 특정 재단 이사회에서 공식적인 정부 대표권을 주장하는 것이다.

재정 시스템은 기증과 기부를 장려하지 않으며 자원봉사는 고용시장에 대한 위협으로 여긴다. 재단은 정부가 하지 않는 일을 지원하고 지원금을 제공하는 데 애를 먹고 있다. 흔히 정치적 영역으로 인식되는 곳으로 이동하면 정치인들이 그들의 권한에 의문을 제기하기 때문이다.

이와 달리 스칸디나비아 모델에서는 자원봉사와 개인의 주도성을 긍정적으로 여긴다. 이곳에서는 시민사회단체가 도움이 필요한 곳을 찾아내면 나중에 정부가 그 요구를 충족시켜주므로 양자의 관계가 공고하다. 그러나 "재정 시스템은 기증과 기부를 강하게 장려하지 않는다."

저자들은 "이 모델들도 물론 우리 사회처럼 진화하면서 변화하고 있다"는 것을 상기시킨다. 예를 들어 기부금에 대한 세금 감면 혜택에서는 매우 강력한 진화와 약간의 융합을 볼 수 있다. 그러나 그 차이는 아직 구별이 가능하므로 정부가 필란트로피 활동을 촉진하거나 촉진하지 않는 이유가 무엇인지 이해할 수 있다.

이들 모델에 도사리고 있는 갈등을 이해하기 위해 파리에 있는 아르튀르 고티에 박사와 이야기를 나누었다. 그는 필란트로피에 대한 의회의 논의가 어떻게 발전했는지 연구했다.

"프랑스에서는 정말 활발한 논의가 있었다. 1980년대와 1990년대에 공산당은 공익에 사적 영향을 미칠 수 있다는 가능성 때문에 필란트로피에 대한 세금 감면을 반대했다. 사회당은 세금 감면에 찬성하는 사람들과 반대하는 사람들이 완전히 분열되어 있었다. 모든 우익 정당 또는 중도 정당은 세금 감면을 추진했다. 이제 좌익 정당까지 흔들렸고 공산당은 많은 표를 잃었다. 좌파와 우파에 속한 많은 이는 보다 실용적인 접근법을 취하면서 우리에게 필란트로피가 필요하다고 말한다."

그러나 그는 상황이 다시 바뀔 수 있다고 경고한다. "지금까지는 세금 우대 조치를 보호해왔지만 새로운 보수 정부 아래에서는 이 조치가 위험에 처할지도 모른다는 우려가 제기되고 있다."

사고방식의 변화

　문화통신부 장관을 지낸 장자크 아야공(Jean-Jacques Aillagon)은 기부자들에게 더 관대한 세금 감면 혜택을 주는 새로운 법률 계획을 프랑스 상원에서 발표하면서 "이는[개혁은] 우리 시민들의 사고방식이 달라졌다는 뜻이기도 하므로 그들은 필란트로피 활동 목표에 더 열심히 참여할 것이다"라고 말했다(Aillagon, 2003).

　이 말은 필란트로피 활동에 대한 정부 조치의 핵심이며 다음의 반론을 제기한다. 그렇다면 정부는 필란트로피스트의 사고방식을 바꿀 수 있는가(또는 '생각을 발전시킬 수 있는가')?

　적어도 옵세르바투와르 드 라 퐁다시옹 드 프랑스의 주장에 따르면 프랑스에서의 대답은 '그렇다'이다. 옵세르바투와르의 2008년 보고서는 "필란트로피에 대한 프랑스 정부의 관심 증가"와 1987년부터 2008년 사이에 통과된 필란트로피 체계 및 세금에 관한 법률 11개에 대해 설명하면서 "사회 부문에 대한 국가의 개입 방식 개혁이 우리가 참여하는 작은 혁명의 출발점을 제공한 것이 확실하다"고 말한다(Thibaut, 2008).

　장자크 아야공이 프랑스 상원에서 토론을 진행한 날은 2003년 4월 13일이므로 2003년 8월 1일에 법률 제2003-709조가 시행되기 전이었다. 토론 내용과 관련 문서는 상원 웹사이트에 요약되어 있다(토론 내용 전문은 www.senat.fr/seances/s200305/s20030513/s20030513001.html#int39 참조). 장자크 아야공은 새로운 법은 "공익에 부합하는 기부와 재단, 협회를 위한 조치들로 이루어진 중요한 프로그램이다. 이는 우리나라의 기부와 재단 발전을 장려하고 촉진할 법과 세금제도의 진정한 개혁에 대해 다룬다"고 했다. 그는 기부금에 대한 세금 경감 논쟁에서 반복적으로 등장하는 주제인 필란트로피 관련 조세제도의 현대화 문제를 이야기했다(프랑스에 기부재단을 설립하게 된 2008년도 법은 '경제 근대화법'○○이라고 한다). 2003년도 토론에서 장자크 아야공은 "프랑스는 유럽 내 다른 국가나 미국에 비해 이 분야[기부금에 대한 세금 경감]에서 상당히 뒤처지는 바람에 힘든 상황이다"라고 말했다.

재정개혁의 두번째 이유는 바로 현대화다. 현대화의 관점에서 보면 조세제도를 통한 필란트로피 활동 촉진을 유권자들에게 정당화할 수 있다.

장자크 아야공에게 "공적[즉 국가] 활동과 개인의 관대함은…… 하나로 합쳐지는 흐름이며…… 우리나라의 글로벌 발전을 이끄는 것"이다.

프랑스의 에두아르 발라뒤르(Edouard Balladur)는 1987년에 의회에서 기부 발전에 관한 법률('메세나')을 소개하면서 공익과 사익이 수렴된다는 이야기를 했다. 그는 문화, 연구, 인도적 원조, 환경, 교육 등 폭넓고 다양한 분야에서 "개인과 기업의 주도적인 태도가 국가와 지방정부의 조치를 유용하게 보완할 수 있다. 따라서 적절한[즉 더 관대한] 재정적·법적 체계를 마련하여 이들을 장려하면 도움이 될 것이다"라고 말했다(Aillagon, 2003).

시민사회와 국가가 융합한다는 비전은 좋은 생각처럼 여겨지고 정치인들은 시민사회단체에서 좋은 사람들 편에 서는 것이 도움이 된다. 그러나 시민사회단체는 국가의 정책, 특히 긴축 프로그램을 비판하기 때문에 이런 모습은 실제로 일어나는 일과는 거리가 멀 수도 있다.

2003년에 입법을 추진한 데는 정치적 동기도 있었다. 얀 가야르(Yann Gaillard) 상원의원이 지적한 바와 같이(www.senat.fr/seances/s200305/s20030513/s20030513001.html#int39) 프랑스 상원에서는 "사람들이 삭감 이야기만 하던 힘든 시기에" 이런 인기 있는 세금 경감 조치에 대한 논의도 동시에 이루어졌다. 여기서 잠시 미국에서 기부자들을 위해 도입한 재정 혜택을 살펴본 다음 이 정치적 포퓰리슴 문제를 다시 알아보자.

왜 정부는 기부자들에게 세금 감면 혜택을 주는가

그렇다면 왜 정부는 세금 감면이나 그 밖의 조치를 통해 필란트로피를 지원하는 것일까? 한 저자의 주장처럼 "국가와 상업시장, 시민사회의 관계에 엄청난 변화가 생겼는가?"(Johnson, 2010) 테리사 로이드는 이렇게 말했다. "우리는 국가의 역할에 대해 논쟁을 벌이고 있다. 국가와 자선단체 사이에 빚어진 혼란은 신탁관리자가 사적인 필란트로피를 주장할 필요가 없다는 것을 의미한다."

일부의 주장처럼 이런 변화는 '신자유주의적 이데올로기'가 주도하는 것일까? 아니면 그냥 정직하고 마음 따뜻한 정치인들이 자선을 베푸는 것일까?

스티브 래스게브 스미스(Steve Rathgeb Smith)와 키르스텐 그뢴비에르(Kirsten Grønbjerg, 2006)의 논문에 따르면 비영리단체에 대한 정부의 관심을 설명하는 모델이 세 가지 있는데, 바로 '수요와 공급', '시민사회/사회운동', '체제 또는 신제도주의'다.

수요와 공급

수요와 공급 모델은 영리시장이나 정부가 우리의 욕구를 모두 충족시켜주지 못하는 것을 말한다. 예를 들어 기업이나 국가는 종교적 믿음에 대한 욕구를 충족시키는 데 별로 효과적이지 않으며, 예술과 문화에 대한 욕구를 채워주는 데도 딱히 능숙하지 못하다. 따라서 이것은 정부가 충족시켜주지 못하는 서비스 수요를 비영리단체에서 채워주는 거래라고 설명할 수 있다.

수요와 공급 – 그들이 비용을 지불하지 않는다면 우리가 내야 한다

마르코 데마리에는 "정부는 필란트로피를 정부가 더이상 할 수 없는 일을 대신할 방법으로 여긴다"고 말한다. 일부 자선단체는 정부에서도 제공하는 서비스(교육, 주택, 의료)를 제공한다. 자선단체가 그런 서비스를 떠맡으면 정부 지출은 줄어든다. 따라서 이런 자선단체에 기부하는 이들은 공공 서비스 비용을 내는 셈이다. 그들이 기부하지 않는다면 정부가 서비스 비용을 전액 지불해야 한다. 이런 상황에서는 이네커 쿨러(Ineke Koele, 2007, p. 64)가 『국제 필란트로피 조세*International Taxation of Philanthropy*』에서 주장한 것처럼 세금 공제가 "정부의 세금 지출로 여겨질 수 있다. 동일한 기관에 직접 보조금을 지급해도 같은 결과를 얻을 수 있을 것이다." '공익사업'에 대한 유럽의 광범위한 정의 뒤에도 수요와 공급이 존재할 수 있다. 정부로부터 '공익사업' 기관으로 승인받은 유럽 여러 나라의 협회는 재단이 제공하는 것과 유사한 재정적 혜택을 제공할 수 있다.

수요와 공급 – 파급 이익

국경없는의사회(Medecins sans Frontieres : MSF, www.msf.org)의 예방접종 프로그램은 개인에게 직접적 혜택을 주지만 전염병 확산을 막음으로써 다른 사람에게도 도움이 된다. 이는 '파급 이익' 또는 '긍정적 외부효과'로 재화의 원래 소비자가 아닌 사람들에게도 이익이 발생하는 현상이다. 자선단체에 기부하는 사람들을 위한 세금 공제 형태의 보조금 때문에 자선단체들은 파급 이익이 있는 물품을 제공한다.

스코틀랜드는 빈곤 수준──주거비를 지불하고 나면 '상대적 빈곤'에 처하는 인구가 94만 명이나 된다(Anon, 2016b)—이 높아서 푸드뱅크에 대한 수요가 상당한데, 영국 정부도, 영리 목적의 식품 소매업체도 이 수요를 충족시켜주지 않는다. 그래서 여러 비영리단체—기부자들이 기부금에 대해 세금 감면 혜택을 받을 수 있는 등록된 자선단체—가 그 공백을 메우고 있다. 트러셀 트러스트(Trussell Trust)는 가장 활발한 단체 중 하나다. 트러셀 트러스트는 빈곤 가정에게 식품 꾸러미를 나누어줄 뿐 아니라 고객들에게 영양 문제부터 국가 혜택, 고용에 이르기까지 다양한 주제에 대한 교육과 훈련 프로그램을 제공한다. 이런 프로그램은 파급 이익을 가져온다. 영양학 수업을 들은 부모는 자녀에게 더 좋은 음식을 먹이고 구직 관련 수업을 들은 사람은 가족을 극심한 가난에서 벗어나게 할 직업을 얻을 수 있을 것이다.

정부가 기부자들에게 세금 감면 혜택을 주는 것은 비용을 줄이기 위한 목적도 있다. 세금 감면 보조금이 없으면 서비스에 대한 수요를 충족시키는 책임은 온전히 정부 몫이 될 것이다. 이런 혜택을 제공하면서 비영리단체의 인도주의자들에게 의지하면 추가적인 파급 이익이 생기면서 유용한 승수효과가 발생한다.

서비스 공급과 관련해서는 국가와 시민사회 사이에 경쟁이 존재한다. 유럽에서는 대부분의 교육, 의료, 문화, 유산, 환경 보호, 긴급 서비스를 정부와 비영리단체가 제공한다. 그렇기에 정부가 비영리 이니셔티브를 '몰아낼지도' 모른다는 우려가 생길 수 있다. 예를 들어 정부가 광범위한 무료 병원 치료를 제공하는 나라에서는 민간 필란트로피 단체들이 그런 서비스를 단념할 수도 있다. 이러한 '구축'에 대한 논의는 4장에서 이미 살펴보았다.

시민운동과 사회운동

알렉시 드 토크빌(Alexis de Tocqueville, 1805~1859)은 "미국의 민주주의
는 광범위한 자발적 조직 네트워크에 달려 있다고 주장했다."(Rathgeb Smith
& Gronbjerg, 2006, p. 229) 이는 정부와 비영리단체의 관계를 위한 시민사회
및 사회운동 모델의 기초다. "시민사회의 관점에서 보면 비영리 부문은 민
주주의와 좋은 정부에 필수적인 특정한 가치가 구현된 것으로 보인다." 비
영리단체들은 자발적인 조직이 엮어내는 참여, 협력, 협업의 조직을 이용하
여 사회적 가치, 즉 '사회적 자본'을 창출한다. 참여는 정부의 투명성과 책
임감(압력단체와 캠페인에 대해 생각해보라)을 높이고 정부 서비스의 질을 향
상한다. 많은 필란트로피스트가 후원하는 광범위한 조직의 존재는 국가
독점 아래에서는 가질 수 없는 선택권을 시민들에게 준다. 그리고 자발적
조직에 참여하는 사람들은 공적 생활에 더 폭넓게 참여할 수 있다. 스코틀
랜드의 청소년의회(www.syp.org.uk)가 그 예다. 심지어 전통적으로 정부에
대항하는 권리단체들도 새롭고 더 좋은 서비스(예를 들어 가정 폭력 피해 여
성을 위한 안전한 호스텔 등)를 요구하여 사회에 가치를 창출한다.

시민사회와 사회운동 모델은 비영리단체, 나아가 필란트로피에 대한
정부 지원을 민주주의 사회의 가치와 속성에 대한 지원으로 만든다. 이는
정부가 보조금을 지급하는 이유(일반적으로 정부에 저항하는 운동을 벌이는 조
직에는 보조금을 지급하지 않는다)나 세금 감면을 해주는 이유를 설명해주는
모델이 아니다. 그러나 왜 많은 정부가 사회 변화 이데올로기가 강한 단체
들이 재단으로 등록하여 기부금에 대한 세금 감면 혜택을 받을 수 있게
해주는지 이해하는 데는 도움이 된다. 녹색당과 연계된 독일의 하인리히
뵐 슈티프퉁(Heinrich Böll Stiftung, www.boell.de)이 그 예이며 콘라트 아데
나워 슈티프퉁(Konrad Adenauer Stiftung, www.kas.de)이나 퐁다시옹 장 조

레스(Fondation Jean Jaurès, https://jean-jaures.org) 같은 자유주의 또는 사회주의 싱크탱크도 마찬가지다. 데이비드 캐링턴(2009)은 "필란트로피는 정치적이다"라고 주장하면서 "가장 효과적인 필란트로피 활동 중 일부는 정통에 도전하면서 정부나 기성 기관들을 자극하고 화나게 할 것"이라고 말한다. 이런 도전은 모두 우파에 대한 좌파의 도전이 아니다. 데이비드 캐링턴은 "예를 들어 미국의 '신보수주의' 정책 개발의 경우 전략적으로 대상을 정한 필란트로피 기금을 이용하여 10년 넘게 육성하고 지원했다"고 지적한다.

시민사회와 사회운동 - 외부 친구

시민사회에 대한 정부 지원을 통해 정치적 변화 속에서도 살아남을 지식체계를 만들 수 있다는 견해도 있다. 이네커 쿨러(2007, p. 63)는 "지속적으로 전문지식을 제공하고 정치적 영향(예를 들어 선거)을 직접 받지 않는 비영리단체를 정부가 지원하는 것이 종종 유리할 수 있다"고 지적한다. 대학에 대한 정부 지원이 그 예가 될 수 있다. 유럽의 많은 대학은 사립재단 관리 아래에 있고 필란트로피 지원금을 받을 수 있는 민간재단을 설립하는 공립대학들도 점점 늘어나고 있다. 이네커 쿨러는 이런 추론을 '상호 의존 이론', 즉 비영리 부문은 정부 지원에 의존하고 "정부는 정치력을 입증하기 위해 비영리 부문에 종사하는 이들이나 수혜자들에게 지지를 받으려고 할 수 있다"는 개념과 연결한다. 이는 정치인들의 낙관주의를 극한까지 확장한다. 기부금에 대한 세금 감면이 선거에서 표를 얻을 수 있는 중요한 공약이라고 주장하기 어려운 것처럼(일자리나 의료, 사회복지 서비스에 비해) 프랑스 그린피스에서 일하는 직원들이 평소 필란트로피 활동에 대한 세금 감면에 찬성하는 진보(보수) 정치인에게 투표하리라고 상상하는 것도 힘들다.

체제와 제도

체제와 신제도주의 관점 모델은 정부와 비영리단체의 관계가 불편할 수도 있음을 강조한다. 즉 러시아 정부가 설립한 국제 비영리단체에 대한 장벽이나 투명성이 부족한 스페인 같은 체제에서 개인적 이익을 위해 비영리단체를 남용하는 것이 이런 강조의 증거가 된다. 이 모델은 정부가 가난한 사람들에게 필요한 것을 제공하는 방식이 정부와 비영리단체의 관계를 결정한다는 생각에 바탕을 두고 있다. 따라서 강력한 국가 복지제도를 갖춘 스칸디나비아 국가들은 미국과는 다른 관계를 형성한다. 통치체제는 권력자들의 모습을 반영하고 저자들은 "계급 권력이 국가 자원의 할당 방식을 결정하고, 이로 인해 계급 권력이 더욱 강화된다"는 사실을 상기시킨다(Rathgeb Smith & Gronbjerg, 2006, p. 234). 어떤 저자들은 필란트로피가 계층 구조를 강화한다고 생각한다. 부유하고 권력 있는 자들이 가난하고 약한 사람들에게 자기가 책임자라는 사실을 상기시키기 위해 기부한다는 것이다.

이론적인 차원의 이런 논의들은 세금 감면을 다루면서는 좀더 실제적이 된다. 정부가 기부자들에게 세금 감면 혜택을 주는 이유를 살펴보는 과정에서도 이 네 가지 모델이 반복해서 등장한다. 그럼 먼저 자선단체에 대한 세금 감면의 영적 본고장인 미국부터 살펴보자.

미국의 공제와 이유

미국 연방 소득세의 자선 기부금 공제는 1917년에 시행된 전쟁 수이법을 통해 처음 도입되었다. 당시 제1차세계대전에 참전한 미국이 필요한 자금을 마련하려고 연방 소득세 세율을 인상하면서 그 쓴맛을 달래기 위해 이런 공제제도를 도입한 것이다. 입법자들은 "세율 인상 때문에 개인의 소득 '잉여금'이 줄어 자선단체를 지원하지 못하게 될까봐 걱정했다. 그렇게 민간 지원이 감소하면 공적 지원에 대한 수요가 증가하여 세율이 더 높아질 것이라고 생각했기 때문에 타협안으로 세금 공제를 제시한 것이다."(Simmons, 2013) 세금 공제가 더 많은 기부를 장려할 것이라는 생각은 오늘날에도 미국 정책의 핵심이다. 2013년 2월 11일에 조세공동위원회가 하원 세입위원회에 보고한 것처럼 "경험적 연구 결과는 일반적으로 납세자들이 기부 결정을 내릴 때 세금 우대 정책에 반응한다는 생각을 뒷받침한다. 다시 말해 납세자들은 기부에 대한 세후 비용이 감소하면 기부금을 늘리고 세후 비용이 증가하면 기부금을 줄인다."

1917년의 세액 공제안은 자선단체에 직접 공금을 배분하여 정부 간섭을 줄이는 효과적인 방법이라고 생각한 국회의원들의 지지도 받았다. 많은 국회의원은 자선단체가 정부보다 더 나은 복지 서비스를 제공할 수 있고 정부가 아닌 개인이 어떤 비영리단체를 지원할지 결정해야 한다고 생각했다. 마지막으로 일부 국회의원은 자선단체에 기부한 돈은 수입으로 여겨서는 안 되고 세금도 부과하지 말아야 한다고 주장했다.

이런 주장은 2013년에 미국 조세공동위원회가 자선 기부금에 대한 세금 공제에는 윤리적·경제적 이유가 있다고 하면서 하원 세입위원회에 제출한 증거 자료에서도 그대로 반복되었다. 그 이유를 다음에 요약해두었는데, 앞에서 논의한 네 가지 모델과의 유사점을 확인할 수 있다.

구축

기부자가 자선단체에 이타적으로 기부한 결과 기부자의 부가 감소한다면 종합소득 세제에 따라 세금을 부과해서는 안 된다. 조세공동위원회도 인정한 것처럼 이 주장은 반대로도 적용할 수 있다. 사람들이 기부를 통해 '온정'을 경험한다면 그들은 이미 이익을 얻은 것이다…… 따라서 이 경우에는 세금 공제를 허용하면 안 된다. 세무 당국이 어떻게 그 온정을 측정할지는 모르겠지만 이는 4장에서 살펴본 '구축' 논쟁과 매우 비슷해 보인다.

시민사회와 사회운동

조세공동위원회는 세금 공제가 공평한 경쟁의 장을 만들어서 정부 기관과 민간 자선단체 중 어느 쪽이 서비스를 제공할지 중립적인 선택을 할 수 있다고 주장한다. 이렇게 따지면 필란트로피에 대한 세금 특혜는 단순한 경제적 행위가 아니다. 세금을 통해 사회에 유익한 비영리단체의 활동을 장려하겠다는 정부 정책을 확인하는 것이다.

수요와 공급 – 공공재 보조금 지급

"보조금이 없으면 민간시장은 최적의 상태일 때보다 적은 공공재를 제공한다." 어떤 미술 수집가가 수집품 일부를 공공미술관에 기증한다면 이는 공공시설에 대한 사적 기여다. 이때 미술품 수집가에게 세금 공제 형태로 보조금을 지급하지 않는다면 그녀는 기증품을 줄이거나 아예 기증하지 않을 수도 있다. 자유시장과 정부가 우리에게 필요한 모든 상품과 서비스를 생산하지 못할 경우 비영리단체가 그 공백을 메운다. 다양한 조세제도는 비영리단체가 이윤을 전혀 또는 충분히 얻지 못하는 비상업적 활동을 수행하도록 장려한다(Weisbrod & Cordes, 1998).

이런 주장 덕분에 조세공동위원회는 진실되고 광범위한 공익이 없을 때는 세금 공제를 정당화할 수 없다고 경고할 수 있다. 그들은 "대학에 기부할 경우 일부 선택된 학생과 교수진에게는 이익이 돌아갈 수 있다. ……더 많은 대중이 자선 활동의 이익을 공유할 수 없다면 이런 기부는 사유재에 대한 사적 기부이므로 자선 기부금에 대해 세금 공제를 해줄 경제적 근거가 없다"고 주장한다. 여기서 주목해야 할 사항은 '경제적 근거'다. 정치적 근거가 아닌 '경제적 근거'. 정부가 사립학교의 자선적 지위를 박탈하여 기부자들의 세금 공제 혜택을 철회할 수도 있다고 위협했을 때 일어나는 정치적 아우성을 들어보라.

요약하면 미국 국회의원들이 세금 감면을 추진하는 이유는 다음과 같다.

- 비영리단체에 대한 지속적인 민간 기부를 유도하여 향후 국가 지출을 줄인다.
- 국가가 자선단체를 선정하여 자금을 지원하는 것이 아니라

대중이 직접 자선단체를 선택할 수 있도록 한다.

- 기부는 개인의 부를 줄어들게 하기 때문에 소득이 아니라는 윤리적 신념을 충족시킨다.
- 개인이 아무런 이득도 얻지 못하는('온정'을 느끼지 못할 경우) 것에 세금을 부과하지 않는다.
- 미술품 컬렉션처럼 공익을 위한 상품 제작을 지원한다.
- 1917년에는 유권자들이 인기 없는 세금 인상을 받아들이도록 유도했다.

정부는 필란트로피를 좋아한다

정부는 필란트로피를 좋아하고 나도 마찬가지다. 문화통신부 장관 장 자크 아야공의 말처럼 국가와 시민사회의 이해관계가 하나로 수렴되고 있는 것은 사실이다.

유럽 전역에 수요와 공급이 존재한다. 정부가 충족시킬 수 없거나 충족시켜주지 않을 사회복지 서비스에 대한 수요가 있고 기부자들이 나서준다면 기꺼이 공급에 참여할 자발적 부문이 있다. 미 상원에 제출된 증거를 확인한 정부는 기부금에 보다 관대한 재정적 대우를 해주면 기부자들의 기부가 늘어날 것이라고 생각한다. 그래서 기부에 대한 재정 지원을 늘려 증가하는 수요를 만족시키려고 한다. 네덜란드의 세금 감면 조치를 통해 얻은 증거를 지표로 삼는다면 그들의 생각이 완전히 또는 적어도 부분적으로는 틀렸을 수도 있지만 이런 증거만으로는 정치인들의 상식을 반박하기에 충분하지 않다.

또한 우리는 민주주의에 대한 시민사회의 가치와 관련된 도덕적 신념을 바탕으로 하는 다양한 주장을 갖고 있다. 이것은 진정한 신념의 표현이지만 아무 대가도 바라지 않고 뭔가를 주는 행위에는 사람들의 마음을 끄는 놀라운 힘이 있다.

현재 유럽에서는 이런 요소들이 결합되어 유럽 대륙의 좌파와 우파, 중도 성향 정권 모두 필란트로피를 위한 매우 긍정적인 정치적 환경을 조성하고 있다. 그러나 이는 양측이 모두 참여해야만 하는 미묘한 균형이다. 덴마크의 울리크 캄프만은 "여기에도 딜레마가 존재한다"고 말한다. "공공 부문이 예산을 줄이면 우리가 그 일을 떠맡아야 하는 것인가? 아니 이 문제는 양자가 힘을 합쳐야만 해결할 수 있다. 그래서 공공예산이 삭감되어도 우리가 그 공백을 메우지는 않을 것이라고 말했다."

효과가 있는가?

정부가 필란트로피와 관계를 맺는 방식의 변화는 결국 우리의 사고방식까지 바꾸게 될까? 정부는 분명히 그렇게 되기를 바란다. 그러나 가치관과 행동 사이에는 중요한 차이가 있다. 현대 무용을 후원하고 싶었던 프랑스의 필란트로피스트가 세금 감면 혜택 때문에 과학 분야를 후원하게 될수도 있다. 이 분야에서 경험적 연구를 수행한 파리 에콜 노르말 쉬페리외(École Normale Supérieure)의 에티엔 케클랭(Etienne Koechlin)의 말에 따르면(Spinney, 2015) 사람들이 자신의 기호와 상충되는 규칙을 따르도록 요구받는 신경과학 연구 결과 "규칙은 가치관은 바꾸지 못하고 행동만 바꾼다"고 한다. 정부의 새로운 규칙 때문에 기부 방식이 바뀔 수는 있지만 그런 기부를 하도록 이끄는 가치관은 바뀌지 않는다.

기부금에 대한 세금 감면 부문에서는 증거가 엇갈리고 있다. 8장에서 기프트 에이드 세금(gift aid tax) 감면 청구를 늘리기 위한 영국 정부의 프로그램 덕에 3년 사이에 청구액이 40퍼센트 늘어났다는 내용을 보았다. 그러나 네덜란드의 증거에 따르면 국민들 중 극히 일부만이 세금 공제를 받고 있다. 2005년에 네덜란드인들 중 세금에서 기부금을 공제받은 사람은 5퍼센트 미만이었다. 사람들이 공제 신청을 꺼리는 이유는 세금 감면이 새로운 제도라서가 아니다. 1914년에 이미 '친인척 부양을 위한 생활비 지급에 대한 이중과세 방지' 규정이 도입되었고(Bekkers & Mariani, 2009) 1952년에는 공식적인 자선 기부금 공제제도가 마련되었다. 베커스와 마리아니는 세금 공제의 역사를 검토하고 그것이 실제로 기부를 자극하는지 여부를 확인하려고 했다. 조사 결과 세금 공제가 어느 정도 효과는 있지만 다른 요소, 특히 기부자가 기부액을 줄일지 또는 늘릴지 여부가 더 중요하다는 사실을 알아냈다. 그리고 공제제도를 이용하는 사람이 거의 없다는 것을 발견했다. 2007년 네덜란드 가정의 절반 정도(49퍼센트)가 공제 허용 한도인 60유로를 초과하는 기부금을 신고했지만 공제를 신청한 사람은 네덜란드 인구의 5퍼센트 미만이었다. 모금담당자와 세금담당자의 등골이 서늘해질 연구 결과를 발표한 베커스와 마리아니는 "2005년도 IPS[데이터 세트]에서 총소득이 120만 유로를 초과하는 가구 중에는 공제를 신청한 가구가 하나도 없다. 네덜란드에서 가장 부유한 사람들에게는 자선 기부금 공제제도가 효과가 없는 것이 분명하다"고 말했다. 다시 말해 세금 감면이 기부를 장려할 것이라는 미국 정책 입안자들의 주장이 유럽에서는 잘 통하지 않는 듯하다.

　그러나 재정 구제에는 또다른 효과가 있다. 오딜 드 로랑스(Odile de Laurens)와 사빈 로지에(Sabine Rozier)가 2012년에 퐁다시옹 드 프랑스를 위해 작성한 보고서에서 지적했듯이 "잠재적 필란트로피스트들에게는 [재정 구제가] 일종의 공식 승인이자 필란트로피의 공공적인 합법화를 뜻한다." 베커스와 마리아니는 세금 공제나 다른 간접적인 보조금은 "민간 기부자들에게 해당 자선단체가 후원할 가치가 있는 곳이라는 긍정적인 신호를 보낼 수 있다"고 말하면서 이에 동의한다. 유럽 전역의 재단과 '공익사업' 지위를 얻은 협회가 받은 이 공식 승인은 기금 모금에 유용하다고 생각한다. 그러나 내가 아는 한 이것의 긍정적인 효과는 검증된 적이 없다.

정부, 세금, 필란트로피

필란트로피스트에게는 정부가 필요하고 그 반대도 마찬가지다. 브리즈와 로이드(2013, p. 42)는 부유한 영국 인터뷰 대상자의 말을 인용하여 이렇게 말한다. "필란트로피만으로는 빈곤이나 환경 파괴를 종식할 수 없고 문화 부문을 건설할 수도 없다. 이 모든 부문에는 부자에게 세금을 부과하여 가난한 사람들을 지원하거나 오염 유발자를 처벌하는 법을 제정하거나 예술을 대중에게 알릴 수 있는 국가 파트너가 필요하다."

이는 정부가 필란트로피 임무를 수행할 예정이라서가 아니다. 또 필란트로피가 정부만큼 많은 돈을 움직일 수 있어서도 아니다. 필란트로피 사업에 기부된 액수와 개인 세금으로 거두어들인 액수 사이의 차이는 엄청나다. 예를 들어 자선지원재단의 추산에 따르면 2014년에 영국 성인들이 자선단체에 기부한 총액은 106억 파운드였다(Anon, 2015l). 한편, 같은 해에 경제협력개발기구가 계산한 영국 정부가 개인 소득세로 거둔 총수입은 1606억 파운드로 기부 소득의 16배였다. 프랑스에서는 이 상황이 훨씬 더 극단적이었다. 2011년에 신고된 기부금 총액은 21억 유로인 반면, 2011년에 정부가 개인 소득세를 통해 얻은 총수입은 1504억 유로로 자선 기부금의 70배가 넘었다. 신고된 기부금 액수가 전년에 비해 8.6퍼센트 증가했는데도 차이가 크게 난 것이다(Tchernia, 2014, 최신 통계 자료 이용 가능). 프랑스의 경우 이 기부금은 세금 감면을 위해 당국에 신고된 액수이므로 실제로 기부된 총액은 21억 유로보다 많을 것이다.

정부 — 그냥 간섭만 하는가?

유럽 각국 정부는 필란트로피를 관리하려고 시도중인데, 이를 위한 접근 방식은 입법부터 자율 규제까지 다양하다. 영국의 모금기준위원회(www.frsb.org.uk)는 자율 규제의 한 예다. 그러나 최근 검토 결과 다음과 같은 사실이 밝혀졌다.

> 광범위한 제도적 필란트로피를 시행하는 국가에서도 필란트로피 활동에 대한 정부의 감독은 종종 무계획적이고 규제 기준과 관할권이 제멋대로다. 이렇게 무작위적인 듯한 규제는 이도 저도 아닌 필란트로피의 성격을 반영한다. 다시 말해 필란트로피는 공공 영역도 아니고 법이 가장 빈번하게 적용되는 부문인 비즈니스 영역도 아니다(Johnson, 2010).

이 보고서에서는 "60개의 감독 당국과 17개의 자치 지역이 있으며 각각마다 재단이 준수해야 하는 고유한 법률과 법령이 있는" 스페인의 상황을 인용했다. 재단의 합법적 구성에 관한 유럽재단센터의 2015년 보고서는 이런 차이를 강조한다(Anon, 2015e). 예를 들어 조사 대상이 된 유럽 40개국(러시아 포함) 중 7개국은 행정 비용으로 지출 가능한 금액에 법적 상한선이 있고, 9개국은 이런 비용으로 지출되는 금액을 관리하기 위한 비법률적 메커니즘이 있으며, 24개국은 상한선을 정해두지 않았다.

어떤 의미에서는 이 장 첫머리에 나온 질문에 답할 수도 있다. 우리는 왜 유럽 정부들이 필란트로피 사업을 장려하는지 말할 수 있다. 우리의 사고방식을 발전시키고, 국가와 비영리단체의 관계를 현대화하며, 국가와 시민사회의 이해관계를 융합하고, 국가와 영리 부문이 제공하지 못하는 물자와 파급 이익을 제공하며, 비영리 부문이나 시민사회의 민주주의 구축 잠재력을 지원하기 위해서다.

그들이 왜 그렇게 행동하는지도 말할 수 있다. 하지만 이런 변화 이론을 뒷받침할 꽤 만족스러운 증거가 있느냐고 묻는다면 대답하기 곤란하다. 표면적으로는 모든 것이 다 좋아 보이지만 유럽의 많은 지역과 마찬가지로 확신할 수 있는 자료는 부족하다.

그리고 그로 인해 우리는 이런 관계나 세금 감면 혜택을 없애버리고 싶어하는 좌파와 우파의 정치인들에게 노출된다. 증거가 없으면 수많은 조직이 의존하고 있는 세금 감면 혜택이 사라질 위험이 있다.

투명성

10장

변화 목격

4부에서는 투명성 증가가 유럽의 필란트로피 활동에 변화를 가져왔다고 입증한다.

서론

유럽에서 필란트로피를 파헤치는 것은 좌절감이 드는 과정일 수 있다. 특히 미국처럼 정교한 필란트로피 시장의 개방성에 익숙해 있다면 더욱 그렇다. 미국에서는 유명 검색엔진을 이용하여 조금만 조사해도 그 나라의 모든 주요 필란트로피 재단의 관심사와 활동, 재정에 관한 정보를 얻을 수 있다. 채러티 내비게이터(Charity Navigator, www.charitynavigator.org)와 채러티 워치(Charity Watch, www.charitywatch.org/home)는 필란트로피의 효율성에 대한 정보를 제공한다. 가이드스타(Guidestar, www.guidestar.com)처럼 무료로 접속할 수 있는 데이터 세트를 이용하여 좀더 조사해보면 이들 재단의 연간 법정 수익률('990번 양식Form 990')을 비롯하여 조직의 수입,

투자 내역, 보조금, 이사회 구성원, 중요한 유급 직원과 그들의 급여액 등 온갖 정보를 다 알 수 있다. 조사해보고 싶은 개인 필란트로피스트가 있다면 간단한 검색을 통해 그녀가 모교의 파운더스 서클 회원이고, 이는 곧 최소 50만 달러 이상을 기부했다는 뜻임을 알 수 있을 것이다. 그리고 추가 검색을 통해 그녀가 소유한 여러 채의 집과 가격, 사업적 인맥에 대한 정보도 알아낼 수 있다.

하지만 유럽의 연구자들은 필란트로피를 검색했을 때 아무것도, 심지어 이름 하나 찾을 수 없는 암흑기에서 지냈다. 미국 연구자들이 이용할 수 있는 풍부한 정보를 부러워하며 바라보기만 했다.

그런데 최근 몇 년 사이에 이 균형이 조금씩 바뀌기 시작했다. 4부에서는 유럽에서 어떤 일이 벌어지고 있는지 살펴보고 개인 정보 보호나 비밀 유지에 대한 우려의 근거를 이해하기 위해 노력할 것이다. 공개적으로 이용 가능한 정보의 변화가 모금담당자와 자산관리인, 재단에 미치는 실질적 임팩트도 검토할 것이다. 그리고 이런 정보 부족이 기부에 대한 사회적 규범 발전을 늦추어 고액 필란트로피 활동을 방해하고 있다는 의구심이 사실인지 테스트해볼 것이다.

유럽은 비밀 유지 때문에 어려움을 겪었는데, 나는 투명성 부족으로 발생할 수 있는 부패와 자금 오남용 사례를 살펴볼 것이다.

4부는 '투명성'이 의미하는 바와 조직을 들여다볼 방법을 명확히 하는 것부터 시작한다.

다른 시각

그레그 미치너(Greg Michener)와 캐서린 버시(Katherine Bersch, 2013, p.

233)는 "투명성은 부패와 비효율, 무능의 첫번째 피난처인 불투명성을 제거한다"고 주장한다. 이런 생각을 바탕으로 '부패에 대항하는 글로벌 연합'인 국제투명성기구(Transparency International)가 탄생했다. 하지만 '투명성'이란 무엇을 의미할까? 그레그 미치너와 캐서린 버시는 투명성이 두 가지 요소로 구성되어 있고 그 두 가지 요소가 겹치는 부분이 있다고 말한다. 그것은 바로 '정보의 완전성과 쉽게 찾을 수 있는 정도'를 뜻하는 '가시성'과 '정확한 결론을 도출하기 위해 사용 가능한 정도'를 뜻하는 '추론 가능성'이다. 추론 가능성은 '정보나 데이터의 품질', 정보 세분화, 검증 가능성, 단순화와 밀접한 관련이 있다. 투명성이 존재하려면 가시성과 정보를 통해 추론할 수 있는 능력 이 두 가지 조건이 모두 필요하다.

이렇게 두 부분으로 구성된 정의는 비영리 부문에 쉽게 적용할 수 있다. 예를 들어 스페인 보건사회복지평등부(www.msssi.gob.es)는 이 기관이 보호하는 자선재단에 대한 정보를 모두 갖고 있다고 어느 정도 확신할 수 있지만 일반인들은 그런 정보를 쉽게 찾을 수 없는 것도 사실이다. 따라서 가시성 조건이 충족되지 않는다.

마찬가지로 어떤 재단이 여학생교육에 관한 프로그램을 운영할 경우 그들은 그들이 후원하는 프로젝트 목록과 그 프로젝트에 지급한 금액은 공개할 수 있지만(유럽 대륙에서는 이런 일도 비교적 드물지만) 해당 프로그램이 만들어내는 임팩트는 추론할 수 없다. 돈은 보이지만 그것을 통해 이루어진 변화는 보이지 않기 때문이다.

내부 확인

투명성의 두 축인 가시성과 추론 능력은 조직 외부와 내부에 존재한다. 재단에 대해 알고 싶은 사람은 외부에서 조직을 들여다볼 수 있는 능력인

'공개적 가시성'을 원한다. 하지만 그와 동시에 재정, 프로그램, 리더십, 임팩트 정보 등 자기가 보는 내용을 이해하고 싶어한다. 이것이 가시성과 추론 능력의 두 가지 척도를 결합한 '외부 투명성'이다.

그리고 조직 내부 정보나 의사결정과정에서의 가시성과 명확성을 의미하는 '내부 투명성'이 있다. 비영리단체는 내부적으로 복잡할 수도 있는데, 그렇게 되면 한 부서에 속한 사람은 다른 부서 동료들이 무슨 일을 하는지 알 수 없다. 대학은 규모가 크고 하는 일이 다양하기 때문에 조직이 복잡하다. 그래서 대학의 모금담당자가 필란트로피스트가 해당 기관과 맺고 있는 관계를 모두 파악하거나 대학이 하는 활동을 모두 알기란 사실상 불가능하다. 이런 내부 투명성 결여 때문에 정보를 기부로 바꾸는 모금담당자의 능력은 제한을 받는다. 난민 수용소나 재난 지역에서 자국 모금팀을 위한 정보를 얻는 일이 어렵다는 사실을 깨달은 유엔 기구와 NGO도 똑같은 문제에 직면해 있다. 첨단 기술, 특히 스카이프(Skype)와 휴대전화가 이 문제에 극적인 변화를 일으키고는 있다. 하지만 규모가 상대적으로 작은 조직들도 업무 압박과 비교적 허술한 내부 시스템 때문에 이런 문제를 겪을 수 있다. 예컨대 모금담당자인 제인이 사회복지 업무를 하는 존과 6주 동안 이야기를 나누지 않아서 그가 어떤 일을 하는지 정확히 모르는 것이다.

내부 투명성은 특히 고액 필란트로피와 관련이 있다. 정부 지원, 대여섯 개 재단의 보조금, 기업 두 곳의 후원, 우편물 발송을 통해 2만 5000명의 후원자에게 기부금을 받는 직접 마케팅 프로그램 등 복합적인 소득 흐름을 가진 중소 규모의 NGO를 생각해보자. 이 NGO는 고액 필란트로피스트들과의 관계를 발전시키고 싶어한다. 이런 모금 활동은 개인적인 관계 구축, 직접적인 만남, 소수의 고액 필란트로피스트의 관심사와 동기, 경제적 능력 이해를 기반으로 한다. 이 모든 정보는 기부자와 군건하고 장기적인 관계를 맺고자 하는 모금담당자에게 필수적인 정보다.

이 말이 이상하게 들린다면 '모금담당자'를 '고객관리자'로, '고액 필란트로피스트'를 '고객'으로, 'NGO'를 '민간은행'으로 바꾸어보라. 민간은행이 고객을 확보하기 위해 거쳐야 하는 과정과 NGO가 이용하는 과정은 사실상 거의 동일하다.

모금담당자가 고위 경영진, 이사회, 그 밖의 중요한 이해관계자들과 정기적으로 접촉하고 내부 투명성이 높은 NGO는 성공적인 프로그램을 개발할 수 있는 가능성이 높다. 반대로 프로그램 담당 직원과의 유대관계가 약하거나 모금담당자가 이사회와 직접 협력할 수 없거나("그 사람은 너무 젊어") 위계 구조나 내부 장벽 또는 이 두 가지 모두 정보 흐름과 정확한 추론 능력을 제한하는 NGO에서는 이런 프로그램이 거의 불가능하다.

필란트로피의 가시성은 보는 이들에게도 영향을 미치는데, 4부 후반부에서는 가시성이 필란트로피의 시장 가격에도 영향을 미칠 수 있다는 증거를 살펴볼 것이다.

감정적 투명성

비영리단체에서만 볼 수 있는 특징 중 하나는 투명성이 정보에만 국한된 것이 아니라는 점이다. 이것은 감정과도 연관이 있다. 필란트로피스트와 비영리단체의 관계는 복잡하지만 때로는 '머리와 가슴'으로 특징지을 수 있다. 기부자가 기부하는 이유는 비영리단체의 예산을 보고, 보고서를 읽고, 그들이 만들어내는 임팩트를 이해했기 때문이다. 하지만 때로는 단체가 하는 일에 감동을 받아 기부할 수도 있다. 병원을 방문하여 아이들을 만나거나, 노숙자 쉼터에서 노숙자들과 함께 시간을 보내거나, 암에 걸린 사람의 형제와 이야기를 나누기도 한다. 정보와 데이디의 흐름뿐 아니라 감정의 흐름도 존재한다. 그 감정은 눈에 보인다. 아이들의 얼굴에서 감정을 엿보고 그것을 바탕으로 상황을 추론하는데, 때로는 무의식적인 감정이 겉으로 드러날 때도 있다("지금 절망적인 상황에 처해 있나봐, 얼굴에 다 드러나는걸").

모금담당자들은 필란트로피스트가 직접 보고 느껴야 한다는 것을 알고 있다. 데이터와 팩트, 사진을 보기만 하는 것이 아니라 직접 경험하면서 감정의 흐름을 느낄 필요도 있다. 옥스팜 같은 단체에서 고액 필란트로피스트와 함께 일하는 전문모금담당자들은 이런 정서적 투명성을 담보하기 위해 수혜자들을 직접 만날 수 있는 현장 방문을 준비한다. 옥스퍼드대학도 장학생과 후원자를 위한 저녁식사 자리를 마련하는 등 이와 비슷한 활동을 한다.

뒤돌아보기

유럽의 비영리단체들은 더 투명해져야 한다는 압력을 많이 받는다. 따라서 영리 부문에서 확인할 수 있는 투명성—공개기업은 자사 웹사이트에 분기별 실적이나 연간 실적을 발표해야 하고 기업의 재무 문제 공개와 관련된 법과 규정을 시행하는 등—은 결코 이렇지 않다는 것을 지적할 필요가 있다. 『회계, 재무 보고, 공공 정책의 세계사 : 유럽A Global History of Accounting, Financial Reporting and Public Policy: Europe』의 영국 관련 장(章)에서 크리스토퍼 네이피어(Christopher Napier, 2010, p 245)가 지적한 것처럼 유럽에서 투자자들이 확인할 수 있는 재무 기록을 제공한 것은 1600년에 인가받은 동인도회사 같은 소수의 합자회사뿐이었다.

동인도회사는 주주들이 정기적으로 회계 기록을 열람할 수 있게 해주었지만 재무 문제는 이사회가 철저히 비밀에 부쳤기 때문에 때때로 금융 스캔들이 일어났고, 이로 인해 대중의 비판과 회사 재무 상태를 조사하라는 요구를 받았다.

영국에서 철도가 출현하여 막대한 투자가 필요해진 19세기가 되어서야 비로소 보다 실질적인 방법으로 장부를 공개하기 시작했다. 처음에는 주식시장, 다음에는 사업세, 마지막으로는 1854년에 스코틀랜드에서 등장한 회계전문가(www.icas.com/regulation/icas-charter-rules-and-regulations)의 영향으로 기업들이 장부를 공개하게 된 것이다.

투명성 제고 요구

테리사 로이드는 오늘날에는 "역할 모델이 있다. 기꺼이 일어서서 [자신의 필란트로피 활동에 대해] 말하는 사람들이다. 그들은 마음 맞는 사회의 일원이 되고 싶어한다"고 말한다. 마르코 데마리에의 말에 따르면 이탈리아에는 "변화해야 한다는 압력이 존재한다"고 한다. 재단들이 정보를 투명하게 공개해야 한다는 것이다. "사람들이 자신의 필란트로피 활동에 대해 더 공개적으로 말하기 시작했다. 언론도 관심을 보인다. 이제 공론화해야 하는 문제가 되었다." 네덜란드재단협회 FIN의 이사 소피 보세나르는 "최근 10년에서 15년 동안 투명성이 주목을 받아왔다. 그런 관심 중 일부는 9/11 테러 이후 테러리스트의 자금줄을 찾아내려고 혈안이 된 정부 쪽에서 보이고 있다. 또 기금을 모으던 자선단체들 사이에서 추문이 발생했기 때문에 정부는 이를 해결하기 위한 투명성을 원한다." 이 장에서는 투명성과 관련된 이 두 가지 이유를 모두 다룬다.

덴마크 레알다니아의 개발 책임지를 지낸 울리크 캄프만은 재단들의 대중적 가시성을 높여야 한다는 데 동의한다. "덴마크 재단은 투명성을 업무 방침의 하나로 이야기한다. 우리는 법을 바꾸었고 이제 특정 업무를 어떻게 처리하는지 설명해야 한다. 투명성은 판도를 바꾸고 상황을 더 나은 방향으로 이끈다."

그랜트크래프트(GrantCraft)의 2013년 조사에서 응답자의 75퍼센트는 지난 5년 사이에 자금 제공자의 투명성에 대한 요구가 증가했다고 답했다 (Parker, 2014). 응답자들은 투명성을 높이는 것이 중요하다고 말하면서 다음과 같은 이점을 열거했다.

- 잠재적 수혜자에게 목표와 전략을 설명하는 데 소요되는 시간이 단축된다.
- 목표에 잘 맞는 보조금을 더 많이 신청할 수 있다.
- 보조금 수혜자와 다른 이해관계자의 피드백을 바탕으로 보다 효과적이고 정보에 입각한 보조금을 지급할 수 있다.
- 보조금 수혜자와 다른 비영리단체가 보다 강력하고 개방적인 관계를 맺게 된다.
- 다른 재단과의 긴밀한 관계를 통해 보다 협력적인 보조금을 지급하게 된다.
- 대중의 신뢰가 높아진다.

이 조사과정에서 진행된 자금 제공자들과의 수많은 인터뷰와 블로그 게시물 분석, 설문조사 응답의 결론은 "진정한 투명성은 자금 제공자들이 '이 내용을 공개적으로 알리자'면서 업무의 모든 측면에 접근할 때 가장 효과가 좋다고 믿는 마음가짐에 달려 있다"는 것이다. 직원들의 한정된 시간과 잠재적 취약성 등 여러 가지 이유 때문에 투명성 달성이 어려울 수도 있지만 조사를 위한 인터뷰에 응한 자금 제공자들은 자신이 아는 것을 공유하고 대화를 위한 공간을 마련하는 일이 변화를 가속화하는 데 필수적이라는 사실에 동의했다.

"기자나 감시단체가 손상되고 불완전한 조사 결과를 발표할 가능성이 있는 상황이라면 비밀의 장막 뒤에 숨는 편이 훨씬 더 위험하다"는 재단 경영진의 말을 인용한 파커의 보고서는 영국의 비영리 부문에 대해 비판이 제기되었던 2015년 이전에 작성된 것이다.

가시적인 기업

유럽의 상장기업이나 규모가 큰 개인기업 또는 가족 소유 기업에서 기업의 사회적 책임 프로그램이 표준으로 자리잡은 비즈니스계에서는 대중적 가시성이 기부에 미치는 임팩트가 더욱 뚜렷하게 나타난다. 코랄 모레라 에르난데스(Coral Morera Hernández, 2015, p. 89)는 다음과 같이 지적한다.

오늘날 기업의 기부는 단순한 기부가 아니라 사회에 다가가기 위한 커뮤니케이션 행위다. 이는 기부를 기존의 홍보 방식에서 벗어나 문화와 예술, 또는 빈곤층 후원을 통해 개인적 만족을 얻는 것이라고 인식하는 대중과의 관계를 개선하는 데 도움이 된다. 물론 기업은 이미지와 평판 면에서 이익을 얻는다. 기업 기부자는 익명이 아니지만 이는 옛날에도 마찬가지였다. 그렇지 않았다고 생각한다면 그것은 이상주의적 경향에 빠져서 그런 것이다 …… 기업의 기부를 전시할 필요는 없다. 그렇게 하면 홍보를 위한 후원이 되기 때문이다. 하지만 사회가 기부자에 대해 아는 것은 좋은 일이다. "어떤 기업이 지역민들의 복지에 가장 관심이 있는지 알아두는 것은 지역사회에 도움이 될 수 있으므로 해당 사실을 숨기는 것은 옳지 않다."[Antoine, 2003, p. 126]

적어도 유럽에서는 기업의 사회적 책임에 대한 대중의 가시성이 그런 기업의 확산을 촉진했다고 하는 것이 타당해 보인다. 프랑스의 아드미칼(ADMICAL상공업메세나추진협의회, www.admical.org/), 잉글랜드의 아트 앤드 비즈니스(Arts and Business, http://artsandbusiness.bitc.org.uk/), 아일랜드의 비즈니스 투 아트(Business to Arts, www.businesstoarts.ie) 같은 단체들은 문화계에서 기업의 사회적 책임의 공적인 면을 발전시켰고 아드미칼은 스포츠, 사회적 지원, 문화유산, 환경적인 부분을 육성했다.

비공개 상태를 유지하는 이유는 무엇인가?

이름이 잘 알려진 재단에 대한 질문을 받았을 때 독일 인구의 절반 이상(53퍼센트)은 그 재단이 무슨 일을 하는지 잘 모른다고 답했다(Anon, 2015c). 사람들이 이런 인식을 갖게 된 데는 충분한 이유가 있다. 2000년 독일 재단 중 15퍼센트만 연례 보고서를 발표했고 인터넷을 통해 발표한 재단은 겨우 9퍼센트에 불과했다. 벨기에의 상황도 이와 비슷하다. 2014년 보고서에 따르면 2002년에 재단 관련 법률이 제정된 이후 12년 동안 재단이 더 많아지고 전문화되었지만 "역설적이게도 여전히 사람들에게는 잘 알려져 있지 않다."(Mernier & Xhauflair, 2014) 네덜란드에서 활동하는 동료들의 보고서에 따르면 그 나라에 존재하는 것으로 알려진 16만 3000개의 재단 대부분이 장부 공개를 장려하기 위해 마련된 새로운 규정(다음 참조)에도 불구하고 장부를 공개하지 않는다.

그들은 왜 비공개 상태를 유지하는 것일까? 독일 재단에 관한 보고서에서는 여섯 가지 이유를 든다.

1. 경영진은 '재단의 독립성과 높은 수준의 자유'를 추구한다.
2. 재단은 지원금 제공 기구이므로 개방성 수준을 스스로 결정할 수 있어야 한다.
3. 투명성은 불필요한 관료주의를 더한다.
4. 설립자, 이사회, 임직원 사이의 내부 소통문화가 없다.
5. 재단에 학습과 실패를 받아들이는 문화가 부족하다.
6. 더 높은 투명성은 '시장이 없는 경쟁환경에서 조직의 가장 소중한 재산인 재단의 명성에 매우 큰 위험으로 여겨진다.'(Anon, 2015c)

이런 주장은 (주로) 네덜란드의 기부재단들이 소속된 협회인 FIN을 통해 한층 더 다듬어졌다.

2013년 7월 네덜란드 정부는 1994년에 제정된 일반 세법 5b조(https://zoek.officielebekendmakingen.nl/stcrt-2013-20451.html)를 개정하여 세금 감면 승인을 받은 재단은 그 사실을 인터넷상에 공개하도록 했다.

- 기관명
- 공식 등록 번호, 2007년 무역 등록법 제12조 A항
- 우편 주소, 실제 주소, 전화번호 또는 이메일 주소
- 자체 내규에 따른 조직의 목표
- 현재 정책의 주요 기능
- 기관의 이사회 구성, 보수 정책, 이사의 이름

- 기관 활동에 대한 최신 보고서
- 기관의 수입 및 지출 내역서(메모 포함)

이 규정은 2011년 6월에 기부재단, 교회, 모금 조직 등이 포함된 대표 기관인 필란트로피 협동조합과 네덜란드 총리가 서명한 '계약'에 따른 것으로 다른 무엇보다도 투명성을 높이고 정책과 투자가 조화를 잘 이룰 수 있도록 합의했다.

다만 몇 가지 예외가 있다. 이사나 그 가족의 개인적 안전이 우려되는 조직은 이사진의 이름을 공개할 필요가 없다. 교회나 관련 단체는 수입 및 지출 명세서와 예상 지출 규모만 설명과 함께 공개하면 된다. 재단의 주요 자산이 기업 주식이거나 재단이 적극적으로 모금을 하지 않는 경우에도 마찬가지다.

이 책을 위해 인터뷰한 한 가족재단 관리자가 그 배경을 설명해주었다.

"세금 감면 혜택을 받기 위해서는 수치를 인터넷상에 공개해야 한다. FIN(네덜란드기부재단협회, www.verenigingvanfondsen.nl)은 지분을 보유한 재단은 대차대조표가 아니라 손익계산서만 공개하면 된다고 관련 부처를 설득했다. FIN이 왜 그렇게 야단법석을 떨었는지는 잘 모르겠다. 5, 6년 안에는 우리도 [재정 투명성 면에서] 현재의 미국 재단들과 같은 위치에 서게 될 것이다. 관련 부처는 해당 부문과 교회재단에 압력을 가하고 있다. 2016년 1월 1일부터 교회재단도 인터넷에 손익 수치를 공개해야 한다."

재단협회 주장의 미세한 차이에 주목하자. 그들은 대중이 손익 수치를 보는 것은 받아들일 수 있지만 그뒤에 숨겨진 기부금의 세부 내역까지 보여줄 준비는 되어 있지 않다. 재단관리자는 그 돈의 출처나 기부금, 주식 보유량, 부동산 투자 내역 등이 드러날 수 있는 개인적인 세부 정보를 대중들에게 알리고 싶지 않기 때문이라고 말한다.

스코틀랜드에서도 이와 비슷한 차이가 드러났는데, 자선단체 규제 기관인 OSCR(www.oscr.org.uk)는 자선단체의 장부를 OSCR 웹사이트에 게시하기 전에 "개인을 식별할 수 있는 …… 모든 개인 정보와 민감한 정보"를 '삭제(제거)'하기로 했다. 신탁관리자들의 이름도 공개하지 않으므로 스코틀랜드에서는 자선기금을 맡긴 사람이 누구인지 알 수 없게 될 것이다 (Cullen, 2016, www.oscr.org.uk/charities/faqs 참조).

가족재단의 이사로 일하면서 FIN 업무에 관여하는 네덜란드의 또다른 인터뷰 대상자는 다음과 같이 말했다.

"FIN에서는 모금단체와 기부재단을 법적으로 구분해야 한다고 주장한다. 법 때문에 이사들의 집 주소를 공개하거나 누구에게 얼마를 기부했는지 일일이 나열하는 일이 없도록 하려고 투쟁했다. 법에 따르면 우리는 최고 수준의 정보만 제공하면 된다. 우리가 왜 이 단체에만 기부하고 다른 단체에는 기부하지 않았는지를 두고 사람들이 토론하는 모습을 보고 싶지 않았다."

네덜란드 재단관리자는 유럽의 다른 곳에서 논의한 개인 정보 보호에 대한 동기를 이렇게 전한다. "어떤 사람들은 투명성을 좋아하지 않는다. 네덜란드의 필란트로피 문화에서는 오른손이 하는 일을 왼손이 알 수 없다."

오른손이 하는 일을 왼손이 모르게 하라

이 말은 네덜란드, 프랑스, 이탈리아 필란트로피 분야에서 자주 인용하는 것으로 '성경'의 산상수훈, 특히 '마태복음' 6장 1절부터 4절까지 나온다.

1 사람에게 보이려고 그들 앞에서 너희 의를 행하지 않도록 주의하라. 그리하지 아니하면 하늘에 계신 너희 아버지께 상을 받지 못하느니라.

2 그러므로 구제할 때 외식하는 자가 사람에게서 영광을 받으려고 회당과 거리에서 하는 것같이 너희 앞에 나팔을 불지 말라. 진실로 너희에게 이르노니 그들은 자기 상을 이미 받았느니라.

3 너는 구제할 때 오른손이 하는 것을 왼손이 모르게 하여,

4 네 구제함을 은밀하게 하라. 은밀한 중에 보시는 너희 아버지께서 갚으시리라.

이 구절은 유럽에 여전히 존재하는 고대 사상을 엮은 것이다. 좋은 일을 하고 있는 모습을 남에게 보이지 말라. '그렇지 않으면 보상을 받지 못할 것이다.' 성경에 나오는 보상은 '하늘에 계신 너희 아버지가' 주시는 것이지만 필란트로피스트는 기부금이 눈에 보이지 않을 때만 이 상을 받을 수 있다. 이것은 일부 기부자가 선을 행하려는 열망과 지상에 살아 있는 동안에는 보상을 받으면 안 된다는 종교적 믿음 사이에서 벌어지는 내적 투쟁의 기반이다. 좋은 일

을 했을 때 느끼는 따뜻한 기분이나 만족감 등 필란트로피 활동에 따르는 일시적 보상은 이런 종교적 믿음과 상충된다.

네덜란드의 인터뷰 대상 두 명과 '마태복음' 6장 1절에서 4절의 가르침은 유럽 필란트로피 활동에 대중적 가시성이 많이 부족한 이유를 설명할 수 있는 근거를 세 가지 더해준다. 앞에서 이야기한 독일 재단의 여섯 가지 개인 정보 보호 이유에 다음과 같은 내용을 추가할 수 있다.

7. '당신이 왜 한 단체에만 기부하고 다른 단체에는 기부하지 않았는지 그 이유를 놓고 사람들이 토론을 벌이는 모습을 보고 싶지 않다.'
8. '사람들에게 보여주기 위해 그들 앞에서 자선을 베푸는 것'은 옳지 않다.
9. 자비로운 오른손이 한 일을 왼손(대중)이 모르게 하라.

이것은 진화와 관련된 이야기다. 젊은 세대의 필란트로피스트, 또는 좀 더 정확히 말해서 스스로 부를 일군 세대는 대중의 눈에 띄는 것을 기꺼이 받아들이는 듯하다. 네덜란드 재단관리자는 두 도시에 대한 이야기를 통해 이에 대해 설명했다.

"나는 평소에는 자선 만찬에 참석하지 않는다. 하지만 작년에는 적십자를 후원하기 위해 두 차례 자선 만찬에 참석했다. 한번은 암스테르담에서 열렸고 또 한번은 헤이그에서 열렸다. 두 곳 모두에서 자선 경매를 진행했다. 새로운 자선가들이 많이 모인 암스테르담 만찬에서는 손을 들어 입찰했다. 대대로 재산을 물려받은 가문 출신들이 많이 온 헤이그 만찬에서는 봉인된 봉투를 이용하여 입찰했다. 네덜란드의 새로운 자선가들은 약간 미국 스타일로 접근하는 듯했다."

에콜 폴리테크니크의 발전 담당 이사였던 마리스테판 마라덱스는 프랑스에서도 자신의 필란트로피 활동에 대해 공개적으로 이야기하는 것에 대한 생각이 변하고 있다고 말한다. "인정도 한 가지 요인"이라고 그녀는 말한다. "에콜 폴리테크니크에서 기부자 명단을 공개하자 사람들이 다가와 '내가 [기부자 목록의] 최상위 그룹에 속해 있지 않다'고 말했다." 이것은 그들이 미국에서의 경험이 미친 영향일 수도 있다. "그랑제콜은 P2P 모금이나 기부자에게 수준별 등급 부여 같은 미국적인 방식을 프랑스에 도입했다. ……이것은 괜찮은 생각이었다. 우리 학생들 중 일부는 미국에서 공부한 적이 있기 때문에 그곳 시스템을 잘 이해했다."

네덜란드의 〈드 디케 블라우어〉 편집장 에드윈 베네마도 비슷한 생각을 갖고 있다.

"이곳에서의 필란트로피는 매우 네덜란드적이다. 자신의 기부를 자랑하지 않는다. 또 매우 칼뱅주의적이라서 조용히 기부하는 것이 여전히 미덕이다. 하지만 재단에 자기 이름을 붙이는 새로운 필란트로피스트가 몇 명 있다. 여기는 매우 평등한 사회라서 크게 성공한 사람들도 별로 인정을 받지 못한다. 네덜란드 출신의 필란트로피스트 중 빌 게이츠의 [기부] 약정에 동참한 사람은 아무도 없다. 그래서 네덜란드 필란트로피스트들이 좋은 일에 나서지 않는다는 비판이 있다. 그러나 이런 저항에도 불구하고 네덜란드의 필란트로피 활동도 점점 더 가시화되고 있다."

연례 보고서에 대한 공개적인 접근

입수 가능한 재단 데이터가 늘어남에 따라 이 분야의 규모와 임팩트를 깨닫게 되었다. 스페인을 예로 들어보자. 2011년과 2014년에 발표된 연구 결과에 따르면 이 분야는 이전에 생각했던 것보다 더 크고 광범위하다 (Rubio Guerrero & Sosvilla Rivero, 2014). 2008년부터 2012년까지의 데이터를 검토한 2014년 연구 덕분에 재단들이 74억 유로의 자산을 관리하면서 73억 유로의 수입을 올리고 있는데, 그중 84퍼센트(모든 수치는 2012년 기준)는 민간 부문에서 나온다는 사실을 알게 되었다. 재단은 매년 79억 유로를 지출하는데, 대부분은 문화와 레크리에이션(39퍼센트), 교육과 연구(22퍼센트) 부문에 투자한다. 재단이 후원하는 문화행사 참석자, 장학생, 그 밖의 수혜자 수를 집계한 연구진은 재단이 스페인 인구의 60퍼센트에 해당하는 2970만 명의 삶에 영향을 미친다는 계산 결과를 발표했다. 스페인의 경우 시가 총액 기준 세번째로 큰 은행이 재단 소유이기 때문에 이 부문의 가시성이 매우 높다.

하지만 앞에서 이야기한 것처럼 가시성은 투명성을 구성하는 두 부분 중 하나일 뿐이다. 우리는 자선단체가 하는 일을 이해할 수도 있어야 한다. 그러려면 그들의 연례 보고서와 장부에 접근할 필요가 있다. 네덜란드 사례에서도 살펴보았듯이 유럽에서는 아직 연례 보고서나 장부를 쉽게 구할 수 없다. 2015년 보고서에서 알 수 있듯이(Anon, 2015e) 다음 나라에서는 재단의 연례 보고서를 공개할 필요가 없다.

- 오스트리아
- 크로아티아
- 키프로스

- 덴마크(비영리적 재단의 경우)

- 독일

- 이탈리아

- 리히텐슈타인

- 스위스

따라서 유럽에서 가장 큰 재단 시장 네 곳(덴마크, 독일, 이탈리아, 스위스)과 가장 흥미로운 두 곳(오스트리아, 리히텐슈타인)은 재단의 장부를 대중에게 공개하라고 요구하지 않는다.

네덜란드의 상황에서 보았던 것처럼 여기에는 온갖 미묘한 점들이 있다. 일부 국가에서는 보고에 관한 법률을 무시한다. 스페인은 2014년에 투명성, 공공 정보 접근, 우수 거버넌스에 관한 법률(Ley 19/2014, de 29 de diciembre, de transparencia, acceso a la información pública y buen gobierno)을 제정했다. 이 법은 국가 보조금을 통해 '상당한'(정확한 규모는 정의되어 있지 않다) 수입을 올리는 재단들이 연례 보고서를 공개하는 '투명성 포털'을 설립했다. 2016년 3월 기준으로 이 포털(http://transparencia.gob.es/servicios-buscador/contenido/cuentasanuales.htm?id=CuentasAnuales2014&lang=es)에 연례 보고서를 올린 재단은 겨우 41곳뿐이었다. 스페인에서 활동중인 재단은 8734개고 그중 약 2400개(28.5퍼센트)가 국가 보조금을 받고 있음을 생각하면(Rubio Guerrero & Sosvilla Rivero, 2014) 투명성 법은 모두 무시하고 있는 것이 분명하다.

투명성과 세금 거래

2016년에 구글, 정확히 말하면 구글의 모회사인 알파벳(Alphabet)이 영국에서 세금을 너무 적게 납부한 사실이 논란이 되면서 전통적으로 세금 규정을 준수하려는 의지('납세의식'이라고 한다)가 강했던 영국에서 그런 의지가 훼손될 수도 있다는 우려가 제기되었다(예를 들어 Ford, 2016 참조). 포드는 이런 신뢰 상실에 대응할 수 있는 한 가지 방법은 덴마크와 노르웨이처럼 기업들이 세금 신고서를 공개하도록 강제하는 것이라고 말한다. 이런 투명성이 세금 책정과정에 대한 신뢰를 회복할 수 있다. 포드는 마지막 문장에서 필란트로피에도 이를 똑같이 적용할 수 있다고 말한다. "납세의식과 관련해서는 약간의 재정적 관음증이 놀라운 이익을 안겨줄 수 있다."

기부재단과 그 연차 결산에 관한 법률에서 보았듯이 필란트로피의 재정적 관음증에 대해서도 비슷한 말을 할 수 있다. 투명성과 세금 감면 사이에는 절충점이 있다. 수전 파커(Susan Parker, 2014)의 말에 따르면 "재단은 정부에게 업무를 더 투명하게 처리하라는 압박을 받고 있다. ……국회의원들은 재단이 면세 지위를 통해 이득을 얻고 있다면 업무 내용과 운영방식을 공개하여 요청하는 사람은 누구나 그 정보를 이용할 수 있게 해야 한다고 주장한다."

투명성 — 다 좋은 것만은 아니다

투명성은 유럽 필란트로피스트들과 그들의 NGO 파트너 사이에서 인기 있는 주제다. 콘퍼런스, 교육과정, 연구자들 사이에서 이 부문의 투명성을 높여야 할 필요성을 두고 많은 논의가 이루어지고 있다. 2015년 유럽재단센터(www.efc.be/event/interact-who-owns-the-transparency-agenda/)에서 열린 행사 "누가 투명성 문제를 책임져야 하는가?"에서 투명성은 "비영리 부문에서 오랫동안 유지되어온 약속이자…… DNA의 일부이고 미래에 대한 지평에 확고히 자리잡은 문제"로 묘사되었다. 투명성은 전문성을 높이고 일종의 자율 규제를 만들기 때문에 해당 부문에 도움이 된다.

하지만 투명성 때문에 문제가 발생하기도 한다. 1989년에 설립된 자금세탁방지국제기구(Financial Action Task Force : FATF, www.fatf-gafi.org)는 테러 자금 조달을 막고 자금 세탁 방지 기준을 정하는 정책 결정 기구다. FATF는 투명성을 '글로벌 자금 세탁 및 테러 자금 조달에 대처하기 위한 수단'으로 사용한다(www.efc.be/event/interact-who-owns-the-transparency-agenda/). 그 결과 정부는 시민사회 조직에 규제를 가하면서 테러 자금 조달을 방지하기 위한 조치라고 정당화했다. 네덜란드 녹색좌파당을 대표하는 유럽의회 의원이자 디지털 자유 전문가인 유딧 사르헨티니(Judith Sargentini)는 FATF 규제가 '시민사회 활동을 방해한' 다양한 사례를 발견했다. "예를 들어 네덜란드에서 팔레스타인 고아들을 후원하기 위해 돈을 모은 이슬람 자선 모금단체는 그 돈을 팔레스타인으로 송금해줄 은행을 찾지 못했다." 은행들이 위험한 행동으로 판단했기 때문이다. 오크 파운데이션의 행정 책임자 비닛 리시(Vinit Rishi)는 이 재단이 옥스팜과 국제적십자위원회, 적신월사(Red Crescent)에 '시리아 어필(Syria Appeal)'을 지원하기 위한 돈을 송금할 때 겪었던 문제들을 설명한다. "은행들은 자금세탁방지국제기구의 권고안을 준수하고 있기 때문에 돈을 내줄 수 없다고 말한다." 비닛 리시는 이렇게 말하면서 옥스팜과 국제적십자위원회 모두 "이미 규제를 받고 있고, 적법한 절차에 따라 등록했으며, 매년 문서를 제출하면서 공개적으로 일하고 있다"고 지적했다(2016).

내부가 보이지 않을 때 — 부패

투명성 결여, 즉 비영리단체의 재정 상태와 활동에 대한 가시성 부족은 여전히 유럽 필란트로피 분야의 중대한 문제 원인이다. 비영리단체가 기부자들의 돈으로 '올바른 일'을 하지 않을 수도 있다는 인식과 일하는 방식이 전문적이지 않다는 비판이 바탕에 깔려 있지만 이를 정확히 측정하기는 어렵다. 반대로 비영리단체의 문을 강제로 개방하면 그들이 일하는 방식을 이해하는 데 도움이 된다. 유럽 비영리단체에서 발생한 부패 사건은 필란트로피에 대한 여론을 바꾸어놓았다. 르네 베커스와 파말라 위엡킹 (2015)에 따르면 과도한 보수를 받는 고위 직원과 기부금 부정 사용에 관한 스캔들로 "네덜란드 대중은 필란트로피에 대해 훨씬 잘 알게 되었다."

아르누 메르턴스는 "불신도 하나의 요소"라고 말한다. "여기 로마에서는 바티리크스 스캔들과 2014년의 프란체스코회 자금 누락 사건[언론은 작은형제회 계좌에서 수백만 유로가 사라졌다고 주장]이 있었다. 이런 사건이 하나만 생겨도 선행을 하는 100개 조직의 업무를 망칠 수 있다."

이런 스캔들은 영국(모금 관행에 대한 우려가 2015년에 일련의 조사 및 신문 폭로로 발전)과 네덜란드(유명 비영리단체의 CEO에게 지급된 급여에 대한 대중의 분노), 스페인을 비롯하여 유럽 대부분 국가의 필란트로피 분야를 강타했다.

투명성 — 왕의 목에 둘러진 노스

스페인 사건은 타블로이드 신문에 자주 실리는 가장 선정적인 이야기의 모든 요소를 포함하고 있다. 왕족, 공주, 유명한 스포츠맨, 정치인, 그리고 수백만 유로. 이 이야기의 핵심은 스페인 대부분의 재단이 연차 결산 보고서를 공개하지 않으며 많은 재단이 거버넌스 구조가 취약하다는 점이다.

이 이야기는 이냐키 우르당가린(Iñaki Urdangarín)이 바르셀로나의 ESADE 경영대학원에서 디에고 토레스(Diego Torres) 교수의 가르침을 받던 1999년에 시작된다. 이냐키 우르당가린은 자신의 훌륭한 스포츠 경력을 보완하기 위해 MBA 공부를 하고 있었다. 그는 열여덟 살(1986) 때부터 FC 바르셀로나 핸드볼팀에서 프로 핸드볼 선수로 활동하면서 1992년, 1996년, 2000년 올림픽에도 출전했다. 1996년 애틀랜타올림픽에서 스페인 국왕의 딸 크리스티나 공주를 만났고 두 사람은 1997년에 결혼했다. 그는 2000년에 프로 스포츠에서 은퇴했다.

1999년 토레스 교수는 인스티투토 노스(Instituto Nóos, 'Nóos'는 그리스어로 정신 또는 지성을 뜻한다) 재단을 설립했다. 이 재단은 2003년 이냐키 우르당가린이 회장으로 임명되기 전까지는 활동하지 않았다. 그 시기에 디에고 토레스는 자기 아내를 회계담당자로, 처남 두 명을 이사진으로 임명하는 등 다양한 가족 구성원을 재단에 참여하게 했다. 인스티투토 노스는 디에고 토레스가 설립한 수많은 재단과 기업 중 하나였다. 이 단체들은 똑같은 주소와 직원 한 명을 공유했다. 〈디아리오 데 나바라Diario de Navarra〉(2014)가 인용한 스페인 세무 당국의 말에 따르면 인스티투토 노스에 이사회가 있기는 했지만 이냐키 우르당가린과 디에고 토레스가 "그룹을 지배하는 절대적인 통제권과 의사결정 권한을 가진 보스"였다.

인스티투토 노스는 "후원과 지원에 대한 전략적 연구"를 한다고 설명하면서 스포츠 경기와 후원사를 연결할 기회를 찾기 위해 지역정부 및 중앙정부와 계약을 맺었다. 그들은 발렌시아 자치정부와 시의회에서 370만 유로의 계약을 따냈고 여러 도시를 상대로 대규모 스포츠 행사 개최에 따르는 이점을 설명하는 콘퍼런스를 개최했다. 하지만 발레아레스제도 정부와의 관계 때문에 재단의 속사정이 대중에게 공개되었고 곧 사법부의 공격을 받았다.

2003년 당시 발레아레스제도 대통령은 계약 협상을 위해 이냐키 우르당가린을 사무실로 초대했다. 두 사람을 소개해준 사람은 발레아레스제도의 체육부 장관 호세 류이스 바예스테르(José Lluis Ballester)였는데, 그는 매년 여름마다 이 섬에서 휴가를 보내는 왕가 사람들과 절친한 친구 사이기도 했다. 호세 류이스 바예스테르는 요트 선수였고 펠리페 왕자와 그의 누이들인 크리스티나, 엘레나와 함께 자주 항해했다. 발레아레스제도 대통령은 경쟁 입찰을 위한 일반적인 절차 없이 이냐키 우르당가린의 인스티투토 노스와 110만 유로의 계약을 체결했다.

2004년부터 2006년까지 재단은 중요한 계약을 많이 체결했고 계약 후에는 재단에서 디에고 토레스와 이냐키 우르당가린이 스페인과 벨리즈에 설립한 수많은 회사에 돈을 지불했다(El Páis, 2012).

2006년 발레아레스제도 의회에서 이 주제에 대한 의문을 처음 제기하면서 거품이 붕괴되었다. 그해 6월 스페인 국왕은 이냐키 우르당가린에게 인스티투토 노스와 관계를 끊으라고 중개자를 통해 요청했다. 스캔들이 확산되기 시작했고 기소 판사는 이냐키 우르당가린과 그의 아내 크리스티나 공주, 발레아레스제도 대통령을 상대로 다양한 소송을 제기했다(Brunet & Gilabert, 2016).

왕족과 정치인, 나쁜 자선단체가 완벽하게 조화를 이룬 이 사건은 수많은 미디어를 통해 보도되었고 공판이 열릴 때마다 언론이 떼지어 몰려들었다. 같은 시기에 카탈루냐 음악당 합창단 재단이라는 다른 재단에서도 사기 사건이 발생했는데, 이 역시 정치인과 나쁜 자선단체, 그리고 바르셀로나에 있는 모더니즘 스타일의 상징적인 음악당 건물이 복잡하게 뒤얽힌 사건이었다.

인스티투토 노스 사건은 나쁜 거버넌스의 구체적인 예다. 가족들로 구성된 이사회나 벨리즈의 조세피난처에 등록된 회사가 최소 하나 이상 포함된 관계사 등은 모두 이 재단이 윤리적 궤도에서 벗어날 예정임을 보여준다. 또한 재단의 재정 정보를 전혀 모르고 발레아레스제도 정부와 협력한 방식 모두 스페인의 비영리 부문에 투명성이 결여되어 있음도 보여준다. 이런 문제는 스페인과 스페인 왕실에만 국한된 것이 아니다. 유럽 전역에서 이런 일이 일어난다. 미국도 예외는 아니다. 데버라 아체임버러(Deborah Archambeault), 세라 웨버(Sarah Webber), 재닛 그린리(Janet Greenlee, 2015)는 최근 몇 년 사이에 미국 비영리단체에서 발생한 115건의 사기 사건에 대한 데이터베이스를 작성했다.

내부를 볼 수 없는 이유 – 이탈리아

매년 열리는 이탈리아의 모금 축제행사에서 모금담당자들과 이야기를 나누던 중에 이탈리아 조직의 투명성이 떨어지는 이유를 적어도 한 가지 듣게 되었다.

"기부자들이 자기 이름을 쓰지 못하게 한다."

"그들은 다른 기부자들을 만나고 싶어하지 않는다."

그리고 가장 심각한 이유는 "그들은 당국이 아는 것을 바라지 않는다. 세금 문제가 생기기 때문이다."

주요 NGO 모금담당자들은 필란트로피스트들에게 주로 4만 유로에서 10만 유로 사이의 기부금을 받고 있으며 수백만 유로 단위의 기부금을 받은 적도 한 번 이상 있다고 말한다. 하지만 그들은 기부자가 자기 이름이나 사연을 공개하고, 본인의 기부에 대해 이야기하거나 새 건물 및 프로젝트에 이름을 붙이도록 설득하지는 못했다.

왜 그런 것일까? 크게 두 가지 이유가 있는 것 같다. 첫째, 이탈리아의 전통적인 가톨릭 문화는 필란트로피 활동을 공개적으로 드러내는 것을 권장하지 않는다. 2015년 모금 축제에서 만난 로마 LUISS(Libera Università Internazionale degli Studi Sociali Guido Carli)대학의 치아라 비앙키(Chiara Bianci)는 이것이 '산상수훈'에 대한 가톨릭식 해석이라고 말했다(앞의 내용 참조).

익명성을 원하는 데는 또다른 세속적인 이유도 있다. 탈세까지는 아니어도 절세가 만연한 나라의 부유층은 거액의 기부금 내역을 공개할 경우 세금을 더 내야 하는 상황이 발생할까봐 우려한다. 세무 당국에서는 모금 담당자들이 보고한 자선 기부금 내역을 바탕으로 자산을 추정한다. 따라서 자선단체에 거액을 기부했다는 발표가 나오면 훨씬 많은 세금이 부과될 수 있다. 기부자들은 자선단체와의 공식적인 연결을 피하기 위해 종종 현금 기부를 요청한다.

아이러니하게도 이것은 국가의 왼손이 오른손과 잘 조율되지 않는다는 뜻이다. 국세청이 기부금을 이용하여 부유층을 엄중 단속하는 동시에 특정한 대의명분을 위해 기부하는 이들에게는 매력적인 세금 감면 혜택을 제공하고 있기 때문이다. 이탈리아에서는 적십자나 유엔난민기구(United Nations High Commissioner for Refugees : UNHCR) 같은 긴급 구호 기관에 보내는 기부금에 대해서는 세금을 100퍼센트 감면받을 수도 있다. 대학들도 상당한 세금 할인을 받는다. 하지만 발각되지 않을까 하는 두려움 때문에 기부자들이 기부를 멈추게 된다면 이런 방법은 효과가 없다.

이탈리아에서는 이것 때문에 악순환이 일어난다. 많은 기부자는 자신의 필란트로피 활동에 대해 공개적으로 이야기하지 않는다. 그래서 그의 동료들은 기부에 대해 듣지 못한다. 그들은 얼마를 기부해야 하는지 결정하는 데 도움이 되는 '사회적 정보'(다음 내용 참조)가 부족하여 어떤 부자는 1만 유로의 기부금이 적당하다고 생각하는 반면, 어떤 사람은 1000유로 정도면 매우 후하다고 생각할 수도 있다. 이런 상황은 보편적이지 않다. 폰다치오네 올트레(Fondazione Oltre)의 루치아노 발보(Luciano Balbo) 같은 기부자는 재단 웹사이트를 통해 본인이 기부자라고 분명하게 밝힌다. 하지만 루치아노 발보는 흔하지 않은 경우다.

이탈리아에서는 재단 분야가 여전히 눈에 잘 띄지 않기 때문에 비영리단체와 필란트로피스트들이 관계를 맺기 더 어렵다. 역사가 오래된 사회저축은행을 통해 설립된 몇몇 대형 재단은 재정 상태와 선행 내역을 꾸준히 보고하고 있다. 그러나 이탈리아에는 수천 개의 재단이 존재할 가능성이 높으며 가족재단이나 종교단체는 사실 밖에서는 잘 보이지 않는다. 세무당국만이 그들이 누구이고 자산과 소득이 얼마나 되는지 알고 있지만 정부가 조만간 이 정보를 공개할 기미는 보이지 않는다.

언젠가는 이탈리아의 상황도 바뀔 것이다. 지방정부의 재단 등록부(예를 들어 파도바주의 등록부 주소는 www.provincia.pd.it/index.php?page=registro-provincialedelle-libere-forme-associative for example)를 선택하고 재단을 검색하여 그곳의 재정 상태와 거버넌스 정보를 확인할 수 있게 되면 이런 변화가 일어났다는 사실을 알게 될 것이다. 하지만 현재로서는 그런 일이 불가능하다.

내부를 볼 수 없는 이유 - 프랑스

퐁다시옹 드 프랑스의 2008년 보고서에 따르면 프랑스에는 재단이 "적고 일반적으로 대중에게 거의 알려지지 않았다." 이 보고서는 재단들이 "명망은 높지만 너무 비밀스럽다"고 하면서 재단이 폭넓은 비영리 부문과 동화되기는 했지만 정보를 널리 알릴 필요성은 느끼지 못한다고 말한다.

재단들은······ 한데 뭉치거나 재단 관련 분야를 연구하거나 재단끼리 비교할 필요를 느끼지 못한다. 특히 프랑스의 이런 태도는 부와 관련된 이 나라의 신중함과 개인주의 전통의 결과로 발전해온 것이 분명하다.

시간이 흘러 지금은 상황이 바뀌어 2008년보다는 투명해졌다. 하지만 신중한 태도를 유지하려는 전통은 여전히 강하여 프랑스는 아직 미국처럼 재단이나 그 배후 인물들의 정보에 쉽게 접근할 수 없다.

내부를 볼 수 없는 이유 – 옆에서 바라본 풍경

때로는 울타리 반대편에서 바라보는 것이 도움이 되기도 한다.

유럽에서 바라본 아랍어권 세계의 필란트로피는 매우 흐릿한 그림을 보여준다. 숨겨져 있거나 대부분 비밀에 싸여 있거나, 아니면 지나치게 화려해 보이기도 한다. 필란트로피는 의무이자 십일조 헌금 같은 것이므로 기부라기보다는 세금에 더 가까운 것처럼 보일 수도 있다. 페르시아만 연안 지역의 필란트로피는 왕실이 주도하기 때문에 정부 지출처럼 보이기도 한다.

연구자들과 그 분야에서 일하는 이들이 확인한 바에 따르면 이 지역에는 많은 난제가 도사리고 있다. 투명성 면에서도 중대한 문제가 있기에 필란트로피 분야에 대한 가장 기본적인 자료조차 찾을 수 없다. 재단은 장부를 공개하지 않는다. 심지어 다른 많은 부분에서는 매우 현대적인 두바이 케어스(Dubai Cares, 자산 규모가 10억 달러)도 웹사이트(또는 다른 곳)에 회계 보고서를 게시하지 않는다. 그래서 그 재단의 기부금이나 수입, 지출이 얼마인지 명확히 모른다. 이 지역에 있는 수천 개의 기부재단도 대부분 보고가 부족하여 내부 시정을 통 알 수 없다.

그 분야의 규제는 혼란스럽고 제멋대로 해석할 여지가 있다. 예를 들어 페르시아만 연안의 많은 나라에서는 모금이 금지되어 있어 적신월사와 일부 허가받은 지역단체만 공개적으로 모금 활동을 할 수 있다. 하지만 유엔 기구와 INGO(국제 비정부 기구)는 너무 명백한 모금 요청은 피하면서 인터넷을 비롯한 다양한 방법을 이용하여 이 지역에서 자금을 모금한다.

카이로 아메리칸대학 존 D. 거하트 센터(John D. Gerhart Center)의 연구 보고서(http://schools.aucegypt.edu/research/gerhart/Pages/default.aspx)나 아랍 재단 포럼의 연구(Farouky, 2016 참조)처럼 아랍어권 세계에서 실제로 벌어지고 있는 일에 대한 유용한 요약본이 있다. 그러나 그 출발점으로 "필란트로피 기부라는 신념은 전통에 깊이 뿌리를 두고 있으며 아랍의 타카풀(takful), 즉 사회적 연대 개념과 밀접하게 연결되어 있다"는 점에 주목할 필요가 있다(Ibrahim & Sherif, 2008, p. 3).

와크프(복수형 아우카프), 즉 기부재단 체계는 이슬람시대 초기에 자선 자산, 특히 현금 자산을 위한 안전 금고 역할을 하기 위해 등장했다. 아우카프는 유럽의 초기 자선단체들과 비슷한 범위의 활동을 수행했다. 가난한 사람, 과부, 고아, 병자, 여행자, 학자에게 필요한 것을 공급하거나 상수도 같은 공공재를 제공한다.

영어권에서 말하는 것과 완전히 똑같은 의미는 아니지만 구호금은 이슬람 사회에서도 제공한다. 자카트는 축적한 부의 비율에 기초한 기부의 한 형태다. 자카트는 이슬람의 다섯 기둥 중 하나이며 "영적 의무이자 사회적 의무로 여기는 관습"이다(Ibrahim & Sherif, 2008, p. 3). 현물 기부와 현금 기부 등 다양한 형태로 들어오는 기부금은 각기 자체적인 자카트 기금이 있는 이 지역의 수십만 모스크에서 징수한다.

자카트는 고대의 기부 방법이며 고대의 방식대로 조직할 수 있다. 유수

프 베니자(Youcef Benyza, 2015) 박사가 필란트로피에 관한 지역 콘퍼런스인 타카풀 2015에서 발표한 논문에서 설명한 것처럼 알제리의 자카트 기금은 계층적으로 조직되어 있어 모스크가 지역 자카트 단체에 자금을 전달하면 이 단체는 다시 자카트 부처에 보고한다. 지역 자카트 조직은 사회복지팀에서 확인한 가난한 사람들에게 기금을 배분한다. 기금 처리 내역을 감사하지 않고 거버넌스 규칙도 불투명하기 때문에 알제리 언론에서는 정기적으로 기금 횡령 스캔들을 보도한다. 그러나 기금 조직책 측에서는 자카트 기금은 신성하며 일단 기금에 접수된 기부금은 더이상 인간의 소유물이 아니며 현세적 영역에 속하지 않는다고 주장한다. 그들은 제대로 된 감사나 통제가 이루어지지 않는다는 점을 방어하기 위해 이런 주장을 펼친다.

유럽 측에서 보면 모든 것이 매우 의심스러워 보인다. 하지만 여기 유럽에서도 이런 특징을 많이 찾아볼 수 있다.

예를 들어 남유럽의 종교재단을 한번 살펴보자. 수백만 명의 가톨릭 신자가 매주 일요일마다 미사에 참석하여 헌금을 낸다. 유언으로 교회에 기부금을 남기는 이들도 수만 명에 이른다. 그런데 이 자금은 어디에 있는가? 등록된 가톨릭재단이 관리하는데, 이들은 자신들의 장부 내역을 공개적으로 보고하지 않는다. 사실 그들이 존재하는지 확인하는 것조차 매우 어렵다. 그 이유는 무엇일까? 유럽에서도 구호금은 신성하고 인간이나 회계 감사관의 손이 닿지 않는 영역에 있다고 여기기 때문일까?

또 국가와 민간 부문 필란트로피 사업의 경계가 모호해질 수도 있다. 이탈리아 저축은행 재단의 이사회에는 지역 정치인이 많이 포함되어 있다. 스페인의 정당들은 재단과 관계가 밀접하여 FAES(Fundación para el Análisis y los Estudios Sociales) 같은 경우 인민당과 연계되어 있다. 네덜란드와 영국의 비영리단체에 대규모 자금을 지원하는 원천인 복권은 그 복권을 만드는 정부와 밀접하게 연결되어 있다.

유럽과 아랍어권 세계는 그리스의 '필란트로피'와 아랍의 '사다카(sadaqa)'라는 고대의 전통과 확고한 믿음을 바탕으로 현대의 필란트로피를 구축했다. 두 문화권 모두 선행을 위한 수단인 구호금과 자카트, 재단과 아우카프를 개발했다. 둘 다 이 전통을 현대 세계에 맞게 조정하고 있다. 하지만 둘 다 한쪽 발은 역사의 모래 속에 파묻은 상태다. 그 결과 투명성 부족, 시대에 뒤떨어진 거버넌스, 형편없는 법제화 수준, 취약한 감독 기관이라는 똑같은 문제를 안고 있다.

아랍어권 세계의 필란트로피 모래는 빠르게 움직이고 있다. 벤처 필란트로피가 이 지역에서 자리를 잡고 있고(에미리트 재단이 그 예다, www.emiratesfoundation.ae) 나일라 파루키(Naila Farouky, 2016)가 지적한 것처럼 사회적 기업 개발과 다른 도구에도 관심이 집중되고 있다. 아우카프(수백만 달러 또는 수십억 달러의 자산 보유)는 빠르게 발전할 수 있으며 온라인 기부를 위한 'e-와크프'에 대한 이야기도 있다. 자카트는 이미 전자식으로 운영된다. 2013년 라마단 기간 동안 유엔난민기구는 유엔 기구들 중 처음으로 온라인 자카트 모금을 진행하여 기부자 한 명당 평균 696달러를 모금했다(Chahim & Carnie, 2015).

이 지역의 통치자와 정부가 필란트로피 분야를 규제하고 투명성을 강화할 방법을 찾을 수 있다면 지금까지 다른 많은 분야에서 해왔던 것처럼 눈부신 발전을 이룰 수 있을 것이다. 그리고 유럽에서 오랫동안 이룩한 성장을 발판삼아 다양한 선행 방법을 보유한 완전히 현대적인 필란트로피 분야를 만들게 될 것이다.

11장

투명성 실천

투명성과 조직문화

유럽의 비영리단체와 한동안 같이 일해보면 그들도 다른 유형의 조직이나 지역사회와 다르지 않다는 사실을 알게 될 것이다. 다른 회사나 클럽, 근린회, 심지어 가족의 경우에도 그렇지만 비영리단체들도 내부 조직 스타일이 매우 다양하다. 이런 조직 방식은 내부 투명성에 임팩트를 만들어내고 조직 내 사람들이 업무, 지식, 기술, 타인과의 관계를 인지하는 정도에도 임팩트를 만들어낸다.

내부 투명성은 외부에서 가장 잘 보이는 경우가 많다. 도움을 주겠다며 어떤 조직에 접근한 필란트로피스트는 자기에게 필요한 정보를 제공해줄 수 있는 박식하고 긴밀히 조직된 팀을 만날 수도 있다. 하지만 어떤 경우에는 동료들이 어떤 일을 하는지도 전혀 모르고 그 동료들을 소집하여 알아낼 힘도 없는 하급 모금담당자와 마주칠 가능성도 있다.

김 캐머린(Kim Cameron)과 로버트 퀸(Robert Quinn)이 예상한 조직문화 유형은 유럽의 비영리 부문 전체에서 나타나기 때문에 조직들이 내부 투명성을 처리하는 방식을 설명하는 데 도움이 될 것이다. 그들은 네 가지 조직문화 모델을 제안한다(Cameron & Quinn, 2011, p. 22-24).

- 씨족형 문화 : '친근한 일터…… 대가족 같은 느낌'
- 유동적 문화 : '역동적이고 기업가적이며 창의적인 일터…… 사람들은 위험을 감수한다'
- 계층문화 : 절차에 의해 통제되는 '매우 공식적이고 조직화된 일터'
- 시장문화 : '결과 지향적 조직, 가장 큰 관심사는 일을 완수하는 것'

이 책은 조직문화에 관한 책이 아니므로 여기서 조직을 모델링하는 다양한 방법의 장단점에 대해서는 논하지 않을 것이다. 단순히 킴 캐머런과 로버트 퀸의 유형 분류체계를 이용하여 유럽 비영리단체들의 사례를 제시하고 내부 투명성과 관련된 중요한 요점을 설명할 것이다.

씨족형 자선단체

킴 캐머런과 로버트 퀸은 씨족형 조직은 "고객의 기분을 세심하게 헤아리고 사람들을 배려하는" 곳이라고 말한다. 여기서 리더는 "멘토이자 심지어 부모 역할까지 하는 사람으로 여겨진다." 이런 특성 덕분에 이들은 고액 필란트로피스트와 강력하고 지속적인 관계를 맺을 수 있는 이상적인 조직이 될 수 있다. 그리고 실제로 몇몇은 그렇다. 씨족형 자선단체라고 부르는 소규모 조직은 이런 식으로 일한다. 번화한 도시의 병원에 입원한 아이들과 어른들을 위해 어릿광대를 보내 익살스러운 연극을 보여주는 유럽의 수많은 자선단체를 떠올리면 된다. 사업가 기질이 있는 이 조직의 설립자

(그녀를 로지라고 부르자)는 동료들에게 엄청난 지지를 받으며 조직의 대의명분에 대한 헌신도 높다. 로지는 이 자선단체의 공식적인 얼굴이고, 결정을 내려야 할 때 누구나 의지하는 사람이며, 조직의 도덕적인 기풍을 정하고, 중요한 책임 모금담당자이기도 하다. 이 조직에서 얻는 연간 수입의 절반가량을 제공하는 소수의 부유한 가족과 관계를 맺고 있는 사람도 로지다.

조직은 웹사이트에 장부를 공개하고 활동에 대해서도 보고한다. 내부적으로는 조직에서 일하는 직원 모두 조직 사정을 잘 알고 있다(여기는 직원 대부분이 하나의 커다란 개방형 사무실에서 일하는 소규모 조직이다). 기부자들은 자기가 지원하는 활동에 대해 정기적인 보고서를 받고 더 자세히 알고 싶을 때는 로지를 찾는다.

하지만 이런 투명성은 주요 기부자에 대한 정보 공유까지 확대되지 않는다. 로지는 그들이 누구인지를 비밀로 하는데, 이는 질투심 때문이 아니라 지금까지 항상 그렇게 해왔기 때문이다('전통'은 킴 캐머런과 로버트 퀸이 밝혀낸 씨족형 문화 조직의 특징 중 하나다).

이 설명에서도 씨족형 문화의 장점과 단점이 분명하게 드러난다. 씨족형 자선단체는 로지에게 의존한다. 그녀가 필란트로피스트 고객들에게 계속해서 훌륭한 서비스를 제공한다면 기부자들도 그 단체에 계속 충성할 것이다. 하지만 로지가 새로운 프로젝트에 정신이 팔리거나 조직을 떠나 일을 그만둔다면 팀은 새롭게 다시 출발해야 할 것이다.

계층형 재단

이 조직은 전쟁 때문에 피해를 입은 사람들과 함께 일하는데, 그렇다면 불가피하면서도 비극적이게도 주로 여성과 함께 일한다는 것을 의미한다. 본사는 유럽에 있고, 현장 사무소는 남반구 개발도상국에 있는 NGO

의 표준 구조로 구성되어 있으며, 목표로 하는 수혜 대상인 전쟁 생존자들에게 서비스를 제공하기 위해 남반구의 파트너 조직과 협력한다. 지금까지는 거의 전적으로 정부의 도움을 받아 운영했지만 최근 들어 민간 필란트로피스트나 재단과의 협력을 고려하기 시작했다.

조직 규모는 작지만 구조적인 요소와 지금까지의 역사 때문에 매우 공식적인 체계를 갖추고 있으며, 경영진은 규칙이나 프로토콜, 절차를 논의하는 데 많은 시간을 쏟는다.

이 조직은 2년마다 한 번씩 자사 웹사이트에 프로그램 보고서를 올리지만 감사를 받은 전체 장부는 공개하지 않는다. 기부자인 정부 기관은 후원하는 프로젝트에 대한 상세한 보고서를 받는다.

책임자는 대부분 조직의 모금 업무를 맡으며 현장에서 진행되는 일들을 명확히 파악하여 내부에 전달한다. 그러나 이 정보는 조직 내에서 쉽게 이동하지 못하므로 모금 업무를 다른 직원들에게 위임하기 어려운 것으로 판명되었다. 잠재적인 하급 모금담당자들은 조직이 하는 일을 제대로 알지 못하기 때문에 기부자에게 적극적으로 주장을 펼칠 수 없다. 5000유로 이상을 기부하고자 하는 기부자에 대해서는 철저한 평판 분석을 해야 하므로 이런 절차와 프로토콜로 인해 민간 부문의 모금 속도도 느려지고 있다.

계층적 조직은 영리 부문뿐 아니라 비영리 부문에도 존재한다. 이들의 프로토콜과 절차는 고도로 절차를 따지는 기존의 지원금 환경에서 일할 때 효율성을 보장해준다. 따라서 특히 정부에서 대부분 또는 모든 자금을 지원받는 조직에서는 이런 프로토콜과 절차를 쉽게 찾아볼 수 있다. 하지만 필란트로피스트와 민간 부문의 자금 제공자들은 이 때문에 커다란 좌절감을 느낄 수 있다. 인도에서 진행한 그 프로젝트의 보고서를 받는 데 왜 4주씩이나 걸리는 것인가? 그냥 전화를 걸어 만남을 주선하면 안 되는 것일까? 왜 당신의 암 연구에 내 이름을 연관지으면 안 되는 것인가? 비즈니스계에서 일하던 활기차고 열정적인 필란트로피스트가 즉각적인 결과를 원했는데, 이런 계층적 조직의 내부 경직성을 접하게 되면 비영리 부문에 대한 불만이 생길 수밖에 없다. 이런 경험은 필란트로피스트들이 직접 재단을 설립해야겠다고 결심하는 요인 중 하나일 수도 있다.

유동적인 제휴

내가 처음으로 맡은 모금 업무는 아이들의 목숨을 앗아가는 근육 소모 질환에 대한 의학 연구를 지원하기 위해 만들어진 임시 조직의 모금 활동이었다. 그 조직에는 카리스마 있고 활기찬 책임자가 있었는데, 그는 중요한 결정을 모두 처리하고 몇 분 안에 조직을 새로운 전략적 트랙으로 전환할 수 있는 훌륭한 모금담당자였다. 부유하고 뛰어난 기업가정신을 지닌 회장의 지원을 받은 폴은 새로운 상품(이 조직은 1982년 런던 마라톤을 위한 첫번째 자선팀을 결성했다)을 개발하고, 사내 인쇄물이나 생산 유닛 같은 참신한 작업 방식을 도입했으며, 새로운 기업들과의 관계를 발전시켰다. 그는 위험을 무릅썼고 대부분 성과를 거두었다.

폴은 커뮤니케이션, 기업 모금, 신탁과 재단, 이벤트, 지역 모금 활동을 주요 직원들에게 위임했다. 영국 전역에 있는 약 400개의 지부로 구성된 네트워크를 운영하는 지역사회 모금담당팀도 있었다.

대부분의 기부자는 책임자가 아니라 이런 실무 직원들과 관계를 맺었다. 1980년대 초반에는 기부자와의 관계가 비교적 투명했고 그들은 장애아동의 가족을 만나거나 행사에 참여하거나 각종 회보와 보고서를 받았다. 일부 기부자를 좌절하게 하고 가시성이나 정보 추론 능력도 없는 요소는 조직의 전략이었다. 조직의 역동적이고 반응적이며 기업가적이고 창조적인 부분에서는 밤에 맥주잔을 기울이면서도 새로운 전략이나 제품을 고안하여 다음 날 아침에 그것을 적용할 수 있었다.

유동적인 조직은 빠르게 성장하는 기업과 비슷하다. 이는 보수적이고 안정적인 투자자를 위한 것이 아니다. 투자시장에서는 이런 기업을 '정통한 투자자'로 분류한다. 필란트로피 투자자에게는 그런 정의가 존재하지 않지만 '정통하지 않은 기부자'(정기적으로 기부하는 일반 기부자)도 이런 조직이 보여주는 색과 에너지, 활력에 매력을 느끼는 경우가 많다. 이들의 관계는 때로 환멸을 느끼면서 끝나기도 하고, 때로는 성장과 성공으로 마무리되기도 한다. 이런 조직이 지원한 의학 연구는 장애가 있는 어린이들의 수명을 대폭 연장하고 삶의 질을 높이는 데 성공했다.

마켓 리더

마켓 리더(Market Leader)는 난민이나 전쟁 때문에 고향을 떠난 사람들을 위해 일하는 세계적인 조직이다. 수년간 정부 지원에 의존하다가 조심스럽게 모금을 시작했고 2009년부터 집중적이고 경쟁력 있고 결과 지향적인 국제 기금 모금 이사를 영입하여 전 세계적인 민간 기금 모금 프로그램을 개발했다. 이 프로그램에는 거리에 나가 진행하는 '대면' 기부자 모집부터 고액 필란트로피스트들 중 '주요 기부자'를 모집하는 실질적이고 재원이 풍부한 프로그램에 이르기까지 모든 범위의 기금 모금 마련 도구가 포함되었다.

마켓 리더는 외부적으로는 투명하지만 내부적으로는 모금담당자와 기부자에게 프로젝트 정보를 제공하는 것과 관련하여 문제가 있었다. 일반 소비자를 대상으로 모금할 때 이는 별로 문제되지 않는다. 기부자에게 15파운드를 요구하면서 그 돈으로 "요르단의 난민 가족에게 겨울옷을 제공하여 추위를 이겨낼 수 있게 도와준다"고 말하는 것은 기부자의 돈이 어떻게 사용될지 보여주는 공개적인 제안이다. 기부자는 자신이 낸 기부금이 그 목적 또는 다른 목적으로 사용될 수 있음을 이해한다. 그러나 고액 필란트로피 세계에서는 이런 프로젝트 정보가 매우 중요하다. 많은 기부자는 자신들이 기부한 15만 파운드 또는 150만 파운드가 어떤 활동이나 프로젝트에 사용되는지 알고 싶어한다. 그리고 이 부분에서 내부 투명성 사안 때문에 몇 가지 문제가 발생한다. 프로젝트에 대해 보고하려면 모금담당자가 현장 사무소에 연락하여 사진, 최신 정보, 소식 등을 얻어야 한다. 현장 사무소 입장에서는 귀찮고 시간이 많이 걸리며 그들의 (힘든) 일상 업무에 방해가 된다. 만약 기부자가 네덜란드 정부고 기부금이 1억 달러라면 현장 사무소는 정보 요청을 받아들일 것이다. 그러나 15만 달러를 기부한 개인 기부자에게 1주일 뒤에 유사한 요청을 받는다면 그들은 당연히 꺼릴 것이다. 이런 투명성 갈등은 마켓 리더에게만 국한된 일이 아니다. 정부 지원을 받던 대규모 조직이 민간 지원금 부문으로 이동하여 정부 보조금의 10분의 1 또는 100분의 1밖에 안 되는 기부금을 내는 기부자가 정부보다 많은 관심과 데이터, 보고서를 요구할 경우에도 이런 일이 벌어진다.

내부 투명성 수준은 유럽의 비영리단체마다 많은 차이가 나며 이는 각 기관이 고액 필란트로피스트와 협력할 수 있는 능력에 임팩트를 미친다. 씨족형 문화, 유동적 문화, 계층문화, 시장문화는 필란트로피스트들에게 장점과 단점, 위험과 수익을 안겨줄 수 있다.

투명성은 필란트로피를 어떻게 변화시키는가

테리사 로이드는 필란트로피스트들이 10년 전에 비해 "지금은 훨씬 더 기꺼이 난간 위로 머리를 내밀고 있다"고 말한다. 유럽에서 필란트로피에 대한 가시성이 증가한 것이 기부에 긍정적 영향을 미칠 수 있을까? 어떤 부유한 사람이 누군가가 학교의 호소에 응해 1만 유로를 기부했다는 소식을 들으면 그녀도 비슷한 액수의 기부를 하게 될까? 파멜라 위엡킹은 그렇게 생각한다. "사회지도층의 기부는 효과가 있다. 스스로 기부를 하기 전에 다른 사람들이 기부하는 모습을 볼 필요가 있다"고 그녀는 말한다.

고소득 가구를 대상으로 진행한 영국 설문조사에 참가한 사람들(연 수입 10만 파운드 이상)은 "다른 사람들이 얼마를 기부하는지, 또 내가 얼마를 내기를 기대하는지 고려할 것이라고 전했다."(Booth, Leary, Vallance, 2015) 한 인터뷰 대상자(남성, 45세 이상, 20만 파운드에서 50만 파운드의 수입)는 "내가 직장에서 누군가를 후원한다면 다른 사람들보다 많이 번다는 사실을 알고 있어야 한다. 그런 사실이 기부 결정에 반영된다"고 말했다.

르네 베커스(2012) 박사도 이 생각에 부분적으로 동의한다. 그는 기부의 사회적 영향, 특히 다른 고액 기부자가 미치는 영향에 대한 '압도적 증거'가 존재한다고 말한다. 르네 베커스는 지리적 근접성(같은 도시에 사는 사람들)을 이용하여 한 지방자치단체의 기부 패턴에 변화가 생긴 해에 기부에 어떤 일이 벌어졌는지 살펴보았다. 그는 "기부자 비율에 대한 정보는 기부자의 행동에 영향을 미치지만 다른 사람들이 기부한 금액과 관련된 정보는 영향을 미치지 않는다"고 가정했다. 그는 "[네덜란드의] 세금 기록에 따르면 고액 기부자가 기부하는 금액은…… 그 지역에 사는 다른 고액 기부자들의 기부 변화에 매우 민감하다"는 사실을 알아냈지만 그런 민감도는 기부 액수보다 기부하는 사람의 비율에 영향을 미친다고 주장한다. 고액 기부자에 초점을 맞춘 그는 "지방자치단체의 기부자 비율 증가는 1년 뒤의 기부금 증가와 밀접한 관련이 있다"(기부자 비율이 1퍼센트 증가하면 기부금은 7퍼센트 증가)는 점을 밝혀냈다. 하지만 지방자치단체에 기부한 평균 금액 증가는 이듬해의 기부금 변화와 별 관련이 없었다. 동료들의 기부금이 1000유로 증가해도 이듬해에 추가로 늘어난 기부금은 43유로밖에 되지 않았다.

사회적 정보와 고액 필란트로피

하지만 젠 상(Jen Shang)과 레이철 크로슨(Rachel Croson)의 연구(2009, 다음 박스 참조)에서는 기부 수준, 특히 '적절한' 수준이 불분명하거나 애매한 것은 사회적 정보의 영향 때문이라고 말한다. 다시 말해 어떤 기부자가 1만 유로를 기부했다는 정보는 다른 기부자가 동일한 수준의 기부를 하도록 유도하기에 충분할 수 있다. 그 효과는 어느 정도의 모호성 때문인 듯한데, 이는 유럽의 고액 필란트로피 사업에 대한 완벽한 설명이다. 내가 부자라면 1000유로를 기부해야 하는가? 아니면 1만 유로? 10만 유로? 100만 유로? 유럽의 부자들은 사람들이 자기에게 어느 정도 수준의 기부금을 기대하는지 모르는 것 같다. 그들은 그들을 이끌어줄 '사회적 정보'가 부족하다.

사회적 정보와 기부

2009년 젠 상과 레이철 크로슨(2009, p. 1426-1435)은 사회적 정보가 사람들의 기부액에 임팩트를 준다는 사실을 증명했다. 그들은 미국에서 공영 라디오 방송을 이용하여 현장 실험을 진행했다. "각 개인은 라디오를 들으면서도 방송국의 지속적인 운영을 위해 기여하지 않고 무임승차만 하려고 하기 때문이다. 하지만 [라디오] 방송국이 자금을 지원받으면 지역사회 전체에 도움이 된다." 또한 미국 공영 라디오는 '모호성 조건'을 충족한다. 즉 우리가 무엇을 해야 하는지에 대한 명확한 지침이 있으면 다른 사람이 무엇을 하는지에 대한 사회적 정보가 개인의 결정에 영향을 미치지 않는다는 것이다. 예시를 통해 이 아이디어를 간단하게 설명할 수 있다. 박물관 입장료가 10유로인 사실을 알고 있다면 우리는 그 가격을 지불할 것이다. 앞에 서 있던 누군가가 20유로짜리 지폐를 내고 잔돈은 주지 않아도 된다고 말하는 모습을 보았다고 해서 나까지 10유로 이상을 지불하지는 않는다. 그에 비해 공영 라디오의 경우 기부자들은 "'적절한' 기부금이 얼마인지에 대해 상대적으로 아는 것이 없다."

젠 상과 레이철 크로슨은 매년 세 차례씩 방송을 통해 기금을 모금하는 미국 동부 해안의 공영 라디오 방송국과 함께 연구를 진행했다. 이 방송국 DJ(디스크자키 또는 진행자)는 청취자들에게 기부를 부탁하면서 다양한 단계의 기부금 수준을 제시한다(50달러, 60달러, 75달러, 120달러부터 최대 2500달러까지 총 11개의 기부금 단계가 있다). 이전 연구에 따르면 기부자 대부분은 자기가 과거에 얼마나 기부했는지 정확히 기억하지 못한다. 이는 "권장 기부 수준의 다양성(및 범위)은…… 잠재적 기부자가 '적절한' 기부 수준이 얼마인지 잘 모른다는 것을 의미한다"는 주장과 다시 연결된다.

모금이 진행되는 동안 DJ는 청취자들에게 전화를 걸라고 독려한다. 그리고 통화중에 청취자에게 "오늘 얼마를 기부하겠다고 약정하겠는가?"라고 물어보면서 "다른 회원은 75달러, 180달러, 300달러를 기부했다"고 말한다.

그 결과 "사회적 정보가 기부에 긍정적 영향을 미칠 수 있다"는 것을 보여준다. 기부자들이 "다른 회원은 300달러를 기부했다"는 말을 들었을 때 '기부금이 상당히 늘어났다.' 이런 효과 덕분에 평균 기부액이 106.72달러에서 119.70달러로 증가했다. 하지만 이 효과는 "신규 회원에게는 강력한 힘을 발휘하지만 기존 회원에게 미치는 영향은 크지 않다." 저자들의 말에 따르면 새로운 기부자들은 자기에게 어느 정도의 기부금을 기대하는지 몰라서 모호성이 더 크기 때문이다. 그래서 라디오 방송국 직원이 다른 사람은 300달러를 기부했다고 말하면 기부 수준이 그 목표를 향해 올라가는 것이다. 또한 저자들은 이 연구를 마치고 1년 뒤에 "사회적 정보를 제공받은 신규 기부자는 1년 뒤에 다시 기부할 가능성이 두 배 정도 높았고…… 기부할 때 더 많이 한다"는 사실을 알아냈다.

필란트로피 심리학 교수이자 플리머스대학의 지속 가능한 필란트로피 활동을 위한 하트숙센터 연구 책임자 젠 상에게 사회적 정보에 관한 연구 결과를 물어보았다.

"사람들은 어떤 상황에서 어떤 행동을 해야 맞는지 확신할 수 없을 때

다른 사람의 행동에 많이 의존한다. 특히 그런 행동을 한 번도 해본 적이 없어 과거의 행동을 기준으로 삼아 현재의 행동을 결정할 수 없는 사람의 경우에는 더욱 그렇다. 사회적 정보가 반드시 돈과 관련될 필요는 없다. 이루고자 하는 임팩트의 종류와 그것을 이루는 방법에 관한 것일 수도 있다. 그런 상황에서 동료가 미치는 영향은 기부액에 대한 동료의 영향만큼 중요할 수 있다. 또 사회적 정보가 반드시 다른 사람들이 실제로 하는 일일 필요는 없다. 그들이 이상적으로 원하는 일이 될 수도 있다. 사람들이 과거에 했던 일이 아니라 미래에 계획하는 일이 될 수도 있다."

고액 필란트로피에 관한 사회적 정보 부족, 기부의 기밀성 보호는 유럽과 미국의 결정적인 차이 중 하나다. 유럽의 한 필란트로피스트는 2015년에 젠 상에게 말하기를 모호성은 기부 그 자체가 아니라 금액에 관한 것이라고 했다.

"유럽에서는 '100만 유로를 기부했다'고 공개적으로 말하지 않을 것이다. 그런 사람은 없다. 부유한 집안의 5대손인 아버지는 필란트로피스트였고 신임이 두터웠다. 그렇게 신뢰받는 누군가가 어떤 사안을 지지해야 한다고 말하면 사람들은 그렇게 한다. 그는 '익명으로 기부하는 것은 속 좁은 사람들뿐이지만 당신도 얼마나 기부했는지는 이야기하지 않는다'라고 말했다. 그런 점에서 우리와 미국은 매우 다르다."

프랑스의 사회적 정보 – HEC의 사례

마리스테판 마라덱스의 말에 따르면 대중적 가시성은 사람들의 기부 수단에 영향을 미친다. "투명성 덕분에 새로운 자금이 벤처 필란트로피, 새로운 필란트로피, 필란트로피 분야의 리더를 발견할 수 있었다. 투명성 덕분에 기부자들이 눈에 띄게 되었다. 기부 구조(재단)와 그들의 장부도 볼 수 있다."

바르바라 드 콜롱브는 HEC재단의 이사다. 1972년에 HEC 경영대학원 동문회가 설립한 이 재단은 장학금, 연구비, 교수 자원, 초빙 교수 장학금 등을 지급하여 학교 발전의 후원을 목표로 한다. HEC의 첫번째 모금 캠페인이 진행된 2008년에서 2013년에는 7500명의 개인 기부자와 기업, 재단에서 1억 1200만 유로를 모금했다. 지금까지 5000만 유로에 달하는 영구기금을 조성했고 2014년에는 1280만 유로의 기부금을 받았는데, 그중 64퍼센트는 개인 동문에게, 36퍼센트는 비즈니스 파트너에게 받았다 (http://www.fondationhec.fr/, 2014년 12월 31일자로 끝나는 회계 연도에 대한 연례 보고서상의 수치다). 9000명이 넘는 이 학교의 개인 기부자 중에는 15만 유로 이상을 기부한 '고액 기부자'도 152명이 있다.

그녀는 투명성에 대해 다음과 같이 말한다.

"프랑스에는 성공과 돈을 금기시하는 문화가 있다. 그래서 필란트로피 활동을 인정하기 위한 새로운 방법을 찾아야 했는데, 이것 덕분에 기부의 '복잡성이 조금 줄었다.' 우리는 필란트로피에 제대로 된 빛을 비추고 싶다. 너무 지나치지 않게. 미국의 방식을 그대로 답습하지 않으면서."

HEC 캠페인에는 15만 유로에서 1000만 유로를 기부한 주요 기부자가 152명 있다. 바르바라 드 콜롱브는 처음에 다음과 같이 말했다.

"이들 대부분은 메인 캠퍼스의 [기부자 인증] 명판에 이름을 올리고 싶어하지 않았다. 우리는 명판이 그들을 축하하기 위한 것이 아니라고 말했다. 그것은 학생들이 세대를 초월한 필란트로피 활동 덕분에 학교에 다닐 수 있다는 사실을 알리고 학교를 후원하는 이들의 다양성을 보여주기 위한 것이다. 우리는 하나의 기부가 두세 건의 다른 기부를 유도할 수 있다고 설명했다. 그러자 다들 이해했다."

그녀는 설명을 계속 이어나갔다.

"우리는 기부자들의 공을 인정하되, 너무 과하게 하지는 않는다. 우리 학교에는 100만 유로 이상 기부한 사람들의 이름을 딴 강의실이 15개 있다. 강의실 문 옆에 부착된 금속판에 그들의 이름과 간략한 이력을 새겨두었다. 강의실에 이름을 붙일 때는 본인들이 와서 간단한 프레젠테이션을 했다. 그들은 그 자리가 본인들을 홍보하기 위한 자리가 아님을 안다. 결국 9000명 정도 되는 전체 기부자 중 끝까지 익명을 원한 사람은 두세 명뿐이었다."

이는 프랑스 이외 지역에 사는 몇몇 사람에게는 미묘한 말장난처럼 보일 것이다. 기부자의 공을 인정하되 '너무 과하게 하지는 않는다.' 기부자에게 그런 인정은 자축을 위한 것이 아니라 사람들에게 더 큰 임팩트를 주어서 새로운 기부자를 유치하고 현재 재학중인 학생들에게 이전 세대의 노력 덕분에 그들이 그 자리에 있을 수 있음을 보여주기 위해서라고 설명한다. 이런 조심스러운 주장이 기부자 예우에 대한 장벽을 허물어서 HEC는 인터넷과 캠퍼스 내에 기부자들의 이름을 게시할 수 있게 되었다.

바르바라 드 콜롱브는 이런 식의 기부자 예우가 프랑스에서 확산되고 있다고 말했다. 에콜 폴리테크니크(www.polytechnique.edu)는 2015년 6월 통신회사 알티스(Altice) 회장이자 동문인 파트리크 드라히(Patrick Drahi)가 기부자의 이름을 따서 명명한 비즈니스 및 기업가 육성 시설인 '드라히 X 노베이션 센터(Drahi-X Novation Center)'를 짓기 위해 500만 유로를 기부한 사실을 공개적으로 발표했다(http://etudiant.lefigaro.fr/les-news/actu/detail/article/patrick-drahi-premier-mecene-depolytechnique-16149/).

이는 프랑스에서 완전히 새로운 일이 아니다. 파리 루브르박물관에 가면 대리석 벽면에 금색으로 새겨진 '고액 기부자'의 이름을 볼 수 있다(http://louvre-passion.over-blog.com/article-votre-nom-grave-dans-le-marbre-116450424.html). 여기에는 그리스 정부(1829), J. 피어포인트 모건(Pierpoint Morgan, 1911), 에드몽 드 로스차일드(Edmond de Rothschild) 남작부인(1936), 알 왈리드 빈 탈랄 빈 압둘아지즈 알 사우드(Alwaleed Bin Talal Bin Abdulaziz Al Saud) 왕자의 2005년도 기부 내역도 물론 포함되어 있다. 알 왈리드 빈 탈랄 재단에서 기부한 1700만 유로의 기부금은 루브르 이슬람 아트홀에 대한 개인 기부금 중 가장 규모가 컸다(www.louvre.fr/sites/default/files/medias/medias_fichiers/fichiers/pdf/louvrepress-release-budget-and.pdf). 바르바라 드 콜롱브의 관점에서 볼 때 이 기부는 2008년 8월에 프랑스 정부가 기부재단인 '퐁 드 도타시옹'의 도입을 촉진하게 된 전환점이었다는 사실에 주목할 필요가 있다.

프랑스 기부자들은 19세기 초부터 눈에 띄었다(적어도 루브르박물관에서는 기부자의 이름을 공개적으로 등재했다). 프랑스에서는 1897년부터 1934년까지 〈레뷰 필랑트로피크Revue philanthropique〉가 출간되었으므로(그 전신이라고 할 수 있는 간행물은 최소 1816년부터 출판되었다) 100여 년 전부터 기부 내역을 공개적으로 볼 수 있었던 셈이다(Seghers, 2009). 그러나 바르바라 드 콜롱브를 통해 돈을 기부한 이들은 대부분 처음에는 HEC 기부자 인증 명판에 본인 이름이 새겨지는 것을 원하지 않았다.

이 수수께끼는 유럽 대륙 필란트로피 사업 전반에 퍼져 있다. 외부인에게는 속임수처럼 보이고 냉소주의자에게는 거짓 겸손처럼 보인다. 그러나 이것은 어느 쪽도 아니다. 이는 말과 지위를 이용한 즐겁고 섬세한 놀이고, 필란트로피에 대한 일종의 프랑스식 연애로 두 연인이 가면무도회에서 춤을 추다가 많은 설득 후에(바르바라 드 콜롱브는 설득력이 매우 뛰어나다) 비로소 기부자와 수혜자가 되는 것이다.

'대중'이라는 말에는 또다른 미묘한 점이 내재되어 있다. 팩터리 유럽의 마르틴 고드프로이드 이사는 그것이 '대중적인' 가시성이 아니라 중요한 동료 그룹들 사이의 가시성이라고 말한다. "보고가 필란트로피에 어느 정도 영향을 미쳤다고는 생각하지만 그것이 반드시 공개된 정보인 것은 아니다. 사람들이 사적 네트워크와 서클에서 자신의 필란트로피 활동에 대해 이야기하기 시작했다는 사실도 중요하다. 그들은 거기에서 다른 사람들의 기부에 대해 알게 된다." 그녀는 '대중적 가시성'에서 '대중'이 반드시 일반 대중을 의미할 필요는 없다고 주장한다. 고급 레스토랑 라르페주에서 친한 사람들끼리 저녁을 먹다가 친구가 기부했다는 말을 듣는 것만으로도 기부해야겠다는 생각을 하기에 충분하다.

투명성, 전문가의 접근 방식

리사 에엔베르허르 박사는 벤처 필란트로피 세계에서 새로운 투명성 뒤에 존재하는 것이 무엇인지 설명한다. 이는 해당 분야의 전문성 증가나 규정하기 힘든 임팩트 탐색과 관련 있다.

"전체적인 [벤처 필란트로피] 분야는 보다 투명하고 구체적인 결과를 향해 나아가면서 이를 측정하려고 애쓰고 있다. 투명성 수준은 나라마다 다르다. 미국과 영국에서는 훨씬 투명하게 진행된다. 유럽 대륙에서는 소수의 대형 재단만이 장부와 임팩트 보고서를 공개하고 있다. 벤처 필란트로피 분야에서는 임팩트와 장부 공개가 필수적이다. 임팩트 측정은 우리가 투명하게 일하도록 영향을 미친다."

볼프강 하펜마이어는 필란트로피 분야의 전문화가 투명성을 장려한다는 리사 에엔베르허르 박사 의견에 동의한다.

"전문가들은 투명해지기를 원한다. 그들은 서로에게 배우고 싶어한다. 전문가들은 서로의 실수에서 교훈을 얻기를 바란다. 그들의 주요 목적은 시장 점유율을 얻는 것이 아니라 임팩트를 향상하는 것이다. 투명성 덕에 사람들은 더 많은 일을 하고 있다. 하지만 언론은 투명성보다 역할 모델 이야기를 많이 한다. 게이츠나 저커버그 같은 사람들은 투명성보다 영향력이 크다. 세계는 여전히 역할 모델에 공을 들이고 있다. 동료 압력이란 동료 집단에서 어떤 일을 하는 사람이 많아질수록 자신도 그 일을 해야 한다고 느끼는 것이다."

캐런 윌슨은 대중적인 가시성 덕분에 "사회적 임팩트가 멋진 일[유행에 맞는 올바른 일]이 되었다. 이것은 젊은 기업가들이 이끌고 있다. 록펠러 가문처럼 은퇴하거나 죽을 때까지 기다렸다가 필란트로피 활동을 했던 예전 모델과는 다르다"고 말한다.

최고의 투명성?

레스터 샐러몬의 유명한 책『필란트로피의 새로운 지평New Frontiers of Philanthropy』에서 릭 코언(Rick Cohen)이 지적한 바에 따르면 2009년 미국의 '기업조성자선기금'은 95억 6000만 달러의 기부자조언기금을 보유하고 있었는데, 이는 미국의 모든 지역사회 재단이 보유한 돈보다 많은 액수다. '기업조성자선기금'은 영리기업이 고객을 대신하여 관리하는 합법적인 자선단체이자 재단이다. 미국의 이런 펀드 중 규모가 가장 큰 것은 피델리티 인베스트먼트 자선 기부 펀드(Fidelity Investments Charitable Gift Fund), 슈와브 자선 펀드(Schwab Charitable Fund), 뱅가드 자선 기부 프로그램(Vanguard Charitable) 등이다. 이들 재단에서 입수할 수 있는 최신 자료(재무부 국세청의 '990 양식')는 해당 부문의 눈부신 성장을 보여준다. 2015년 6월에 확인한 바로는 이 3대 펀드의 순자산만 280억 달러 이상이었다.

피델리티 인베스트먼트 자선 기부 펀드, EIN(등록 번호) 11-0303001, 2015년 6월 30일로 끝나는 회계 연도 기준, 153억 달러

슈와브 자선 펀드, EIN 31-1640316, 2015년 6월 30일, 75억 달러

뱅가드 자선 기부 프로그램, EIN 23-2888152, 2015년 6월 30일, 52억 달러

릭 코언의 분석을 업데이트하고 사실 여부를 확인하기 위해 살펴본 2014년 자료에 따르면 미국의 608개 지역사회 재단 중 기부자조언기금이 보유한 총자산은 275억 달러로 3대 기업 기반 재단의 총자산보다 적었

다(Anon, 2015f).

이 기금은 개인이나 기업이 스스로의 정체를 밝히지 않고 비영리단체에 기부할 수 있도록 고객들에게 기밀의 벽을 제공한다. 피델리티는 자사 웹사이트에서 이 사실을 강조한다(https://www.fidelitycharitable.org/guidance/philanthropy/private-foundations.html).

뉴욕에 있는 로펌 심프슨 새처 앤드 바틀릿(Simpson Thacher & Bartlett)의 변호사 빅토리아 B. 비오르크룬(Victoria B. Bjorklund)은 "개인 정보 보호를 염려하는 기부자들은 민간재단에서 손을 떼고 싶어할 수도 있다"고 말한다. 재단의 연간 세금 신고서 IRS 양식 990-PF는 자산, 기부금, 보조금, 수탁자, 이사, 임원의 이름과 주소를 보여주는 공개 기록이다. ……기부자조언기금이 있는 공공 자선단체를 통해 기부하는 이들은 원할 경우 사람들의 이목을 피하거나 익명을 유지할 수 있다. 보조금 수혜자가 알 수 있는 것은 그 기부금이 자신을 후원하는 자선단체의 기부자조언기금에서 나왔다는 사실뿐이다. 이 제도는 자신의 관대함에 대한 인정을 원하지 않거나 자신의 부에 이목이 집중되고 싶지 않거나 다른 자선단체의 기부 권유를 피하고 싶은 사람들에게 어필할 수 있다.

유럽의 민간은행들도 같은 시류에 열심히 편승하고 있다. UBS, 라보뱅크, 쿠츠 같은 많은 은행이 HNWI 고객을 위한 자선재단을 설립했다. 고객이 이 은행 재단에 기부하면 재단은 NGO나 대학, 문화단체에 그 기부금을 전달할 수 있다. 고객들은 종종 익명으로, 때로는 아주 많은 액수를 그와 같은 방법으로 기부한다. 2015년 한 유명 어린이단체에 익명으로 100만 유로를 기부한 사례가 있다. 은행을 통해 기부했기 때문에 부유한 고객은 익명성을 보장받을 수 있었다.

괜찮은 이야기처럼 들리는가? 어떤 면에서는 그렇다. 익명의 기부자에 대한 개념은 길고 명예로운 역사를 갖고 있다. 하지만 어떤 NGO가 무기 제조업체에 돈을 많이 투자한 사람들에게서는 기부를 받지 않는다는 정책을 갖고 있다고 상상해보라. 그런데 은행의 재단을 통해 익명으로 거액의 기부금을 받았다. 기부자는 누구인가? 은행은 이 고객이 정상적인 사업을 하는 고객이라고 말한다. 하지만 혹시 무기회사 사장인 것은 아닐까? 아니면 담배회사? 마피아? 이런 상황에서는 상당한 주의를 기울이는 것이 불가능하다.

만약 유럽 은행들이 미국 은행처럼 기업조성자선기금이라는 아이디어를 효율적으로 홍보할 수 있다면 이런 재단과 익명성은 계속 늘어날 것이다. 유럽에서는 필란트로피 사업의 투명성이 이제 막 정점에 도달한 것일지도 모른다.

투명성에 대한 유럽의 비전

투명성은 단순한 가시성 그 이상이다. 그것이 우리에게 어떤 가치가 있으려면 우리 눈에 보이는 것을 이해할 수 있어야 한다. 유럽의 비영리단체들은 기본적인 가시성이나 '추론성' 모두 투명하지 못했지만 이제 이 부분에 변화가 생기고 있다. 정부와 조직적인 필란트로피 사업을 운영하는 새로운 전문 직원들이 대중에게 우리가 하는 일을 보여주기 위해 문을 개방하고 있다. 그중 일부는 너무 늦었다. 많은 고액 필란트로피스트는 이미 유럽에 설립된 비영리단체에 대한 믿음을 잃었고 스스로 기부를 관리하기 위해 직접 재단을 설립했다. 미래의 필란트로피스트들은 내부를 (대부분)

들여다볼 수 있게 된 비영리단체를 신뢰하는 법을 배우게 될지 지켜보아야 할 것이다.

전문가 등장

12장

변화를 위한 노력

5부에서는 전문가들이 필란트로피 분야에 진출하여 유럽에서 고액 필란트로피 활동 방식을 변화시켰음을 보여준다.

서론

이것은 직업이다. 천직이나 소명, 여가시간에 하는 일이 아니다. 기금을 모금하는 일이든 아니면 보조금을 지급하는 일이든 그 역할은 무급에서 유급으로, 자원봉사자에서 직원으로, '아마추어'에서 '프로'로 바뀌었다. 지역적 차이가 있지만 이런 변화는 유럽 전역에서 진행되었고 보다 전문적인 방향으로 나아가는 추세가 뚜렷하게 나타나고 있다.

전문가의 정의

보다 전문화된 비영리 부문이란 무엇일까? 프로는 '아마추어'의 반대말로 주요 유급 업무에 종사하는 사람을 말한다. 어떤 '직업에 종사하는' 사람이나 '그 직업에 종사할 자격이 있는' 사람을 가리킬 때 쓰는 말이기도 하다. 우리는 유럽 전역에서 활동하는 비영리단체의 모금 부문에서 이와 거의 비슷한 순서로 변화가 진행되는 모습을 보았다. 처음에는 자원봉사자 (또는 '아마추어')가 돈을 받고 일하는 모금담당자로 대체되었다. 그들은 프랑스기금모금자협회(Association Française des Fundraisers, www.fundraisers. fr/) 같은 전문 기관과 협회를 직접 창설하면서 전문적인 직종으로 자리잡았다. 그리고 마침내 (내가 가르치고 있는) 바르셀로나대학에서는 모금 부문 대학원 수료증(www.il3.ub.edu/ca/postgrau/postgrau-captacio-fons-fundraising.html)을 주고 이탈리아 볼로냐대학에는 모금 석사과정(www.master-fundraising.it)이 설치되는 등 유럽 전역에서 모금담당자를 양성하기 위한 자격증이 등장했다.

다른 한편으로는 재단들이 직원을 고용하고, 유럽 곳곳에서 필란트로피 조언자들이 등장하고 있으며, 필란트로피 담당 부서를 마련하는 은행들도 늘어나고 있다. 5부에서는 이런 사람들을 일부 만나 그들의 업무에 대해 알아볼 것이다.

재단 전문가

재단은 갈수록 전문화되어가고 재단에 고용된 인원수도 증가하고 있다. 스페인의 재단 부문 수치(《표 12.1》 참조)도 이런 추세를 보여 2008년에서 2012년까지 5년 사이에 직원이 29.5퍼센트 늘어났다(Rubio Guerrero & Sosvilla Rivero, 2014). 당시 스페인은 심각한 경기 침체를 겪은 시기인데도 말이다.

독일 재단에 관한 2014년 보고서를 살펴보면 전문 인력이 증가하는 이

<표 12.1> 2008~2012년 스페인의 재단 직원

연도	평균 유급 직원 수
2008	27.55
2009	30.95
2010	38.19
2011	36.14
2012	35.68

출처 : Rubio Guerrero(2014)

유는 "목표와 임팩트 달성에 중점을 두고 미래의 재단 경영 기술과 전문적인 지식 프로필 기반을 마련하는" 기업가적인 전문 경영인을 원하는 살아 있는 재단 설립자가 늘고 있기 때문이다(Anon, 2015c).

하지만 전에는 결코 그렇지 않았다. 2001년 헬무트 안하이어(Helmut Anheier)는 다음과 같이 발표했다.

대부분의 독일 재단은 직원을 전혀 고용하지 않으며 열 개 재단 중 아홉 개 재단은 자원봉사자들로만 운영 및 관리되고 있다. 스칸디나비아에서도 비슷한 결과를 볼 수 있다. 덴마크의 1만 4000개 재단 중 일부를 제외하고는 유급 직원이 전혀 없고 2500개가 넘는 핀란드 재단 중 여덟 개 재단만이 정규직 직원을 열 명 이상 고용하고 있다(Anheier, 2001, p. 10).

프랑스 재단에 고용된 직원 수는 그 부문이 성장하면서 함께 증가했다. 2005년 재단 직원은 약 5만 5462명이었고 고용주(기업재단의 경우)나 대학, 협회 같은 제3자가 재단에 제공한 직원도 1만 1001명이었다(Anon, 2008). 2013년 재단 직원은 8만 4100명으로 8년 만에 52퍼센트 증가했다

(Anon, 2015a). 벨기에도 상황이 비슷한데, "재단은 점점 더 전문화되고 있지만, 2012년 12월 31일 현재 전체 벨기에 재단 중 13.5퍼센트만이 직원을 고용하고 있다(즉 총 1036개 재단 중 140개)."(Mernier & Xhauflair, 2014) 이들 재단은 7250명의 정규직 직원을 고용했다. 직원 대부분은 대학과 연구센터를 비롯하여 공공 과학연구재단에서 일했다.

전체 재단 부문과 관련된 이 수치를 민간재단, 운영재단, 모금전문재단의 전문화와 혼동해서는 안 된다. 벨기에에서는 민간재단에서 일하는 정규직 직원이 172명밖에 안 되는데, 이들 재단에서는 "유급 직원들을 거의 활용하지 못한다"고 아멜리 메르니에(Amelie Mernier)와 비르지니 크소플레르(Virginie Xhauflair)는 말한다. 아르튀르 고티에는 "[프랑스에서] 가장 큰 민간재단은 퐁다시옹 베탕쿠르 슈엘르(Fondation Bettencourt Schueller, www.fondationbs.org)인데, 직원이 15명뿐이라는" 사실을 상기시켜주었다.

이 전문가들이 재단의 효율성을 향상했을까? 유럽 재단 부문에 전문가 수가 증가하면서 생긴 측정 가능한 성과를 보여주는 데이터는 거의 없다. 이는 부분적으로 이 부문의 이질성 때문에 어떤 종류의 비교도 무의미하기 때문이다. 베텔스만 재단의 전문 프로그램 담당자가 하루 동안 거둔 성과와 푼다시오 옥스팜 인테르몬(Fundació Oxfam Intermón)에서 일하는 전문적인 모금담당자의 하루 성과를 비교할 수는 없다. 둘 다 전문가고 재단을 위해 일하지만 서로 다른 행성에 있는 것과 마찬가지일 수도 있다.

새로운 직원이 재단 부문에 새로운 아이디어를 도입하고 있다. 모금전문재단인 퐁다시옹 다니엘 에 니나 카라소의 마리스테판 마라덱스는 재단 부문 양쪽에서 다 일해본 경험이 있다. 이전에 에콜 폴리테크니크의 발전담당 이사(2007~2011)를 역임했고 그전에도 ESSEC 경영대학원에서 비슷한 역할(2002~2007)을 했기 때문이다. 마리스테판 마라덱스는 이 부문에서 전문성이 발달되고 있다고 강조한다. "퐁다시옹 다니엘 에 니나 카라소에서는 새로운 세대의 재단을 설립하려고 노력중인데, 우리는 이것을 '퐁다시옹 3.0'이라고 부른다. 이것은 변화이론에 바탕을 두고 역량 강화, 사회적 임팩트 측정, 임팩트 투자, 옹호 같은 새로운 도구를 사용하는 전략적인 재단이다."

"[가치 면에서 보면] 필란트로피는 평범하다. 혁신을 장려하려면 선동가가 되어야 한다. 지구의 욕구에 전략적으로 대응하려는 의지가 있어야 한다. 재단에서 전략적인 목표를 세운 다음 최고의 전문가들과 함께 일하는 것을 목표로 한다. 마리나 [카라소]는 '문제는 그것을 어떻게 해낼 것이냐다'라고 말한다."

필란트로피 조언자

"전문적인 [필란트로피] 조언의 세계가 엄청나게 성장하고 있다"고 테리사 로이드는 말한다. 그들은 은행, 컨설팅회사, 비영리단체에서 독립적인 필란트로피 조언자로 일하고 있다. 영국의 한 보고서에 따르면 "최근 몇 년 사이에 필란트로피 조언이 전문 서비스 영역이 되면서 티핑 포인트에 접근하고 있다."(Anon, 2015g) 영국 HNWI 다섯 명 중 두 명은 어떤 형태로든 필란트로피 활동과 관련된 조언을 받았고 그들은 조언을 받지 않은 사람에 비해 설문조사 이전 해의 기부금보다 거의 두 배 많이 기부한 것으로 나타났다(1만 5676파운드 대 8788파운드). 2014년 미국에서 실시한 설문조사에서도 이와 매우 비슷한 비율이 나타났는데, 부유한 사람들 중 "필란트로피 조언자와 상담한 사람은 상담하지 않은 사람에 비해 기부 총액이 더 많았다(9만 6878달러 대 4만 7531달러).″(Simmons, 2014, p. 4) 이런 조언의 주제에는 기부의 세금 혜택, 필요성 이해와 사회적 대의명분 선택, 임팩트 측정 등이 포함되었다.

"필란트로피가 명품처럼 팔리고 있다"고 마리스테판 마라덱스는 말한다. "은행들은 고객의 필란트로피 활동에 관여하여 얻을 수 있는 상업적 잠재력을 이해하고 있다." 예를 들어 스위스에서는 UBS, 롬바드 오디에(Lombard Odier), 크레디트 스위스(Credit Suisse), HSBC 같은 은행들은 전문적인 필란트로피 조언자를 고용하고 있다. LGT 벤처 필란트로피나 WISE 같은 필란트로피 전문기업들도 조언자를 고용하고 있고 에드몽 드 로스차일드 재단 같은 단체들도 마찬가지다.

"ABN AMRO 미스피어슨(MeesPeerson, www.abnamro.nl/nl/private-banking/index.html)은 2년 전에 부유한 고객들을 위해 필란트로피 전담 부서를 설립했다." 네덜란드의 〈드 디케 블라우어〉 편집장 에드윈 베네마의 말이다.

> "라보뱅크와 민간은행들도 똑같이 했다. 지난 몇 년 사이에 은행들은 시류에 편승하고 있다. ABN AMRO는 부유한 고객이 가장 많은 은행이다. 작년에 이 은행에서 실시한 조사 결과에 따르면 부유한 고객들은 평균 1만 1000유로를 기부했다."

유럽 전역에서 똑같은 상황이 벌어지고 있고 영국의 경우 쿠츠, JP 모건 프라이빗 뱅크, 자선 지원재단, 그리고 특이한 예로 타인 위어 커뮤니티 재단(Tyne & Wear Community Foundation)이 포함되어 있다.

은행들이 이 시장에 진출하는 이유는 무엇일까?

2013년 CAF/스콜피오(Scorpio) 연구에 참여한 한 은행가는 기부에 대한 논의가 어떻게 고객과의 관계를 심화하는지 보여준다. "누군가와 그 사람의 필란트로피 활동에 대해 이야기하기 시작하면 그가 아침에 일어나는 이유나 세상을 어떻게 바꾸고 싶은지, 무엇이 그를 화나게 하는지, 또 자녀들을 위해 무엇을 원하는지 등도 알 수 있다."(Anon, 2015g)

"영국의 새로운 필란트로피 조언 서비스는 골드만 삭스(Goldman Sachs) 전 직원인 피터 휠러(Peter Wheeler)와 개빈 데이비스(Gavin Davies)가 2002년에 설립한 뉴 필란트로피 캐피털(New Philanthropy Capital)에서 시작되었다." 2014년 샬럿 에이거(Charlotte Eagar)는 파이낸셜 타임스가 고급 시장을 겨냥하여 출간한 잡지 〈하우 투 스펜드 잇How to Spend It〉 기사에 이렇게 썼다. "그들은 자신과 예전 동료들의 관대한 태도에서 이익을 얻기 위해 적절한 자선단체를 조사하는 쪽으로 예리한 재정적 시선을 돌렸다." (Eagar, 2014) 영국에서 필란트로피 조언 서비스가 증가하는 것을 본 샬럿 에이거는 이것이 서로 연결되어 있는 두 가지 변화 때문이라고 주장한다. 첫째, "영국의 부가 물려받은 재산에서 자수성가하여 일군 재산으로 전환되는 지각 변동"이 일어나면서 미래세대를 위해 재산을 신탁하던 상속인들이 자수성가한 부자들에게 자리를 내주자 "지난 10년 사이에 영국의 필란트로피에 엄청난 변화"가 생겼다. 그 결과 "런던은 현금은 많고 시간은 부족한 사람들의 세계적인 수도가 되었다. 월급은 많이 받지만 끝없이 일해야 하는 미국식 문화를 새롭게 받아들여 새로이 부자가 된 이들은 미국의 필란트로피 문화도 받아들였다." 현금은 많지만 시간이 부족한 이 고객들은 새로 등장한 필란트로피 조언자에게 돈을 지불하고 필란트로피에 관한 각종 연구 내용이나 현장 견학, 네트워킹 모임 등에 접근한다. 이런 조언자에게 지불하는 수수료도 꽤 비싸서 샬럿 에이거가 이야기한 런던에 있는 프로스페로 월드(Prospero World)의 경우 조언 서비스, 연구 자료 제공, 현장 견학 초청 등이 포함된 '골드' 회원권에 대해 매년 1만 2000파운드를 청구한다고 밝혔다. 프리즘 더 기프트 펀드(Prism the Gift Fund, www.prismthegiftfund.co.uk)는 모금한 자금의 2.5퍼센트 또는 분기마다 최소 750파운드의 수수료를 부과한다.

서비스 요금 부과 문제는 이 부문에서 오래전부터 논란이 되어왔으며 이 때문에 유럽의 필란트로피 조언 서비스 발달이 지연되었을 수도 있다. "은행들은 수수료를 청구할 수 있는 부가 서비스를 제공하겠다는 생각으로 이 부문에 발을 들인 것이다." 프랑스에 거주하는 한 필란트로피스트는 비공식적으로 의견을 밝혔다. 2013년 조사를 기반으로 하여 인용한 CAF/스코피오 보고서(Anon, 2015g)에서 "부유한 개인의 73퍼센트가 필란트로피 조언 서비스 비용을 낮추거나 무료로 제공해야 한다"고 말했다. 하지만 이런 상황은 바뀔지도 모른다. 2014년 제이크 헤이먼(Jake Hayman)은 〈파이낸셜 타임스〉에서 "시장에서 상당히 주목받고 있는 흥미로운 움직임이 있는데, 바로 사람들이 전문가가 되기 위해 돈을 지불하고 통찰력을 지원받는 것이다"라고 했다(Murray, 2015). 제이크 헤이먼은 25만 파운드에서 2500만 파운드 사이의 금액을 기부하겠다고 약정한 개인과 재단에 조언 서비스를 제공하는 컨설팅기업 소셜 인베스트먼트 컨설턴시(Social Investment Consultancy)의 공동 설립자 겸 최고 경영자다.

고객은 수준 높은 서비스를 기대한다. 제네바 글로벌(Geneva Global)의 케니 워싱턴(Kenny Washington)은 "투자를 할 경우 당신이 기대하는 것과 동일한 수준의 조언을 해주겠다"고 말했고(Eagar, 2014) 제이크 헤이먼은 "우리가 운영하는 사업은 본질적으로 미니 MBA 또는 사회 변화에 대한 박사과정이다"라고 했다(Murray, 2015). 테리사 로이드는 훌륭한 조언자의 개인적 특성을 강조한다. "필란트로피스트는 자산관리 전문가가 자기와 똑같은 가치관을 갖고 있기를 바란다."

HNWI 투자자들이 필란트로피와 사회적 임팩트 투자에 관심을 갖게 되자 은행은 이것이 새로운 고객에게 새로운 서비스를 제공할 수 있는 기회임을 깨달았다. 이 책을 위해 인터뷰한 부유한 네덜란드 가문의 일원은 "이 두 가지 과정이 동시에 진행되었다"고 말한다. "우리는 X은행과 거래한다. 그 은행에서 필란트로피 서비스를 개발했는데, 상당히 유용하다." 그러나 모든 HNWI 고객이 그런 서비스를 이용하고 싶어하는 것은 아니다. 프랑스의 어떤 필란트로피스트는 "나는 그것이 많이 미화되었다고 생각한다"고 주장한다. "은행이 필란트로피스트를 만족하게 할 수 있는 방식으로 필란트로피 분야에 대해 생각할 역량이 있는지 의문스럽다. 그뒤에 과연 많은 것이 준비되어 있는지 잘 모르겠다."

점점 늘어나고 있는 전문적인 필란트로피 조언에 대한 데이터는 아직 없지만 개별 기업의 가치가 불어나고 있다는 증거는 존재한다. 예를 들어 HNWI 투자회사 리전트 캐피털의 안 조스(Anne Josse)와 기드옹 리옹(Gideon Lyons)이 설립한 기부자 조언 펀드 겸 기부자 조언 컨설팅회사인 프리즘 더 기프트 펀드는 2014년 6월 30일에 끝나는 회계 연도에 1650만 파운드의 수입을 신고했다(www.charitycommission.gov.uk). 이는 2011년 12월의 500만 파운드, 2009년 10월의 24만 7609파운드에 비해 크게 늘어난 수치다.

이 분야는 서론에서 간략하게 설명한 전문성의 두번째 단계인 전문가 협회를 창설하고 있다. 가족자산 관리 전문 기관인 스텝(Step, www.step.org)에는 12명으로 구성된 위원회가 이끄는 '필란트로피 자문 특별 이익 그룹'이 있다. 필란트로피 임팩트(Philanthropy Impact, www.philanthropyimpact.org)는 다양한 도구와 훈련을 통해 더 많은 전문가를 이 분야에 참여시키고 있다. 그러나 국제필란트로피자문협회(www.advisorsin-philanthropy.org)는 아직 국제적으로 영향을 미치지 못하고 있다. 이 협회 회원들은 주로 미국에 기반을 두고 있으며 유럽의 중요한 필란트로피 조언 시장인 영국이나 스위스에서 활동하는 회원은 한 명도 없다.

훌륭한 조언?

그러나 이 조언자들이 아직 제대로 된 조언을 해줄 준비가 되어 있지 않다는 우려가 있다. 그들 중 일부는 비영리 부문에 대해 잘 모르고 조직을 걸러내기 위해 (객관적 기준보다는) 개인적인 인맥에 의존한다는 사실을 인정할 것이다. 바르셀로나에 있는 업소셜의 CEO이자 공동 설립자인 미켈 데 팔라데야는 "한 패밀리 오피스에서 사회적 투자를 해달라는 요구가 있었지만 그들은 그 일을 누가 어떻게 해야 하는지도 모른다"라고 말했다.

앞서 언급한 이 네덜란드 출신의 필란트로피스트는 제공하는 투자 서비스가 제한적이고 은행들이 임팩트 측정의 가치나 잠재력을 제대로 파악하지 못하고 있다는 점을 우려한다.

"이 자산관리자들이 단순한 중개자 이상의 역할을 해주기를 기대한다. 당신이 그들의 주력 [투자] 펀드를 매수하면 그들은 각 부문 내에서 최고의 성과를 올린다. 나는 그 논리가 임팩트 논리로 바뀌는 순간을 기다리고 있다. 재정적 수익률은 최고가 아니라도 임팩트는 최고인 상태 말이다. 그런 상황이 벌어져야 한다. 현재로서는 이 아이디어에 대한 설득력이 거의 없다. 은행들은 규제를 받고 있기 때문에 어렵다."

필란트로피 전문가

유럽에서는 전문적인 모금담당자, 즉 필란트로피 전문가의 수가 크게 늘어났다.

그 직업이 성장함에 따라 전문화도 이루어졌다. 직접 마케팅이나 대규모 소비자 모금을 전문으로 하는 모금담당자도 있다. 기업의 사회적 책임과 후원 프로그램을 위해 기업들과의 관계를 전문으로 하는 사람도 있다. 일부는 유럽연합과 정부의 보조금 지원 프로그램에서 일한다. 수는 적지만 재단과 보조금 제공 신탁을 통한 기금 마련에 집중하는 이들도 있다. 또 '주요 기부자', 즉 고액 후원자와의 관계 형성을 전문으로 하는 모금담당자도 있다. "[네덜란드의] 대규모 자선단체 중에는 고액 기부자를 상대하는 모금담당자를 고용하지 않은 곳이 없고 고액 기부자를 통한 모금에 관한 세미나와 책도 셀 수 없이 많다." 네덜란드에 사는 에드윈 베네마의 말이다. 파리의 아르튀르 고티에 박사는 이런 모금담당자들이 효과를 발휘하고 있다고 말한다. 그들은 필란트로피 변화의 "주요 원인 중 하나다."

모금담당자팀은 소셜 미디어 마케팅, 커뮤니케이션, 데이터와 분석을 전문으로 하는 다른 전문가들의 지원을 받는다. 고액 필란트로피 분야에 비교적 새롭게 등장한 직업 하나가 특히 관련이 있는데, 바로 잠재적 기부자 조사관이다. 이들은 잠재적인 고액 후원자들을 조사하고 확인하고 평가하는 일을 전문으로 하는 진정한 필란트로피 전문가다. 이 잠재적 기부자 조사관이 사용하는 기술 몇 가지를 16장에서 요약했다.

테리사 로이드 같은 사람들은 전문적인 모금담당자 수는 증가했지만 전문성 수준은 향상되지 않았다고 주장한다. "주요 기부자들을 대상으로 한 모금 활동은 대부분 극히 아마추어적이며 우리 책[Breeze & Lloyd,

2013]을 위해 진행한 연구에서 알아낸 바에 따르면 많은 주요 기부자도 대부분 그렇게 생각한다." 그녀는 고액 필란트로피스트들이 젊고 경험이 부족한 모금담당자를 주요 연락책으로 소개받는 사례를 인용하면서 이렇게 말했다. 이것은 새롭고 젊은 직업 종사자들에 대한 비평처럼 느껴지지만 유럽이 고액 필란트로피를 전문으로 하는 노련하고 경험 많은 모금담당자 집단을 만들 것이라고 기대할 수 있다. 갈 길이 멀지만 결국에는 그곳에 도착할 것이다.

개인적인 이야기

나는 1986년 6월에 영국의 전문모금담당자협회인 인스티튜트 오브 펀드레이징(Institute of Fundraising)에 118번째 회원으로 가입했다. 나는 모금담당 부문에서 평생 일하는 특권을 가진 유럽인들이 모여서 설립한 첫번째 집단에 속하게 된 운 좋은 사람이다.

나는 1980년에 모금담당 일을 시작했다. 자선단체에서 광고를 보기 전까지 그 직업에 대해 들어본 적도 없었다. 당시 내가 일하던 근육위축증그룹(www.musculardystrophyuk.org)의 대표는 과거 J. 월터 톰프슨(J. Walter Thompson : JWT)에서 임원으로 일한 폴 워커(Pal Walker)였다. 그리고 내가 합류했을 때 폴 워커 바로 밑의 2인자 겸 책임 모금담당자 역시 JWT에서 온 프랜 윌리슨(Fran Willison)이었다. 폴 워커와 프랜 윌리슨은 1970년대와 1980년대에 영국의 비영리 부문에서 일어난 혁명에 참여했다.

스물세 살의 모금담당자였던 나는 자선단체는 대개 은퇴했거나 반쯤 은퇴한 전직 군인들이 운영하는 경우가 많다고 생각했다. 근육위축증그룹은 광고 대행사에서 일하던 이사와 모금담당자를 영입함으로써 그런 무리에서 벗어났다. 이 조직은 소극적인 자선단체에서 적극적인 모금단체로 변신했다. 이런 전문성 변화는 켄 버넷(Ken Burnett), 버나드 로스(Bernard Ross), 고(故) 토니 엘리셔(Tony Elischer) 등 오늘날 모금 부문의 권위자가 된 수많은 이와 함께 영국의 필란트로피 분야 전체에서 일어나고 있었다.

사회적 요구에 대한 인식이 다시 바뀌고 있던 시점에 새로운 전문가들이 비영리 부문에 진출한 것이다. 1980년대까지만 해도 근육위축증그룹의 호소는 무력한 장애 아동의 이미지를 바탕으로 했다. 언론 광고나 휠체어에 앉아 손을 내민 실물 크기의 모형에 드러난 아이의 모습은 완전한 장애를 묘사하고 있었다. 이는 '장애인'을 위한 '자선'이었다. 하지만 장애가 있는 사람들이 자신의 권리를 주장하기 시작했다. 훗날 귀족 작위를 받은 위센쇼 출신의 앨프 모리스(Alf Morris) 노동당 의원이 1970년에 영국 최초의 장애인 권리 법안(만성 질환자와 장애인을 위한 법)을 통과시켰다. 장애가 있는 사람들과 함께 일하는 자선단체의 새로운 전문가인 우리는 모금을 위한 이미지와 메시지를 새롭게 수정하는 책임을 맡았다. 이와 똑같은 변화가 국제개발 NGO에서도 일어났는데, 이런 NGO는 수혜자들을 직접 후원하는 것이 아니라 남반구 개발도상국의 기아와 빈곤을 대변하기 위한 정책을 수립했다.

전문성이 필요한 이유

모금담당자를 고용하는 데는 합당한 이유가 있다. 현대화와 효율성, 향상된 고객 서비스와 커뮤니케이션, 위험성 이해와 지식관리는 모두 전문성을 높이기 위한 동기인데, 특히 고액 필란트로피 분야에서는 더욱 그렇다.

현대화와 효율성

나는 영국의 118번째 모금담당자가 아니었다. 모금담당자는 수백 년 전부터 있었다. 19세기 후반과 20세기 초에 글래스고 요양원에는 '기부금 징수자'가 있었는데(Cronin, 2011), 그는 "요양원이 재정적으로 살아남기 위한 중심"이었고, 그의 활약 덕분에 1867년에서 1936년 사이에는 기부금이 958파운드에서 2231파운드로 증가했다. 앨리슨 펜(Alison Penn, 2011)에 따르면 이는 18세기부터 비영리 부문에서 진행된 상호 전문화 과정의 일부다. '효율성과 목표 지향적인 활동' 때문에 조직들은 더 큰 조직체계를 구축하고 사회적 가치에서 벗어나 상업적 가치로 '현대화'하게 되었다.

21세기에 접어든 지 20년이 지난 지금도 유럽 전역에서는 현대화와 효율성의 동일한 조합을 볼 수 있다. 예를 들어 대학들은 동문관계와 기금모금을 결합한 전문적인 개발 부서를 설치하기 위한 첫번째 단계로 동문 담당 부서를 전문화했다.

20세기 초 전문화에 대한 압력이 증가한 이유 중 하나는 복지를 위해 국가가 제공하는 지원금이 늘어났기 때문이다. 정부는 이 분야의 복잡성을 줄이기 위해 조직을 통합하라고 압박했다. 때때로 정부는 이를 위해 국가자문위원회에 관련 기관 딱 한 곳만 초대하여 권력과 가까워지도록 하는 방법을 쓰기도 했다. 영국 정부는 국립맹인단체에도 이 방법을 활용하여 상부단체를 하나만 설립하여 소규모 지역단체들을 동참하도록 했다.

이런 압력은 조직이 효율적으로 운영되기를 바라는 기부자들에게서도 받는다. 2014년 인디애나대학/뱅크 오브 아메리카(Bank of America)에서 실시한 연구에 참여한 응답자 3분의 2 이상(68퍼센트)은 조직의 효율성, 즉 수입에 비례하여 변화를 일으킬 수 있는 능력을 결정 요인으로 꼽았다 (Simmons, 2014).

고객 서비스

고액 필란트로피스트에 대한 대응이 느리거나 때를 놓치거나 혼란스러우면 그는 다시는 해당 단체에 기부하지 않을 것이다. 프라이빗 뱅커, 자산관리인, 비영리단체에게 고객 서비스가 가장 중요한 것도 이런 이유 때문이다. 프라이빗 뱅커들과 비영리단체들이 고객을 위해 기부에 대한 조언을 해주는 자선기금을 만들면서 부유한 사람들의 관심을 필란트로피 쪽으로 유도하기 위한 경쟁이 늘고 있다.

자금이 풍부한 민간은행과 경쟁하는 것은 비영리단체에게는 악몽 같은 일이다. 하지만 많은 단체는 잘 해내고 있다. 예를 들어 네덜란드의 SOS 킨데르도르펜(Kinderdorpen)은 현재 필란트로피 고객을 위해 11개의 기부자조언자선기금을 관리하고 있고 14장에서 퐁다시옹 카리타스의 사례를 설명하기도 했다. 이런 비영리단체들은 고객관계를 전략적으로 관리해야 한다는 사실을 깨달았다. 단순한 '관리'가 아니라 고객이 비영리단체에 제공하는 가치와 고객 서비스를 연결하는 체계적인 프로그램 '서비스 매트릭스'에 따라 관리해야 한다. 비영리단체들도 품질관리 방법을 도입하고 있다. 네덜란드의 한 유명 비영리단체의 최고경영자는 매년 12월이면 기부를 가장 많이 하는 사람들에게 개별적으로 전화를 걸어 자신의 단체가 올해 그들의 욕구를 얼마나 잘 처리했는지 물어본다.

커뮤니케이션

필란트로피스트들이 기부하는 이유에 대한 연구를 살펴보면 전문가의 필요성이 명확해진다. 앞에서 인용한 2014년 인디애나 대학/뱅크 오브 아메리카 연구에서는 기부자의 동기를 확인하려고 인터뷰를 통해 데이터를 수집했다(Simmons, 2014). 인터뷰에 응한 사람들의 4분의 3 정도(74퍼센트)가 말한 주요 동기는 "기부가 가져올 수 있는 변화에 마음이 움직인다"는 것이었다. 이 응답에는 두 가지 아이디어가 결합되어 있다. 그 사람이 자신의 기부를 통해 어떤 변화가 일어난 증거를 보았고 특정한 대의명분과 감정적·공감적으로 연결되어 '감동을 받았다'는 것이다. 이런 요소는 필란트로피 활동에서 자연스럽게 생길 수 있다(몸이 불편한 사람이 번잡한 도로를 건너는 것을 돕기 위해 애쓰는 일은 이 두 가지가 결합된 행동이다). 하지만 어떤 규모로든 목표를 달성하거나 조금 떨어진 곳에서 필란트로피 활동을 하려면 심장과 머리를 동원하여 모금 호소에 담긴 감정적 요소와 그것이 만들어내는 임팩트를 함께 전달할 수 있는 전문적인 모금담당자가 필요하다.

전문가는 조직의 가장 기본적인 가치관과 사명, 업무를 잠재적인 기부자에게 전달할 수 있다. 이는 당신이 상상하는 것 이상으로 꼭 필요한 일이다. 옥스팜과 그린피스의 모금담당자들에 따르면 유럽의 고액 기부자들이 모이는 사교행사에 참석한 기부자들은 그 행사를 주최한 단체에 대해 매우 부정확한 견해를 갖고 있다. 옥스팜의 모금담당자는 행사에 참석한 어떤 사람은 "우리가 우물만 파는 줄 알고 있었다"고 말했다.

위험성 이해

필란트로피 활동은 위험투성이다. 이런 위험이 발생하는 이유는 대부분의 기부자가 '우리에게 돈을 주면 학교를 짓겠다'는 미래의 약속이 있어야만 기부를 하기 때문이다. 모금담당자들 사이에서 이미 벌어진 일에 대해 기부를 요청하는 것은("우리가 지은 학교가 있는데, 지금 거기에 기부를 하겠는가?") 효과적이지 않다고 널리 알려져 있다(내가 아는 한 확실하게 검증된 적은 없지만).

또 기부자에게서 시작되어 NGO를 거쳐 수천 킬로미터 떨어진 곳에 있는 파트너에게 전달되는 긴 공급망도 필란트로피 활동에 따르는 위험 중 하나다. 그렇게 긴 공급망을 관리하는 것은 어렵다. 게다가 NGO나 그 파트너는 신체적 위험(국경없는의사회 직원이 레반트의 병원에서 살해당한 사건을 떠올려보라), 정치적 위험(수단에서 활동하는 NGO 파트너의 경우), 물리적 위험(네팔의 지진 등)을 겪을 수 있는 상황에서 일하기 때문에 더욱 힘들다.

사전트, 아이젠슈타인, 코타스(2015)는 사람들이 투자에 따르는 위험과 필란트로피에 따르는 위험에 대해 다른 견해를 가진다는 사실을 입증했다. 그들은 필란트로피스트가 "(때로는 무관한) 과거 경험이 필란트로피의 위험 평가에 어떤 영향을 미치는지 깨닫고, 당면한 위험을 보다 '정확하게' 평가하도록 하는 것"이 모금담당자의 역할이라고 주장한다. 또 필란트로피스트가 "안전한 영역에서 벗어나 합리적으로 조금씩 더 높은 위험 단계로 진입하도록" 유도할 수도 있다. 그들은 위험과 수익 영역은 수익(임팩트)이 발생할 가능성이 매우 높거나(다시 말해 필란트로피스트가 기부금을 낸 학교가 실제로 지어질 것이라고 거의 확신할 수 있는 상태) 매우 낮은(프로젝트가 계속 실패했지만 X라는 단체의 새로운 방법이 성공할 수도 있는 상태) 가장자리 부근에서 미묘한 차이가 일어난다고 주장한다.

필란트로피스트는 성과 달성이 거의 확실하거나 거의 불가능해 보이는 확률의 경계 부근에 기부할 가능성이 더 크다. 2016년 초 부르키나파소의 한 병원에 100만 파운드가 넘는 돈을 기부한 영국의 한 헤지펀드 고위 임원은 나에게 "그 나라는 육지로 둘러싸여 있고 가난하고 공격도 받고 있다. 그것이 바로 내가 그곳에 기부하는 이유다"라고 말했다.

사전트, 아이젠슈타인, 코타스는 개인적 혜택과 수익이라는 중요한 영역을 무시하고 사회적 임팩트에 초점을 맞추는 필란트로피스트들은 위험 대비 수익에 대한 인식이 다르다고 말한다. 그들이 생각하는 '수익'은 프로젝트 총수익보다 적기 때문에 그에 비례하여 위험이 더 커 보인다는 것이다. 그들의 연구(2015, p. 14)는 다음과 같은 사람들에 대해 알려주었다.

> 개인의 이익보다 필란트로피 활동에서 훨씬 깊이 있고 개인적인 가치를 발견하고 기부를 통해 자기 삶의 의미가 표현된다고 생각하는 이들은 어렵고 다루기 힘든 사회 문제를 해결하려는 노력을 통해 지적 자극을 얻거나 사회 변화에 기여할 수 있는 능력을 발전시킨다.

지식관리

옥스퍼드대학에서 진행하는 캠페인 옥스퍼드 싱킹(Oxford Thingking)은 많은 필란트로피스트로부터 7만 4000건이 넘는 기부를 통해 23억 파운드를 모금했다. 그중에는 발달의학 부문의 교수직 채용을 위해 330만 파운드를 기부한 앙드레 호프만(André Hoffmann)이나 블러바트닉 정부학교 설립을 위해 7500만 파운드를 기부한 레너드 블라바트닉(Leonard Blavatnik) 같은 기부자도 있었다. 중요한 모금 캠페인에는 수백 명의 잠재 고액 기부자나 파트너가 참여할 수 있으며 고객관리팀은 비영리단체와 잠재적 후원자 사이의 관계를 적극적으로 관리한다.

잠재적 파트너를 식별하고, 크고 복잡한 조직 전체에서 파트너와의 관계를 유지, 발전시키고, 적절한 프로젝트나 프로그램 또는 활동을 소개하고, 기부금을 낸 파트너에게 진행 상황을 보고하기 위해 확실한 지식관리가 필요해진다. 유럽의 데이터 보호 및 개인 정보 보호 법률에 대한 법적 요건도 고려해야 하기 때문에 적절한 지식관리의 복잡성이 더 가중된다.

이런 복잡성은 비영리단체가 전문 직원을 더 많이 고용하는 또다른 이유이기도 하다. 모금담당자라는 직업은 재단기금 모금, 기업관계, '고액 기부', 잠재적 기부자 조사 같은 각 부문의 전문가들을 통해 전문화된다(16장 참조).

전문가가 접근할 수 없는 곳 ― 이사회

유럽의 비영리단체 이사들은 일반적으로 자금 조달 잠재력을 바탕으로 선정되지 않는다. 예를 들어 노르트베이커르크하우트에서 열리는 연례 국제기금모금 총회처럼 전문적인 모금담당자들이 만나는 자리에서는 늘 "우리 이사회는 무용지물"이라는 불만이 터져나온다.

대부분의 조직에는 특정한 유형의 이사회를 선출해야 하는 체계가 있다. 예를 들어 헤이그 국제형사재판소에서 확인된 전쟁 범죄 희생자들과 협력하는 피해자신탁기금(Trust Fund for Victims)은 국제형사재판소를 설립하게 된 로마 규정에 서명한 국가의 대표들 중에서 선출한 이사회가 있다. 브뤼셀, 런던, 제네바에 있는 국제기구 중 일부에도 비슷한 방식으로 선출된 이사회가 있다. 이렇게 선출된 이사회가 고액 필란트로피 사업에서 좋은 결과를 낼 수도 있지만 그런 일은 드물다. 그들은 저마다 다른 이유 때문에 선출되었고, 모금 활동을 자기 역할의 일부로 여기지 않을 수도 있으며(아니면 아이디어 자체에 의구심을 품을 수도 있다), 타당한 이유로 선출되었겠지만 일반적으로 그들의 개인적인 재산이나 뛰어난 인맥 때문에 뽑힌 것은 아니다. 미국의 동료들은 이런 사실을 잘 믿지 못한다. 미국 이사회의 특징인 '기부하고, 받고, 손을 떼는' 문화에 익숙한 이들에게는 유럽 이사회가 시대에 뒤처진 것처럼 보이겠지만 에드윈 베네마는 네덜란드에서도 이런 변화가 목격되면서 "기부자나 수혜자를 중심으로 이사회를 구성해야 한다는 사실이 갈수록 명확해지고 있다"고 말한다. 그러나 이런 변화가 유럽의 다른 지역에까지 확산되려면 시간이 걸릴 것이다.

이사들은 모금 활동에 직접 참여하는 것을 꺼리는 경우가 많다. 한 익명의 이사장은 테리사 로이드에게 이렇게 말했다. "모금은 너무 저속하고 창피한 일'이라고 했다. 게다가 매번 유명 인사들의 이름을 들먹이면서도 동료 이사인 나를 [자기 친구들에게] 소개한 적은 한 번도 없었다."

때때로 이사회와 모금팀 사이에는 현저한 태도 차이가 있고 전자는 후자를 수상하게 여긴다. 이는 필란트로피 활동에 대한 다양한 세대의 이해가 반영된 모습일지도 모른다. 이사진은 '필란트로피 계승자'인 반면, 그보다 훨씬 젊은 모금담당자들은 4장에서 인용한 연구의 세분화에 따르면 '현장 투쟁가'다(de Laurens & Rozier, 2012). 이런 상황은 유럽에서도 변하고 있지만 오롯이 필란트로피에만 초점을 맞춘 이사회를 구성하기까지는 아직 갈 길이 멀다.

고액 필란트로피스트의 모금은 무엇이 다른가?

유럽에서 '고액 기부자' 대상의 모금은 새로운 것이 아니다. 왕자들, 성직자들, 교수들은 수세기 전부터 고액 기부를 해왔다. 지금도 유럽에는 '고액 기부자'에 관한 콘퍼런스, '고액 기부자'에 관한 책, '고액 기부자 모금' 컨설턴트 등이 비교적 흔하다. 하지만 불과 몇 년 전까지만 해도 드물었다.

나는 오래전부터 '고액 기부자'가 순전히 금전적인 기부 방식만 강조하는 것처럼 보이기 때문에 잘못된 명칭이라고 주장해왔다. 고액 기부 중 일부는 돈이 그 관계를 통해 얻을 수 있는 유일한 가치인 반면, 대부분의 기부에서는 사실 그 돈 뒤에 있는 사람이 가장 가치 있다. 어떤 사람이 고액 기부를 할 수 있다면 그 사람은 상당한 부를 소유했을 가능성이 있고 그 정도로 부자라면 틀림없이 인맥이 좋고, 영향력도 있고, 악명도 매우 높을 것이다(긍정적인 의미로든 부정적인 의미로든). 또 조직에 상당한 가치가 있는 기술과 경험을 보유하고 있을 것이다.

현명한 조직은 이런 기부자들과 돈 이상의 파트너십을 구축한다. 그들은 조직이 전략적 목표를 향해 움직일 수 있도록 하는 힘이 있기 때문이다. 해리포터 작가 J. K. 롤링이 만든 루모스 재단(Lumos Foundation)을 예로 들어보자. 이 재단의 목적은 '전 세계 시설에 사는 수백만 명의 아동이 가족에 대한 권리를 찾도록 돕는 것'(www.wearelumos.org)이다. 이 재단은 특히 동유럽에 있는 구소련권 국가들의 고아 보육 패턴을 바꾸어 아이들을 지역사회로 돌려보내고자 한다. J. K. 롤링의 이름과 명성, 인맥, 재정적인 힘(그녀는 자신의 책 중 한 권의 인세를 기부했다) 덕분에 동유럽 국가 정부들은 정책을 바꾸어 아이들을 시설에서 내보내고 새로 고아가 된 아이들이 시설에 들어가지 않도록 방지했다. J. K. 롤링이 만들어낸 임팩트는 돈을 훨씬 넘어선다. 이 재단의 계산에 따르면 정부는 제도적인 육아에서 벗어나 지역사회에서 아이들을 보살피는 방식으로 전환하기 위해 J. K. 롤링이 기부한 인세의 열 배가 넘는 돈을 지출했다고 한다. 이는 고액 필란트로피의 영향을 받은 전략적 성과다. 그래서 우리는 영향력과 부를 지닌 사람들을 '전략적 파트너'라고 부른다.

전략적 파트너와의 관계를 관리하는 책임을 맡은 모금담당자는 팀 내의 다른 모금담당자들과 매우 다른 역할을 한다. 예를 들어 직접 마케팅(대면 미개팅, 광고용 우편물, 이메일)을 책임지는 모금담당자는 기부자들과 한 가지 유형의 불문 계약을 체결하는데, 그것은 (우리 교육 프로젝트를 위한) 돈을 기부하면 우리가 그 일(학교를 짓고 교사들을 훈련하는 일)을 하겠다는 것이다. 그는 비영리단체의 프로그램 활동과는 비교적 무관하게 일할 수 있으며, 프로그램 동료들의 이야기와 데이터를 이용하지만 그에 구애받지는 않는다. 그는 조직의 가파른 피라미드에서 효과적으로 일할 수 있고 그곳에서 그의 역할은 가장 직설적으로 표현하면 돈을 끌어오는 것이다.

그에 비해 전략적 기부자들과 함께 일하는 모금담당자는 완전히 다른 임무를 수행한다. 물론 그의 역할에도 자금 마련(어쨌든 '모금'담당자가 아닌가)이 포함되지만 그는 훨씬 더 많은 것을 요구한다. 그의 고객인 전략적 기부자들은 소비자 기부자보다 더 많은 정보를 요구할 가능성이 높다. 그들은 고위 직원과 이사진을 만나고 싶어할 것이다. 이런 요인만 보아도 이 모금담당자의 위치는 동료의 위치와 달라야 한다. 예를 들어 이사회에 접근할 수 있어야 하고 주요 회의에 이사진의 참석을 요청할 수 있는 조직 내부의 정치적인 힘이 필요하다.

하지만 그것이 전부가 아니다. 이런 전략적 기부자 중 적어도 일부는 조직이 해결하려고 하는 사회적·환경적 문제를 이해하고 자신들의 힘과 인맥, 영향력을 이용하여 해결책을 찾는 데 도움을 주려고 한다. 그들은 조직의 의사 결정에 참여하기를 원할 수 있다. 2006년 로브 존(Rob John)은 독일의 벤처 필란트로피스트 기금에 대해 쓰면서 "본벤처(BonVenture)는 보통 피투자회사의 이사회에 참여하거나 그렇지 않을 경우에도 이사회와 그 서류에 접근할 수 있다"(John, 2006)라고 했다. 테리사 로이드의 관점에서 그런 필란트로피스트는 "최고 경영자나 프로그램 책임자를 만나고 싶어한다. 아주 젊고 착한 직원이 자신과의 관계를 관리하는 것으로는 충분하지 않다. 상당한 필란트로피 투자 잠재력을 지닌 사람들은 이 임무를 수행할 수 있는 책임자를 만나고 싶어한다."

기부자들의 이런 욕구를 충족시키기 위해 모금담당자는 새로운 역할까지 맡아야 한다. 조직에서 전략적 기부자의 대리인이 되어 기부자가 조직을 이해하면서 잠재력을 최대한 발휘하도록 돕고 조직이 기부자와의 관계를 통해 가장 큰 전략적 이점을 얻을 수 있게 한다.

유럽에는 이런 위치에 오른 모금담당자가 몇 명 있지만(이 책 인터뷰 대상 중 일부도 그 위치에 이르렀다) 계급 조직 내에서의 입지와 조직에서의 정치적 비중이 낮다는 점 때문에 전략적 기부자를 최대한 활용하지 못하는 경우가 매우 많다. 그들은 전문가지만 일하는 데 필요한 조직적인 지원이 부족하다.

전문성에 대한 비판

비영리 부문의 전문성에 비판적인 사람들이 있다. 〈가디언 위클리 Guardian Weekly〉에 지역 필란트로피에 관한 글을 기고하는 캐서린 쇼어드 (Catherine Shoard)는 "스스로를 효율적으로 조직해야 한다는 욕구 때문에 친절을 비롯한 우리 삶의 모든 부분에 경영 마인드가 침투했다"고 말한다 (Shoard, 2016).

『필란트로피의 새로운 지평』(Salamon, 2014)에는 필란트로피에 대한 글로벌 관점(책의 나머지 부분은 예상대로 미국 상황에 초점을 맞추고 있다)을 제시하는 맥시밀리언 마틴(Maximilian Martin) 박사의 사려 깊은 글이 실려 있다. 맥시밀리언 마틴 박사는 사회적 자본시장은 가치 중심이 아니라 비효율적인 관계 중심이라고 주장한다. 그는 미한(Meehan), 킬머(Kilmer), 오플래너건(O'Flanagan)이 2004년에 쓴 논문을 인용했다.

영리 자본시장에서는 기업이 100달러를 조달할 때마다 2달러에서 4달러를 자본 조달 비용(예를 들어 법률, 마케팅, 관리 비용)으로 지출한다. 그러나 사회적 자본시장에서 활동하는 비영리단체는 모금 활동을 통해 마련하는 자금 100달러당 10달러에서 24달러 정도를 쓴다(예를 들어 기부자 명부 입수, 광고용 우편물 발송, 전화 통화). 한편, 비영리 부문의 최고경영자들은 모금 비용에 불균등하게 반영되는 이런 연성 비용(soft cost)을 이용하여 기부금을 받는 데 자기 시간의 30퍼센트에서 60퍼센트를 소비한다.

맥시밀리언 마틴 박사는 "비영리 부문의 리더들은 일반적으로 자기가 이끄는 조직의 지속적인 업무 개선보다는 모금 활동에 많은 시간을 소비한다"고 말해 '관계 모금'의 한계를 시사했다. 그는 '종합적인 사회적 기업'이라는 용어를 만들어 작게 파편화되어 자체적인 모금 프로그램과 전문가팀을 갖춘 조직세계에서 벗어나 사회적 목적을 지닌 더 큰 비즈니스 벤처를 건설할 수 있는 세계로 옮겨가야 한다고 제안한다. "전 세계의 최대한 많은 사람이 상품이나 서비스를 이용할 수 있도록 하겠다는 사명을 가진 회사를 필란트로피 재단에서 인수[지배]할 수도 있다."

효과가 있었는가?

그렇다. 모금 분야에 혁명이 일어났다. 그 일이 직업이 되었고 직업으로서 성숙하고 성장했다. 하지만 한 가지 중요한 부분에서는 아직 변화를 이루지 못했다. 에이드리언 사전트 교수는 지치지도 않고 계속해서 다음과 같이 말한다.

영국의 자선 기부액은 해마다 변동이 있지만 국내총생산의 약 1퍼센트로 추정되며, 이 수치는 시간이 지나도 매우 고정적인 것으로 판명되었다. 정부, 필란트로피스트, 모금담당자가 최선의 노력을 기울였음에도 불구하고 기부를 가리키는 바늘은 데이터를 처음 기록한 날 이후로 별로 많이 움직이지 않았다(Sargeant & Shang, 2011, p. 5).

퐁다시옹 다니엘 에 니나 카라소의 CEO 마리스테판 마라덱스는 "모금 활동이 많이 다양해졌다"고 말한다. "전보다 훨씬 전문화되었다. 하지만 기부를 요청하는 이들이 많아지면서 실제로 기부금도 늘어났는지는 잘 모르겠다." 중요한 변화는 2007년 이후 고액 필란트로피와 관련된 'TEPA'법(2007년 8월 21일에 제정된 업무, 고용, 구매력을 뒷받침하기 위한 법률)이 제정되면서 집중점이 늘어난 것이다. 프랑스 모금 부문에서는 "고액 기부자를 가장 중요한 주체로 여긴다." 여기서 전문성 증가는 임팩트를 불러온다. "고액 기부자를 위한 전문적인 고객관리자가 있다는 점에서 차이가 생긴다."

영국과 마찬가지로 네덜란드의 경우에도 보다 전문적인 모금 인력이 등장했음에도 불구하고 전체적인 기부액에는 변화가 거의 없었다. 에드윈 베네마는 "네덜란드에서는 일반 가정의 기부에 변화가 없다"고 말한다. "시장에서의 경쟁이 증가하고 있기 때문에 평균적인 기부자들의 관심을 끌기가 점점 더 어려워지고 있다."

이는 모금 활동을 통한 수입이 실질적으로 늘어나지 않는 많은 이유 중 하나다. 어떤 사람은 요청에 응하지 않는 기부자들을 비난하고, 어떤 사람은 모금담당자를 비난한다. 바르셀로나에 있는 업소셜의 CEO이자 공동 설립자인 미켈 데 팔라데야는 이에 대해 솔직한 견해를 밝히는데, 임팩트 투자와 벤처 필란트로피 커뮤니티에서 활동하는 많은 사람도 그와 같은 생각이다. "대규모 조직의 경우 대중들의 소액 기부를 통한 모금에는 기한이 있을 수 있다. 어느 시점에서 끝날 수도 있고 보다 직접적인 형태의 지원으로 대체될 수도 있다." 미켈 데 팔라데아에 따르면 "제3섹터는 필란트로피스트들에게 훌륭한 가치 제안을 제시하는 데 실패했다. 가치 제안은 사회 문제를 해결하기에 부족하다." 그 결과 필란트로피스트들이 직접 재단과 사회적 기업을 설립하여 사회 문제 해결을 위한 책임을 맡고 있다.

전문가와 고액 필란트로피

유럽의 비영리단체들은 갈수록 많은 전문가를 고용하고 있다. 은행들은 HNWI 고객을 위한 전문가팀을 구성하는 등의 방법을 통해 필란트로피 활동에 참여하고 있다. 비영리단체와 영리단체는 조직을 현대화하고, 더 좋은 고객 서비스를 제공하고, 보다 명확히 의사소통을 하며, 고객이 위험성을 이해하고 받아들이도록 돕고, 필란트로피 활동이 제공하는 풍부한 지식을 보다 효율적으로 관리하기를 원한다.

필란트로피스트는 보다 풍부하고 훌륭한 고객 서비스와 기부의 임팩트에 대한 증거를 요구하면서 이 부문의 전문화에 대응하고 지지했다. 어떤 이들은 해마다 유럽에 등록되는 수백 개의 새로운 재단 중 하나를 직접 설립하여 자신의 필란트로피 활동을 전문화하기도 했다.

이런 새로운 전문가들의 등장은 유럽 필란트로피 사업의 중대한 변화를 의미하는데, 이런 변화는 반드시 더 좋은 방향으로 나아가야 한다.

기부 재설계

13장

새로운 형태의 필란트로피

6부에서는 기부를 위한 새로운 도구가 유럽에서의 필란트로피 활동 방식을 바꿀 것임을 보여준다.

서론

필란트로피 사업에 관한 새로운 용어가 넘쳐나고 있다. 우리는 '임팩트 투자', '사회적 기업', '사회성과연계채권', '소프트 론', '인내 자본', '준자본', '크라우드펀딩'에 대해 이야기한다. 또한 '프로그램 연계 투자'나 '미션 연계 투자', '필란트로피 은행'에 대해서도 이야기한다(명백한 모순어법 같지만 이것은 '필란트로피 은행'처럼 기능하는 재단을 말한다).

이런 다양한 용어는 비영리 부문에서 활동하는 새로운 전문가들이 만든 것이다. 이것은 새로운 세대의 필란트로피스트들과 그 조언자들의 욕구를 충족하기 위해 고안된 새로운 필란트로피 도구 또는 실질적으로 재활용된 도구다. 3장에서 살펴본 것처럼 대부분 이런 도구는 새로운 것이 아니다. 예를 들어 사회적 기업은 최소 16세기부터 있었지만 그에 대한 관심, 그 주변에서 진행되는 활동 수준, 그리고 무엇보다 현재 활용되는 돈의 액수 때문에 유럽 고액 필란트로피 연구에서 관심 대상이 된 것이다.

필란트로피 분야에는 돈이 많다. 2009년 보고서에 따르면 유럽재단 부문은 해마다 약 830억 유로를 지출하는데, 이는 미국 재단들의 총지출액인 410억 유로의 두 배가 넘는 금액이다(Hopt, von Hippel, Anheier, 2009). 그러나 재단 부문의 성장을 위한 적절한 자금 조달이 이루어지지 않았을 수도 있다. 2014년의 한 보고서에는 재단 전문가의 말이 인용되어 있는데, "최근의 '재단 붐' 때문에 '자금이 불충분한' 재단들이 설립되었는데, 이런 재단의 투자 수입만으로는 장기적이고 지속적인 활동을 위한 자금을 꾸준히 조달할 수 없다"고 한다(Anon, 2015c).

그렇다면 현대의 필란트로피스트는 사회적 또는 환경적 대의를 위해 어떻게 투자하는가? 레스터 샐러몬은 『필란트로피의 새로운 지평』(2014)에서 11장에서 살펴본 기업조성자선기금 같은 다양한 새로운 도구를 찾아낸다.

이런 새로운 도구들이 지금 등장하는 이유는 무엇일까? 루서 M. 레이긴 주니어(Luther M. Ragin Jr., 2014)는 다음과 같은 다섯 가지 이유를 든다.

- 사회적 요구에 대한 필란트로피 분야와 정부의 자원 부족
- 해당 분야의 전문성 증가, 규모 및 지속 가능성에 집중
- 일부 투자가 재정적·사회적·환경적 수익을 창출할 수 있다는 이해
- '사회 참여를 위한 보다 광범위한 도구 상자'의 필요성
- 사회 문제에 대한 시장 기반 솔루션의 폭넓은 수용

데이비드 캐링턴은 이런 새로운 도구를 개발하게 된 또다른 이유를 든

다. "사회적 투자자들은 호기심이 많다. 그들은 보조금 이외의 방법으로도 변화를 일으키는 것이 가능해야 한다는 직감을 갖고 있다."

이런 새로운 도구는 다양한 스펙트럼에 걸쳐 실행된다. 이 스펙트럼이 만들어진 것은 여러 사람과 단체 덕분인데, 루서 M. 레이긴 주니어는 F. B. 헤론 재단(F. B. Heron Foundation)에 그 공을 돌린다. 하지만 나는 예전에 노아버르 재단에서 일하다가 나중에 스하르파(Shaerpa)로 옮긴 피터르 오스트랜더르(Pieter Oostlander)가 만든 초기 버전을 보았다. 당시 그 스펙트럼은 상당히 혁명적이었다. 그전까지 윤리적으로나 문화적으로나 혼합될 수 없다고 여겼던 '자선'과 '비즈니스'라는 두 세계를 연결했기 때문이다. 심지어 오늘날에도 유럽의 많은 고액 필란트로피스트는 이 두 세계를 조화하는 데 어려움을 겪고 있다.

어떤 단체는 스펙트럼 전체에 걸쳐 일하는데, 피터르 오스트랜더르가 노아버르 재단을 위해 만든 재무 구조는 필란트로피 활동을 위한 보조금 조성 재단, 사회적 기업을 위한 투자기금, 벤처 캐피털 기금 등 세 개의 기금을 하나로 통합했다. 재단 형태는 그 이후로도 계속 발전했지만 노아버르 필란트로피부터 노아버르 벤처에 이르기까지 광범위한 이해관계를 유지하고 있다.

콤파니아 디 산파올로(https:www.compagniadisanpaolo.it)의 모델이 처음 등장한 지 460년 정도가 지났지만 지금과 큰 차이가 없다. 콤파니아는 1563년에 토리노 시민들이 가난한 사람들을 돕고 대부업자의 고리대금과 맞서기 위해 '형제단'을 창설하면서 시작되었다. 여기서부터 가난한 사람을 위한 자선단체인 우피초 피오(Ufficio Pio, 1595)가 성장했다. 콤파니아는 몬테 디 피에타(Monte di Pieta)라는 전당포를 시작했는데, 이것이 나중에 신용 은행이 되었고, 결국 시가 총액 584억 유로인 이탈리아 최대 은행 그룹

<표 13.1> 사회적 투자의 스펙트럼

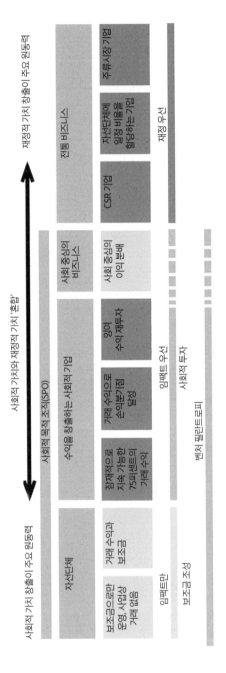

출처 : 유럽벤처필란트로피협회, http://evpa.eu.com/about-us/about-vp/ 참조

중 하나인 인테사 산파올로(Intesa Sanpaolo)로 성장했다. 1991년 재단은 은행 활동에서 분리되었다. 콤파니아보다 더 빠른 1472년에 설립된 폰다치오네 몬테 데이 파스키 디 시에나(Fondazione Monte dei Paschi di Siena, www.fondazionemps.it)에도 이와 비슷한 이야기가 있다.

덴마크에 있는 재단들도 다양한 스펙트럼에서 운영되고 있다. 1991년 상업재단에 관한 법률(Lov om erhvervsdrivende fonde Nr. 756, 1991년 11월 18일(EFL), 현재 Act lovbekendtgørelse Nr. 559, 2010년 5월 19일로 통합)이 시행되면서 재단이 기업에 대한 지배 지분을 보유하거나 상업적 활동과 사회 활동을 결합할 수 있게 되었다. 그 결과 재단들은 덴마크에서 가장 큰 기업의 지분을 20퍼센트 소유하고 있다. 독일에도 이와 유사한 법적 조항이 적용되어 주식을 보유한 약 500개에서 1000개의 독일 재단 중 다섯 개 재단이 유명 기업(로베르트 보슈 GmbHRobert Bosch GmbH, 베텔스만 AG, 쾨르버 AGKörber AG, 포셀 앤드 코Possehl and Co., 프레제니우스 AGFresenius AG)의 주식을 대거 보유하고 있다(Seghers et al, 2015).

임팩트

고액 필란트로피 사업에 참여하는 전문가들이 늘어나고 있는 가운데 그 임팩트와 결과, 그리고 그것을 측정할 수 있는 투명성에 대한 관심도 점점 높아지고 있다.

'임팩트'는 필란트로피스트와 나누는 많은 대화, 아니 아마 거의 모든 대화의 주제일 것이다. 완전히 비과학적인 테스트지만 이 책을 위해 인터뷰한 사람들 중 20명이 이 단어를 썼는데, 그중 일부는 인터뷰 중에 여러 번 언급했다. 이 말은 다양한 의미와 함께 여러 가지 방법으로 사용된다.

임팩트라는 말은 '사회 또는 환경의 측정 가능한 변화'를 의미하기 위해 사용하는데, 보통은 더 나은 방향으로의 변화라는 뜻이 내포되어 있다. 이 책을 위해 인터뷰한 몇몇 필란트로피스트는 '우리가 일하는 방식의 변화'를 나타내기 위해 이 말을 사용했다. 이 말이 '투자'라는 단어와 연결되면 '재정적 변화와 사회적 또는 환경적 변화를 모두 가져오는 투자'를 의미하며 여기서 기대하는 변화도 긍정적이다.

왜 그렇게 임팩트에 대한 이야기를 많이 듣는 것일까? 이 책을 위한 인터뷰와 연구에서는 임팩트에 대한 관심이 증가하는 이유를 다섯 가지 정도 제시한다.

- 필란트로피와 비영리 부문의 전문성 강화
- 투자의 지속 가능성 모색
- 중대한 사회 및 환경 문제와 기회 파악
- 재단의 진입
    - 임팩트에 관심이 있는 보조금 제공자로서
    - 임팩트에 관심이 있는 투자자로서
- 임팩트를 입증함으로써 시스템 변화를 촉진할 수 있는 가능성

임팩트에 관심을 보이는 이유는 앞에서 루서 M. 레이긴(2014) 주니어가 이야기한 필란트로피를 위한 새로운 도구에 대한 관심이 증가하는 다섯 가지 원인과 밀접하게 일치한다.

임팩트, 전문적인 접근 방식

볼프강 하펜마이어는 "어떤 사람들은 벤처 필란트로피 활동이 1960년 대에 시작되었다고 한다"고 말한다.

"그러나 이 분야가 본격적으로 성장한 것은 2000년대 들어 사업가들이 뛰어들기 시작했을 때다. 그들은 단시간에 많은 돈을 번 사람의 사업 마 인드를 가져왔다. 여기서 임팩트 투자가 등장했다. 그들은 돈벌이와 선 행을 연결할 수 있는 조직에 초점을 맞추었다."

볼프강 하펜마이어는 모든 자산군에 이런 연결고리가 있다고 말한다. "모든 자산군에서 긍정적인 임팩트를 전할 방법을 찾을 수 있다."

쥐디트 시몽은 "젊은 세대는 자신의 기부가 확실한 임팩트를 발휘하고 돈이 어디로 흘러들어가는지 통제하고 싶어한다"고 말한다. 이 책을 위한 인터뷰에 응해준 부유한 네덜란드 가문 출신의 필란트로피스트 겸 사회 적 투자자는 다음과 같이 말했다.

"우리 가족에게 사회적 임팩트는 새로운 개념이다. 여기에는 좋은 일을 하면서 돈을 여러 번 재투자할 수 있다는 두 가지 장점이 결합되어 있 다. 우리는 기업가 가족이기 때문에 기업가적인 논리와 규율, 엄격함을 좋아한다. 사회적 임팩트를 만들어내는 방향으로 접근하면 우리는 단순 한 기부자가 아닌 공동 소유자가 된다."

하지만 여기에는 미묘한 차이가 있으므로 필란트로피스트는 임팩트에 만 관심이 있는 것이 아니다. 그의 동기는 기부와 제안에 임팩트를 이끌어내는 효율성 척도가 혼합되어 있다. "사회적 임팩트는 [전통적인] 기부를 보완한다. 우리는 오래전부터 임팩트를 가장 중시하는 사회적 투자자였다."

세르주 레셰르가 말한 "임팩트 측정을 통한 전문성 확인"의 경우처럼 임팩트는 직업적 지위를 표현하는 방법이 될 수도 있다.

'전문성'에는 많은 요소가 있다. "공공장소에서 돈을 쓰는 사람은 책임을 져야 할 의무가 있다"고 울리크 캄프만은 말한다. "우리는 책임질 방법을 명확히 해두어야 한다. 그러려면 더 적은 영역에 집중하고, 자신의 임팩트에 집중해야 한다." 하지만 이것은 다음과 같은 이유 때문에 딜레마를 야기한다.

> "재단의 정당성은 광범위한 지원을 제공하는 데 달려 있다. 우리는 임팩트를 행사해야 하고 그 범위도 넓어야 한다. 광범위한 기부는 임팩트를 만들어낼 수 없다는 것을 알기 때문에 NGO 파트너와 협력하여 돈이 도움이 되는 부분을 보다 정확히 파악해야 한다."

그럼에도 불구하고 "불확실한 부분이 많다. 돈을 투입한 순간부터 임팩트를 발휘하기까지의 모든 단계를 알 수는 없다."

로마에 있는 구세주 사제수사회의 총책임자 아르누 메르턴스는 자금 제공자, 모금담당자, 그리고 이 분야의 직원들이 "더 전문화되었다"고 말한다. "우리는 단순한 자선에서 임팩트 발휘로 방향을 바꾸고 있다. 정부와 기관은 더욱 엄격한 규칙을 부과하고 있다. 그들이 요구 평가 없이 자금을 조달하는 경우는 거의 없다. 재정[경영] 매뉴얼이 없는 프로젝트는 보조금을 지원받을 수 없다."

그는 임팩트 관리에 따르는 몇 가지 어려움을 언급한다. "기본적인 읽고 쓰는 능력조차 갖추지 못한 지역에서 물량 내역서 작성을 위해 견적을 세 개씩 받으려고 한다. 또 지원금 지원 조직에서 방문하거나 재무 감사를 실시하기도 한다. ……하지만 지난 2년 사이에 자금 조달자의 태도는 상당히 많이 변했다." 아르누 메르턴스는 그가 '잊힌 장소'라고 부르는 남반구 개발도상국의 외딴 마을에서 진행되는 프로젝트에 이런 것을 요구하는 것이 과연 현실성 있는 일인지 묻는다. 전기도 들어오지 않고, 글을 읽고 쓸 줄 아는 성인이 없거나 수가 적고, 자연재해나 인위적 참사의 위협이 계속될 때는 데이터 수집, 신뢰성 있는 모니터링, 장기적인 임팩트 평가를 진행하기가 매우 어렵다.

마리스테판 마라덱스도 이 견해를 지지한다. 그녀는 필란트로피 사업 측정에 내재된 어려움과 모순을 설명한다.

"필란트로피스트들은 자신의 임팩트를 제대로 이해하고 싶어한다. 그들은 KPI[핵심 성과 지표]를 사용하는 데 익숙하다. 이 일을 위해 재단 이사회의 면접을 볼 때 그들은 나에게 KPI에 대해 물었다. 나는 재단이 산업 제품과 같은 방식으로는 측정 불가능한 복잡한 사회적 및/또는 문화적 문제를 다루고 있다고 말했다. 게다가 사회적 임팩트를 측정하려면 장기적인 비전이 필요한데, 이런 비전은 단기 프로젝트와 반드시 호환되는 것이 아니다."

투자, 지속 가능성, 임팩트

"사회적 임팩트 투자는 측정 가능한 사회적·재정적 이익을 명시적으로 기대하면서 사회적 욕구를 해결하는 조직에 자금을 제공하는 것이다." (Wilson, Silva, Ricardson, 2015, p. 10). "임팩트 투자는 키다란 관심사다. 사람들은 프로젝트가 임팩트를 만들어내기를 원한다." 프랑스의 한 필란트로피스트는 비공식적인 자리에서 이렇게 말했다.

재정적·사회적·환경적 가치를 창출하는 투자인 임팩트 투자는 빠르게 증가하고 있는 자산 부류다.

맥시밀리언 마틴 박사는 그의 저서 『임팩트 경제 구축Building the Impact Economy: Our Future, Yea or Nay』에서 임팩트가 더이상 도덕적이거나 윤리적인 문제가 아니라고 주장한다. 현재의 쟁점은 "번영의 영역이 점진적으로 확대되고 지속 가능한 경제가 주류가 되는" 미래를 구축할 수 있는 지속 가능성이다('우리의 미래, 예 또는 아니요'). 맥시밀리언 마틴 박사는 지속 가능한 기업들은 "경제적 가치를 창출하면서 사회의 욕구와 과제를 해결하여 사회를 위한 가치도 함께 창출하는" "공유 가치" 창출에 중점을 둘 것이라고 말한다(Porter & Kramer, 2011 인용).

맥시밀리언 마틴 박사는 임팩트를 추구하는 움직임은 자발적인 투자자와 필란트로피스트의 수요뿐 아니라 공급에 의해서도 추진되고 있다고 지적한다. 그는 사회적 수익과 재정적 수익을 결합할 수 있는 네 가지 '지속 가능한 가치 창출 원동력'을 언급하는데, 다음과 같다.

1. '피라미드 바닥에 억눌린 대규모 수요', 연간 소득이 1500달러 미만인 40억 명 이상의 사람
2. '건강하고 지속 가능한 라이프스타일(LOHAS)'로 알려진 새로운 소비자 부문은 '환경을 고려하고, 지속 가능하며, 사회적 책임감이 있고, 사람과 지구 모두에 더 바람직하게 설계된 제품을 선호한다.'
3. 녹색경제의 성장 — 그는 2010년에서 2030년 사이에 청정에너지 자산에 대한 투자가 세 배 이상 증가할 것으로 예측한다.

4. 복지국가의 현대화를 통해 '더 큰 효율성과 효과, 시민 참여 증대'를 지향한다. 이런 현대화는 변화하는 인구(예를 들어 고령화)와 일부 정부가 세금으로 얻는 것보다 많은 돈을 의료, 교육, 복지에 지출하고 있다는 사실에 대처하기 위해 필요하다.

그는 미래의 '임팩트 투자 생태계'로 향하는 길을 제시한다. 이 분야의 다른 사상가들처럼 그도 필란트로피 활동부터 살펴보면서 "'임팩트 투자 산업 1.0'을 발전시키기 위한 작업 대부분은 재단 필란트로피가 수행했다" 고 말한다(Martin, 2016, p. 176). 따라서 임팩트와 지속 가능성, 필란트로피 는 밀접하게 연관되어 있다.

느린 성장, 더 많은 관심?

임팩트 투자의 성장은 최근 몇 년간의 느린 경제 성장의 도움을 받았을지도 모른다. 세르주 레셰르는 "요즘 상황에서는 수익률이 3퍼센트인 임팩트 펀드도 괜찮은 상품처럼 보일 정도"라고 말한다. 맥시밀리언 마틴 박사가 2013년 크레디트 스위스가 아프리카의 농업 기회에 투자하기 위한 재간접 투자 펀드를 신설하여 5억 달러를 모금한 일을 예로 들면서 상기하게 하는 것처럼 이런 성장은 더욱 놀라운 발전을 이룰 것 같다. JP 모건/ 글로벌 임팩트 투자 네트워크(Global Impact Investing Network : GIIN)가 2015년에 이 부문에 대한 연례 조사를 실시한 결과 2013년부터 2014년 사이에 투입 자본은 7퍼센트 증가하고 거래 건수는 13퍼센트 늘어났다. 이 조사의 응답자들은 임팩트 투자를 위한 자금을 총 600억 달러 관리하고 있다(Saltuk et al, 2015).

임팩트 — 양질의 투자

세르주 레셰르는 "경제 발전기에는 [요새] 임팩트 투자라고 부르는 것 대부분을 '개발 자본'이라고 불렀으며, 이는 사모펀드를 의미했다"고 말한다. 그는 유엔 책임투자원칙(www.unpri.org)이 임팩트 투자와 큰 차이가 없다는 점을 상기시킨다. "대부분의 임팩트 투자는 선량하고 건전하고 책임감 있는 투자가 사회적 임팩트를 만들어낸다는 사실을 상기시켜준다. 임팩트 투자를 시작하는 많은 이는 건전한 투자에는 강력한 사회적 요소가 깃들어 있다는 생각부터 먼저 받아들인다."

유엔 책임투자원칙

2005년 당시 유엔 사무총장이었던 코피 아난(Kofi Annan)은 책임 있는 투자를 위한 원칙을 개발하기 위해 국민연금기금 ABP (Stichting Pensioenfonds ABP)와 노르웨이 정부 연금기금을 비롯하여 세계 최대 규모의 기관 투자자들을 초대했다. 이 원칙은 2006년부터 적용되기 시작하여 지금은 유엔환경계획(United Nations Environment Programme : UNEP) 재정 이니셔티브와 유엔 글로벌 콤팩트(UN Global Compact)의 이니셔티브다. 1500명이 서명했고 2016년 4월 현재 총 62조 달러의 자산을 관리하고 있다. 서명한 이들이 관리하는 자산의 가치는 2006년 이후 거의 열 배 증가했으며 2013년 4월부터 2016년 4월까지 3년 사이에도 34조 달러에서 62조 달러로 두 배 가까이 늘어났다(www.unpri.org/about).

책임 투자의 여섯 가지 원칙은 다음과 같다.

1. 우리는 투자 분석 및 의사 결정 과정에 환경, 사회, 기업 지배 구조(corporate governance : ESG) 이슈를 통합한다.

2. 우리는 적극적인 소유주가 되어 ESG 이슈를 소유권 정책과 실천과정에 포함한다.

3. 우리가 투자하는 기업들이 ESG 이슈를 적절히 공시하도록 한다.

4. 우리는 투자업계에서 이 원칙을 수용하고 시행하도록 촉진할 것이다.

5. 우리는 원칙을 이행할 때 효율성을 높이기 위해 함께 노력할 것이다.

6. 우리는 원칙 시행을 위한 활동과 경과를 보고할 것이다.

임팩트에 대한 관심과 투자 연계를 통해 많은 재단을 끌어들였는데, 그들은 임팩트 투자를 고려하여 자신들의 투자 전략을 조정한다.

임팩트의 기초

유럽의 재단은 보조금을 지급할 때 임팩트를 발휘하려고 하는데, 투자를 할 때도 임팩트를 추구하는 경우가 늘고 있다. 필란트로피 활동과 마찬가지로 여기에도 새로운 것이 있고 별로 새롭지 않은 것이 있지만, 많은 재단에게 이것은 오랫동안 재정적인 부분에만 집중하면서 투자를 통해 얻는 사회적 이익에는 관심을 두지 않았던 부문의 급진적인 변화다. 이 요건은 규정에 명시되어 있다. 예를 들어 2011년까지 영국자선위원회가 신탁관리자들에게 내린 지침은 재정적 수익을 극대화하라는 것이었다. 그해 위원회는 "심각한 재정적 손실이 발생하지 않으면서 자선단체가 사명을 달성하는 데 도움이 되는 투자(사명 관련 투자)"에 대한 새로운 지침을 발표했다(Anon, 2011b). 이 새로운 지침 덕분에 영국 재단들은 임팩트 투자를 할 수 있게 되었다. 흔한 일이지만 미국은 이 부분에서도 벌써 앞서나가고 있었다. 맥시밀리언 마틴(2016)은 "포드 재단은 1968년에 PRI[프로그램 연계 투자]를 개척했다"고 상기시킨다. "필란트로피에 대한 어떤 기본적인 정의에도, 기부자가 아무것도 돌려받으면 안 된다는 말은 없다"고 볼프강 하펜마이어는 말한다. "때로는 선행을 하면서도 냉정한 태도로 '나도 뭔가 되돌려 받고 싶다'고 말해도 된다."

필란트로피 재단은 연구를 지원하는 보조금이나 프로젝트를 위한 첫번째 차량 또는 건물을 구입하기 위한 무비용 대출 등을 통해 사회적 기업을 만들기 위한 첫번째 자금을 제공할 수 있다. 재단은 주주들에게 신세를 지지 않기 때문에 수익이나 손실이 나지 않는 프로젝트를 맡을 수 있다.

이는 재단이 다른 투자자들의 위험을 줄여 대출이나 투자에 참여하도록 장려하기 위해 대출이나 투자의 가장 위험한 부분을 떠안는 '위험 제거'라는 개념으로 발전했다. 맥시밀리언 마틴 박사는 2004년에 공공 지원 주택의 성장을 촉진하기 위해 FHS(Fondazione Housing Sociale)를 설립한 이탈리아의 폰다치오네 카리플로의 사례를 인용한다. 모재단에서 받은 8500만 유로의 기금은 FHS가 최초의 윤리적 부동산펀드를 설립하는 데 도움을 주었고 이는 결국 정부의 관심과 추가 투자로 이어졌다. 폰다치오네 카리플로가 처음에 위험을 제거하지 않았다면 이 후발 투자자들은 참여하지 못했을 것이다.

임팩트 문제

임팩트는 쉬운 주제가 아니다. 여러 가지 상이한 정의가 있고, 현장에서 측정하기 힘들며, 수많은 이메일과 작성해야 하는 양식, 데이터가 생성될 수 있고, 투자자나 기부자, 피투자자가 문제를 해결하는 진정한 파트너가 아니며, 피투자자가 돈을 진정으로 신뢰하지 않는다는 느낌을 줄 수도 있다.

아르누 메르턴스는 "옛날에는 신도들을 이끄는 선교사가 친구와 가족에게 기금을 모으곤 했는데, 이는 신뢰를 바탕으로 하는 행동이었다"고 말했다. 지금은 작성해야 하는 서류가 산적해 있고, 이 때문에 선교사들은 불안해한다. "프로젝트를 제시해야 한다. 선교사들이 하는 일과 후원자 사이에는 심리적 거리가 있다. '당신은 우리를 못 믿는 것 같다'라는 느낌이 있다."

마리스테판 마라덱스는 "임팩트는 경로지만, 거기에서 그 길이 끝나는 것은 아니다"라고 말한다. "임팩트의 문제점 중 하나는 그것이 장기적인 조치라는 점이다. 지속 가능한 임팩트를 만들어내는 것이 우리의 목표다. 그러려면 누군가가 '과학적인 방법을 사용하여 20년 동안 데이터를 측정해봅시다! 20년 동안!'이라고 말해야 한다." 마리스테판 마라덱스는 장기적으로 일관된 데이터를 수집하는 데 따르는 어려움과 비용에 대해 설명했다.

우리는 임팩트를 향해 나아가고 있지만 아직 널리 인정받는 방법 같은 것은 없다. 온갖 종류의 실험과 특징이 산재해 있다. 재단센터의 '사회적 임팩트 평가를 위한 도구와 자원(Tools and Resources for Assessing Social Impact: TRASI)' 데이터베이스(http://trasi.foundationcenter.org/)에는 임팩트 평가를 위한 150개 이상의 도구와 방법, 모범 사례가 포함되어 있다. '사회 부문의 장기적 임팩트 측정'(Reed et al, 2016)에서 명확하고 확장 가능한 방법론을 적용한 보스턴 컨설팅 그룹이나 '사회적 임팩트 포털'(http://mckinseyonsociety.com/socialimpact-assessment에서)을 제공하는 매킨제이 앤드 컴퍼니(McKinsey & Company) 등 유명 컨설팅회사들도 참여하고 있다. 그러나 방법론 면에서 확실한 승자가 없는 탓에 이 부문의 발전이 저해되고 있다.

임팩트와 시스템 변경

일부 필란트로피스트의 희망은 임팩트에 대한 관심이 필란트로피 분야에서 정부로 확산되는 것이다. 세르주 레셰르는 사회성과연계채권을 예로 든다. 그는 "사회성과연계채권은 다루기가 쉽지 않다"고 인정한다.

> "하지만 그 배후의 마음가짐이 중요하다. 우리는 전투적인 사회 부문에서 더 많은 마음과 생각, 더 많은 책임이 있는 쪽으로 이동했다. 책임감과 임팩트 측정이라는 이 개념이 공무원 조직에도 도입되기 시작했다. 우리는 선거 이후의 책임과 성공 보수에 대해 이야기하고 있다. 이런 마음가짐 변화는 여기에 계속 남아 있을 것이다."

14장

선행을 하는 방법

서론

선행을 하고 싶은 유럽의 필란트로피스트들은 다양한 방법으로 할 수 있다. 이 장에서는 보다 혁신적인 옵션 몇 가지를 소개하고 예를 제시한다 (보다 자세한 옵션 목록은 Salamon, 2014 참조).

선행을 하는 방법

필란트로피스트가 선행을 하는 방법에는 다음과 같은 것이 있다.

- 도움 : 나이든 이웃이 매주 쇼핑을 할 수 있게 도와준다.
- 자원봉사 : 적십자나 적신월사에서 자원봉사를 하는 등 기관이나 단체를 통해 도움을 준다.
- 기부 : NGO에 일회성 기부를 하는 등 기관이나 단체에 현금을 기

부한다.

- 세금 전환 : 이탈리아와 스페인의 납세자는 연간 소득 신고서를 제출할 때 세금의 일부(이탈리아의 경우 0.5퍼센트, 즉 '1000분의 5')를 사회를 위해 기부할 수 있다.
- 서약 : 기관이나 단체에 최소 햇수(일반적으로 4년) 동안 기부하겠다고 약속한다. 유럽의 많은 지역에서 일반적인 '기부'와 혼동하는 이 약정에는 법적인 무게가 있으며 재산을 가족에게 남기기 위한 법적 요건보다 우선시될 수 있다.
- 선행을 위한 구매 : 상품 또는 서비스를 구입하거나 구매한 돈의 일부가 비영리 기관이나 단체에 전달되는 것을 알고 있는 자선 신용카드를 프리미엄 가격으로 사용한다.
- 크라우드펀딩 : 베르카미(Verkami) 같은 웹 플랫폼을 통해 특정 프로젝트를 지원하기로 약정 ─ 크라우드펀딩이 목표에 도달한 경우에만 약정한 돈을 기부한다.
- 소액 대출 : 키바 같은 웹 플랫폼을 통해 특정 개인(일반적으로 소상공인)에게 돈을 빌려준다.
- 소액 후원자 : 개인이 도전 과제를 완수할 경우 어떤 대의를 위해 기부하겠다고 약정한다. 예를 들어 친구가 마라톤 42.2킬로미터를 완주하면 1킬로미터당 1유로씩 NGO에 기부하는 것이다.
- 가입 : '테이트미술관 회원'이나 '루브르의 친구들(루브르박물관 회원)'에 가입하는 등 기관이나 단체에 정기적으로 회비를 납부하는 회원이 된다.
- 서클 가입 : 개인이 만들거나 암스테르담 콘세르트헤바우에 있는 네 개의 '링'(www.concertgebouw.nl/steun-ons/particulieren-het-

concertgebouwfonds/vier-kringen)처럼 기관이나 단체가 만든 기부자 서클에 가입한다. 각 링은 차등적인 금전적 기부에 대한 대가로 회원들에게 특정한 혜택을 제공한다.

- 기부자조언기금 조성 : 기관이나 단체에 일정 액수의 기금(일반적으로 1만 유로 이상)을 기부하여 퐁다시옹 드 프랑스의 후원을 받는 산하 '재단'이나 지역사회 재단을 통해 기부자조언기금을 조성하겠다고 약속한다.

- 유산 남기기 : 유언장을 통해 기관이나 단체에 유산을 남긴다.

- 비영리단체에 대출 : 비영리단체, 특히 주택 부문의 단체들은 개인 투자자에게 채권을 제공한다. 골든 레인 하우징(Golden Lane Housing)이 그 예다. http://www.retailcharitybonds.co.uk/bonds/golden-lanehousing 참조. 브랜드와 콜러(Brand and Kohler, 2014)는 모바일 결제기업인 주나(Zoona, http://www.ilovezoona.com)가 회사의 수익성이 높아졌을 때 출자 전환한 대출, 즉 '전환 사채' 덕분에 성장했다고 설명한다.

- 사회적 기업 투자 또는 설립 : 개인적으로 또는 컨소시엄을 통해 사회적 기업에 투자한다.

- 사회성과연계채권의 지분 일부 매입 : 자선 상점 네트워크를 확장하는 데 자금을 지원하는 영국 스코프의 2000만 파운드 규모 채권 프로그램(www.scope.org.uk/get-involved/donate/philanthropy/social-investment-bond) 같은 사회성과연계채권의 지분 일부를 투자 조언을 통해 매입한다.

- 재단 설립 : 등록된 공익재단(영국의 '자선 신탁')에 돈이나 그 밖의 자산을 기부한다.

- 프로그램 또는 미션 연계 투자 : 투자 가능한 재단 기부금의 일부 또는 전부를 프로그램 연계 투자에 직접 투자한다. 예를 들어 여성이 이끄는 기업에 투자하는 등 재단의 목표와 연관성이 있는 곳에 투자한다.

선행을 하는 방법 – 세부 사항

세금 전환

연간 소득 신고서를 작성하는 이탈리아 사람들은 정부가 공익 기관으로 인정한 단체에 본인이 납부하는 세금의 0.5퍼센트를 기부할 수 있는 기회가 있다. 납세자는 소득 신고서에 코드 번호를 넣어 기부하려는 단체를 지명한다. 이탈리아의 NGO는 모든 국민이 자신들의 코드 번호를 알 수 있도록 신문이나 전국 거리, 공공장소 광고판에 광고를 게재한다. 유명한 비영리단체들은 이를 통해 상당한 수입을 얻는데, 2014년에는 41개 비영리단체가 100만 유로 이상을 벌었고(www1.agenziaentrate.it/elenchi%20 5x1000%202014/Elenco%20completo%20dei%20beneficiari.pdf) 그중 세 개 단체(암 관련 단체 두 곳과 전쟁 피해자들을 돕는 NGO인 이머전시Emergency, www.emergency.it)는 1000만 유로 이상을 얻었다.

소액 대출

기부금이 아닌 대출을 통해 필란트로피 활동을 할 수 있을까? "나는 1993년부터 2006년 사이에 소액 대출사업에 관여하여 소액 대출 투자펀드를 운영했다." 네덜란드에서 여러 가족재단을 관리하는 사람의 말이다. "달리 할 수 있는 일이 없을 때는 돈을 그냥 주어야 하고 할 수 있는 일이 있을 때는 빌려주어야 한다고 생각한다. 나이로비에서 직업 훈련을 받은 젊은이를 도와주고 싶다면 돈을 빌려줄 것이다. 그냥 주는 것이 아니다."

이것은 소액 대출사업이 성장하게 된 동기의 일부다. 유럽의 많은 단체가 이 부문에 관여하고 있다. 예를 들어 원조와 개발을 주 업무로 하는 세계 최고의 비영리단체 중 하나인 케어 인터내셔널(CARE International)의 영국 지부는 남반구 개발도상국의 소기업에 자금을 지원하기 위해 최저 15파운드의 대출을 제공하는 제도인 '렌드위드케어(Lendwithcare, www. lendwithcare.org/info/about_us)'라는 프로그램을 개발했다. 또한 케어 인터내셔널은 파키스탄 파트너인 아쿠와트(Akhuwat)와 협력하여 이슬람법과 호환되는 렌드위드케어 버전도 개발했다. 이 부문에서 활약하는 다른 대형 단체들도 있는데, 가장 큰 단체 중 하나는 2014년 12월 31일 현재 보유한 자산이 2480만 달러인 미국의 글로벌 소액 대출 재단 키바(www.kiva. org)다.

실질적 임팩트

사회적 임팩트 투자는 역사적 뿌리가 깊은데, 서로 관련은 있지만 별개의 부문인 사회적 책임 투자에서 그 기원을 확인할 수 있다. 나는 1980년대 중반에 사회적 책임 투자에 관한 자문 그룹인 윤리적 투자 연구 및 정보 서비스(Ethical Investment Research and Information Services, 현재 비제오 EIRISViegeo EIRIS, www.eiris.org/)를 이용했다. 500개 참여 기관과 3조 4000억 달러의 기부금을 약정받은 디베스트 인베스트 운동(http:// divestinvest.org)은 같은 맥락에서 기후 변화에 초점을 맞춘 노력이다. 퐁다시옹 다니엘 에 니나 카라소, 어린이투자기금재단, 베베공 슈티프퉁(Bcwcgungs Stiftung) 같은 많은 유럽재단(http://divestinvest.org/europe)이

이 운동에 동참했다.

2001년 프랑스는 법(www.legifrance.gouv.fr/affichTexte.do?cidTexte= JORFTEXT000000770048)에 의해 만들어져 '금융 연대(finance solidaire)' (www.economie.gouv.fr/facileco/financesolidaire 참조)라고 부르는 잘 발달되고 공식적인 후원을 받는 소매 분야의 사회적 임팩트 투자 시스템을 갖추고 있다. 이 제도는 국민과 기업에게 공공 지원 주택(투자자금의 약 37퍼센트), 환경(39퍼센트), 일자리 창출(18퍼센트), 국제 연대(6퍼센트) 등에 투자하는 '연대기금'에 저축하라고 장려한다. 2014년 이 계획을 통해 투자된 총금액은 67억 유로로 전년 대비 14퍼센트 증가했고 5년 전에 투자한 금액에 비하면 거의 세 배에 이른다.

유럽 전역에서 개인과 재단이 사회적 임팩트 투자를 할 수 있게 해주는 중개자 수가 증가하고 있다(Wilson, Silva, Ricardson, 2015). 여기에는 사회투자기금, 런던의 사회적 증권거래소, 스페인의 라 볼사 소시알(La Bolsa Social, www.bolsasocial.com), 빅 소사이어티 캐피털(Big Society Capital) 같은 사회적 임팩트 투자 도매은행 등이 포함되어 있다.

사회적 기업

사회적 기업가 라몬 베르나트는 자폐증과 아스퍼거증후군을 앓는 이들을 위한 고용 창출 프로젝트를 논의하던 중에 재단이 아닌 민간 유한책임회사(카탈루냐의 'SL')를 설립하기로 결정했다. "SAP나 마이크로소프트와 동등한 입장에서 이야기하고 싶다면, 그 회사의 인사담당자와 동등한 입장에서 이야기하고 싶다면 SL이 있어야 한다. 재단에서 이런 일을 진행한다면 그들을 '불쌍한 사람'으로 취급할 것이다."

사회적 기업은 고액 필란트로피스트들에게 인기 있는 부문이다. 앞에서 이야기한 이유(Ragin, 2014)는 모두 관련이 있으며 전문 조언자들의 영향이 특히 관련성이 크다. 예를 들어 2015년에 UBS는 파트너인 리소넌스(Resonance)와 손잡고 사회적 기업 펀드를 제공하는 영국 최초의 은행이 되었다(Palin, 2015).

사회적 기업 분야와 연계된 수많은 고액 필란트로피스트는 기부를 위해 재단이 아닌 회사를 설립했다. 법적으로 '젠스트룀 필란트로피 유한책임회사(Zennström Philanthropies Limited)'인 보증책임회사 젠스트룀 필란트로피(www.zennstrom.org)가 그 예다. 설립자는 회사 구조 덕에 보다 융통성 있게 투자할 수 있고('자선' 목적이라고 정의할 수 있는 보조금을 지급하는 데 그치지 않고) 신중한 세금 계획을 통해 등록된 재단 못지않게 효율적으로 재정을 운영할 수도 있다.

사회성과연계채권

데이비드 캐링턴은 사회성과연계채권이 지배적인 기금 형태가 될 것 같지는 않지만 더 민주적으로 운영될 수 있다고 주장한다. "사회성과연계채권은 비싸다. 그래서 지금도 주변부에 있는 것이고 앞으로도 계속 그 자리에 머물 것이라고 생각한다. [그러나] 소규모 투자를 위한 기회가 부족했던 상황에 변화가 생기고 있는데, 이를 통해 모든 사람이 혼합 수익을 달성할 수 있다는 것이 중요하다고 생각한다."

윌슨, 실바, 리카드슨(2015)의 연구에 따르면 유럽에서 사회성과연계채권이 활성화되어 있는 나라는 벨기에와 영국이다. 소셜 파이낸스(Social Finance, www.socialfinance.org.uk/database)는 2015년 7월에 사회성과연계채권 60개와 2억 1600만 달러의 자본을 조달했음을 보여주는 사회성과연계채권 글로벌 지도를 발표했다. 영국은 노동력 개발, 노숙자, 보육, 위탁 양육, 고령화, 입양 문제와 관련된 이런 채권을 최소 15개 이상 보유하고 있고 모든 유럽 사회성과연계채권의 어머니 격인 피터버러 재범 방지 프로젝트도 진행중이다. 빅 이슈 인베스트(Big Issue Invest, http://bigissueinvest.com/funds/socialenterprise)도 이 부문에서 활발하게 활동하고 있으며 최근 심각한 정신건강 문제가 있는 사람들이 일자리를 얻을 수 있도록 설계된 세계 최초의 정신건강 및 고용 부문 사회성과연계채권을 발표했다. 독일에서는 벤키저 슈티프퉁 추쿤프트(Benckiser Stiftung Zukunft)와 BHF 은행 재단, BMW 재단, 본벤처 같은 투자자들과 협력하여 아우크스부르크의 젊은이들에게 일자리를 구해주거나 직업 훈련 프로그램에 참여하게 하기 위해 고안한 첫번째 사회성과연계채권을 바이에른주에서 시험하고 있다.

기부자주도기금 — 재단과 비슷한 형태

직접 재단을 설립하는 데 따르는 모든 관료적 번거로움과 비용을 부담하는 대신 더 큰 재단 산하에서 기금을 조성할 수 있다. 법적으로 당신의 '재단'은 자회사 펀드일 뿐이지만 유럽의 많은 국가, 특히 프랑스에서는 그것을 '재단'이라고 부를 수 있고 사실상 독립적인 비영리단체처럼 관리할 수 있다.

이런 기관을 '기부자주도기금'이라고 하는데, 유럽에서 점점 더 인기를 얻고 있다.

보두앵국왕재단(King Baudouin Foundation)은 벨기에 브뤼셀에 있는 본부에서 558개의 기부자주도기금을 관리한다(Mernier & Xhauflair, 2014). 네덜란드에서도 '퐁스 오프 남(Fonds op naam, 기부자주도기금)'의 인기가 점점 높아지고 있다. 기부자를 위해 기금을 관리하는 대규모 재단(베른하르트왕자문화재단Prins Bernhard Cultuurfonds, www.cultuurfonds.nl과 마마캐시www.

mamacash.org 등), 대학(바헤닝언Wageningen 등), 문화단체(RCO, 로열 콘세르트헤바우 관현악단), 국경없는의사회나 SOS 킨데르도르페르, 코르다이드(Cordaid) 같은 NGO에도 기부자주도기금이 있다. 예를 들어 베른하르트 왕자문화재단은 최소 5만 유로를 투자하고 해마다 최소 5000유로의 보조금을 후원할 수 있는 기부자를 위한 기금을 조성할 것이다. 대부분의 신탁설정자는 5년 연속 약정(상한선이 없고 세금을 절감할 수 있는 기부가 가능하다)을 통한 기부를 선택한다. 문화재단은 이 기부 방법을 이용한 세금 계산법을 알려준다(www.cultuurfonds.nl/geven/cultuurfonds-op-naam/voor-particulieren). 최고 세율의 납세자가 연 5회 분할로 10만 유로짜리 기부기금을 만드는 데 드는 비용은 연간 9600유로에 불과하다.

피델리티 같은 상업적인 기업이 '자선'시장에 뛰어든 미국의 경우처럼(Salamon, 2014) 유럽에서도 고객에게 기부자주도기금을 제공하는 은행이 늘고 있다. 라보뱅크, 옵티머스 재단이 있는 UBS(www.ubs.com/microsites/optimus-foundation/en/home.html), UBS UK 기부자조언재단과 그 밖의 서비스, 런던의 쿠츠 인스티튜트, 스위스의 본토벨은행 자선재단 등이 여기 포함된다.

퐁다시옹 카리타스 프랑스

"2006년에 가톨릭구호협회 창립 60주년을 맞아 뭔가 큰일을 하고 싶었다." 퐁다시옹 카리타스 프랑스의 사무차장 장마리 데스트레의 말이다. "우리에게는 훌륭한 모금팀이 있었고, 당시에는 기업의 사회적 책임이 붐을 일으키기 시작할 무렵이었으며, 가톨릭구호협회라는 훌륭한 브랜드도 갖고 있었다. 하지만 어떤 회사들은 우리처럼 종교색이 뚜렷한 자선단체와 연관되고 싶어하지 않았다."

장마리 데스트레는 고도로 숙련된 자원봉사팀의 성장을 장려했고(그의 레거시 프로모션팀에는 퇴직한 고위 은행원과 변호사가 포함되어 있었다) 그들을 통해 회사를 매각하려는 사업가를 만났다. 점심을 먹으면서 사업가가 말했다. "나도 가톨릭구호협회와 똑같은 가치관을 갖고 있다. 하지만 협회는 이미 1억 4000만 유로의 수입을 올리고 있는데, 내 기부금은 그 엄청난 돈에 비하면 턱없이 적은 금액이다. 그리고 나는 이 일에 직접 참여하여 내 기부금을 관리하는 사람들과 긴밀하게 협력하고 싶다." 장마리 데스트레는 "그때 기부자조언기금을 관리할 재단을 설립해야겠다는 아이디어가 떠올랐다"고 말한다. "고액 기부자들의 기부금이 [대규모 자선단체의] 막대한 수입에 가리지 않도록 도와주는 서비스를 제공할 것이다. 고액 자산가를 대상으로 하는 사적인 투자자문회사 같은 것을 만드는 것이 우리 목표다."

"사람들은 재정적 변화, 특히 ISF[부유세, 5장 참조]에서 이익을 얻고 싶어했다."

처음에는 재단의 재정적 혜택을 얻고자 하는 협회가 주고객이었다. 그러나 장마리 데스트레는 계속해서 사람에게 초점을 맞추었고 이제 기부자조언기금을 조성하는 것은 대부분 가족들이다.

"우리는 파격적인 일을 두 가지 했다. 먼저 '오픈 소스 논리'를 적용했다. 어떤 프로젝트를 진행중이든 설립자들은 다 환영할 것이다. [다른 프랑스 비영리단체 한두 곳도] 기부자조언기금을 제공하고 있지만 그들은 사람이든 기금이든 모두 자신들의 프로젝트 안에서 움직여야 한다고 주장한다. 하지만 우리는 오픈 소스였다."

처음에는 가톨릭구호협회 내부에서도 사람들을 설득하기 어려웠다. "가장 큰 어려움은 숫자와 결과에 신경을 쓰는 모금팀이었다. 그래서 이것은 중간 투자라고 말했다." 실제로 이 말은 사실로 밝혀졌고 퐁다시옹 카리타스 프랑스는 2009년부터 가톨릭구호협회에 1170만 유로를 기부했다(출처 : 가톨릭구호협회 연례 보고서, 2015).

"둘째, 재단 설립을 위한 진입 단계를 낮추었다. 일반적으로 프랑스에서 재단을 설립한다고 하면 다들 20만 유로 정도가 필요할 것이라고 예상한다. 하지만 그렇게 되면 진입 장벽이 너무 높다고 생각했다. 그래서 3년 동안 매년 2만 유로씩만 내면 된다고 말했다. 나중에 실제로 사람들이 돈을 얼마나 기부했는지 살펴보니 5년 동안 거의 20만 유로를 냈다. 우리는 비판을 받았고, 사람들은 그것을 '시장 카페' 기부라고 불렀다."

그러나 이 단체는 매년 〈샬렝주Challenges〉(해마다 부자 목록을 공개하는 프랑스 경제 잡지)에 실리는 유명 억만장자가 아니라 중산층 최상부에 위치한 가문 사람들에게 깊은 인상을 주었다. 덕분에 퐁다시옹 카리타스 프랑스는 장마리 데스트레가 '중산층 필란트로피'라고 부르는 이들과 함께 일하게 되었다.

"우리는 대면 회의에 많은 투자를 했다." 이 시간은 대부분 필란트로피스트가 되려는 이들이 필란트로피적 사고와 전략을 수립하고 팀에 대한 신뢰를 쌓는 데 쓰였다. 장마리 데스트레는 "신념의 테두리를 만들어야 한다"고 말했다. 사람들은 서로에게서 배우기를 바랐기 때문에 퐁다시옹 카리타스 프랑스는 "필란트로피스트들끼리의 정보 공유를 장려했다. 이를테면 최근에는 [프로젝트 진행 상황을 확인하기 위해] 필란트로피스트 여덟 명과 함께 8일 동안 캄보디아로 향했다."

퐁다시옹 카리타스 프랑스의 조사 결과 카리타스라는 '브랜드'가 특정한 가치를 대변한다는 사실이 밝혀졌다. "[우리와 함께 기금을 조성한] 많은 필란트로피스트는 다른 사람을 도와야 한다는 생각, 즉 기독교적 자선 전통이 몸에 배어 있다. 교회에 다니지 않는 사람들이 많지만 그들은 부모님이나 조부모님에게 그런 가치관을 물려받았다."

퐁다시옹 카리타스 프랑스와 함께 일하는 기부자들이 받는 혜택 중 하나는 가톨릭구호협회 덕에 프랑스 전체에 광범위한 자원봉사자 네트워크가 구축되어 있고 해외에도 파트너와 프로젝트가 있다는 것이다. "우리는 필란트로피스트가 원하는 현지 인맥을 제공할 수 있다"고 장마리 데스트레는 말했다.

퐁다시옹은 아직 젊고 유연한 구조와 빠른 대응, 그리고 때로는 가톨릭구호협회의 관료적 프로세스에서도 독립하는 등 신생기업의 이점을 많이 갖고 있다. 그 결과 의사 결정이 빠르다. "우리 기부자들은 피에르 르베네(Pierre Levené) 사무국장과 나[장마리 데스트레 사무차장]의 공동 경영을 좋아한다. 사무국장이나 사무차장과 직접 만날 수 있는 것을 좋아한다."

그 전략은 효과가 있었다. 2015년 말 현재 퐁다시옹 카리타스 프랑스는 78개 펀드를 운용중이고, 총 2500만 유로의 자산을 보유하고 있으며, 해마다 신규 펀드가 15개에서 20개씩 계속 늘어나서 2016년 말경에는 퐁다시옹 드 프랑스에 이어 프랑스에서 두번째로 큰 기부자조언기금이 될 것이다.

"우리는 매우 전문적이어야 한다. [고객은] 아주 까다롭고 세금 공제와 임팩트라는 복잡한 영역에서 일하고 있다. 이 일에 대한 진정한 감수성을 지닌 전문가가 정말 필요하다." 하지만 이것은 "사람들을 보살피는 카리타스다. 은행과는 완전히 다르다."

전통적이면서 여전히 인기 있는 경로 ― 나만의 재단 설립

다른 장에서도 이야기한 것처럼 유럽 전역의 필란트로피스트는 자신이 직접 재단을 설립하고 있다. 계획만 잘 세우면 그리 힘들거나 비용이 많이 들지도 않는다.

재단을 등록하는 데 필요한 자본 규모는 유럽 국가들마다 크게 다르다(Anon, 2015e). 가령 스웨덴, 네덜란드, 영국에는 재단 설립을 위한 최소 자본 요건이 없다. 몰타, 폴란드에서는 1000유로만 있으면 충분하다. 그러나 독일, 이탈리아에서는 필란트로피스트가 재단을 설립하는 데 5만 유로가 필요하고 프랑스에서는 공익재단을 설립하려면 150만 유로가 있어야 한다(출처 : 프랑스 기금 및 재단센터, 비교대조표, www.centre-francais-fondations.org). 프랑스가 이 비교대조표에서 가장 끝에 있는 이유는 여덟 가지 유형의 재단 메뉴를 고안하여 각 유형마다 진입 가격을 정해놓았기 때문이다.

스웨덴과 네덜란드는 재단을 설립하는 데 자본이 거의 필요 없을 뿐아니라 행정 절차도 매우 간단하여 정부 승인을 받지 않아도 된다.

직접 재단을 설립하면 비용을 상쇄할 수 있는 많은 이점이 있다. 중요한 동기는 당신의 재단이 직접 체험 기회를 제공해준다는 것이다. 이 책을위한 인터뷰에 응해준 부유한 네덜란드 가문 출신의 필란트로피스트 겸 사회져 투자자는 "실제로 긴박감을 느낄 수 있다"고 말한다.

> "우리는 유연하다. 큰 관료 조직도 없다. 직원은 단 여섯 명뿐이다. 어디에도 소속되어 있지 않고 록펠러 재단처럼 규모가 큰 것도 아니다. 대형 재단은 정부와 같아서 절차에 너무 치중하게 된다. 그것은 완전히 잘못된 방법이다. 우리가 재단을 설립하여 부가적으로 얻은 가치는 원하는 일은 무엇이든지 할 수 있다는 것이다. 우리는 민첩하다."

기부 재설계 — 결론

필란트로피스트와 모금담당자가 지금처럼 활동하기 좋은 때도 없었다. 단순 기부부터 복잡하게 구조화된 사회적 임팩트 투자에 이르기까지 이용할 수 있는 상품 범위가 그 어느 때보다 넓어졌다. 더 중요한 것은 재단, 은행, 비영리단체, 조언자가 고객의 욕구를 충족시키기 위해 이런 상품을 조정하거나 포장하고 있기 때문에 전에 비해 이용하기 쉬워졌다는 점이다.

하지만 적어도 세 가지 요인 때문에 이런 기부 혁신의 민주화가 지연되고 있다.

- 임팩트 측정 방법에 대한 해결되지 않은 의문
- 재정적·법적 프레임워크—예를 들어 스페인에는 사회적 기업에 대한 법적 근거가 없다.
- 비영리단체 이사회와 경영진의 전통과 보수주의. 이들 중 일부는 '자선'과 '모금'에 대한 견해가 갈수록 시대에 뒤떨어지고 있다.

이런 장벽은 유럽의 필란트로피 사업을 변화하게 하고 있는 바로 그 힘에 의해 점차 극복될 것이다. 하지만 몇 가지 위험을 감수한다면 더 빠르고 민첩하게 잘 적응할 수 있다.

유럽의
필란트로피
활동 발견

15장

더 깊이 있는 견해

7부는 고액 필란트로피 분야에서 길을 찾을 수 있도록 돕기 위해 마련되었다. 여기에는 필란트로피에 관한 학술 연구, 연구센터 링크, 그리고 유망한 연구진이 새로운 수준의 투명성을 활용하여 필란트로피스트를 발견하고 이해하는 방법에 관한 장이 포함되어 있다.

서론

유럽은 점차 필란트로피 활동을 드러내고 있다. 정부의 압력과 정책 변화, 부에 대한 태도 변화, 비영리 부문의 전문성 증가 등 이 책에서 공개한 이유 때문에 유럽의 좋은 점(그리고 아주 가끔은 나쁜 점)이 보이기 시작했다.

학술 연구 과제

유럽의 필란트로피 연구자들과 이야기를 나누어보면 기회와 장벽에 대해 들을 수 있을 것이다. 기회와 장벽은 결국 똑같은 막처럼 들린다

- 기회 : 유럽 사람들이 기부하는 이유에 대해 실제로 아는 것이 거의 없다. 알아내야 할 것이 아주 많다!
  - 장벽 : 유럽에서는 누가 얼마나 기부하는지에 대해 아는 것이 거의 없다. 연구의 기초로 삼을 데이터가 하나도 없다!
- 기회 : 유럽 대륙에서는 상대적으로 작은 지리적 영역에서 다양한 필란트로피 문화를 비교, 대조할 수 있다.
  - 장벽 : 유럽의 다양한 필란트로피 문화를 비교하고 대조할 수 없을 것이다. 아마 서로 비교 대상이 안 될 것이다.
- 기회 : 필란트로피에 대한 새로운 관심은 재단이 필란트로피 사업을 촉진하기 위해 노력하고 있다는 뜻이다.
  - 장벽 : 필란트로피 재단에 대한 새로운 관심에도 불구하고 필란트로피를 이해하기 위한 (충분한) 연구에 지원금을 지원하지 않는다.
- 기회 : 미국에는 필란트로피에 관한 훌륭한 연구가 많다.
  - 장벽 : 미국에는 필란트로피에 관한 훌륭한 연구가 많지만…… 그것이 유럽의 필란트로피 활동을 이해하는 데 정말 도움이 될까?

이런 점에서 볼 때 필란트로피에 대한 연구는 입자물리학이나 약리학, 현상주의에 대한 연구와 크게 다르지 않다. 과학이든 인문학이든 연구에는 항상 기회와 장벽이 있다. 그러나 필란트로피, 특히 고액 필란트로피 사업은 연구 부족으로 어려움을 겪는 듯하다. 또 연구 구획화(compartmentalisation of research) 때문에 손해를 보고 있다. 아르튀르 고티에와 로랑스 드 네르보(Laurence de Nervaux, 2015)의 지적처럼 "사적인 기부는 [프랑스에서] 예전부터 역사가, 인류학자, 사회학자, 정치학자, 경제학자, 경영 연구자의 연구 주제였다. ……[하지만] 지식은 여러 분야에 걸쳐 퍼져 있기 때문에 개요를 파악하기가 매우 어렵다." 테오 스휘트(Theo Schuyt, 2010) 교수는 2000년에서 2008년에 사회 정책을 다루는 유럽의 유명 저널 여덟 개에 실린 기사 제목이나 부제목에 '필란트로피'라는 단어가 등장한 것은 단 한 번뿐이었다는 사실을 언급하여 이 점을 더 강조한다.

이 책의 주제인 투명성 증가에도 불구하고 여전히 고액 필란트로피 사업에는 큰 허점이 있다. 예를 들어 대부분의 유럽 국가에서는 사람들이 기부를 얼마나 하는지 모른다. 데이터를 얻을 수 없기 때문에 이 분야에 대한 연구는 거의 이루어지지 않는다. CAF 세계 기부 지수는 순위와 일부 데이터를 제공하지만(Anon, 2015k) 고액 필란트로피 활동을 일반적인 기부와 구분하지는 않는다. 몇몇 상업 기업이 일부 공백을 메웠다. 스콜피오 파트너십(Scorpio Partnership)은 매우 유용한 연구를 수행했고 내 회사인 팩터리에서는 정기적으로 고액 필란트로피 사업에 대한 보고서와 데이터를 발표한다. 그러나 이것은 자산관리, 사치품, 은행업처럼 HNWI를 대상으로 하는 다른 시장에서 이용 가능한 정보의 바다에 비하면 대양에 떨어진 물 한 방울 정도의 수준이다.

유럽이 미국보다 연구를 더 적게 한다는 것은 필란트로피 활동 이외의 많은 분야에서도 일반적인 사실이다. 그러나 필란트로피 분야에서의 차이가 특히 두드러진다. 국제 제3섹터 연구학회 목록을 검토한 결과 미국에는 제3섹터 연구를 위한 학술센터가 53개가 있는 반면, 그다음으로 센터가 많은 영국에는 겨우 11개뿐인 것으로 나타났다(Carnie, 2016). 유럽의 나머지 지역에는 다 합쳐도 센터가 25개밖에 없다. 이들 센터가 전부 필란트로피 연구를 하는 것은 아니지만 이 수치는 미국과 유럽의 연구에서 드러나는 차이 중 하나를 보여준다(인력과 자원 면에서도 차이가 난다).

유럽의 블랙홀

유럽의 고액 필란트로피에 대한 연구에서 빠뜨린 것은 무엇인가? 데이터, 자원, 돈, 배경, 그리고 눈에 보이는 것을 설명하기 위한 고유한 유럽식 모델 등 '모든 것'이 빠져 있다고 해도 그리 잘못된 대답은 아닐 것이다.

이 연구 중 지원금 없이 진행할 수 있는 것은 없다. 이 분야에서 활동하는 유럽 최고의 연구자 중 한 명인 파말라 위엡킹도 비관적이다.

"유럽에서의 연구는 자금이 확보되기 전까지는 어느 방향으로도 나아갈 수 없다. 데이터 없이는 연구 진행이 불가능한데, 데이터를 얻으려면 돈이 필요하다. 재단과 일하는 동안 수백 번 넘게 벽에 머리를 부딪는 기분이었다. 연구자와 재단은 같은 언어로 대화를 나눈다는 생각이 들지 않는다. 그들은 우리를 신뢰하지 않기 때문에 이 분야의 연구 자금을 지원해주지 않는다. '기빙 인 더 네덜란드' 같은 패널 연구를 다른 나라에서도 시작할 수 있지만 필요한 지원금을 구하기가 힘들다."

유럽의 상황이 완전히 캄캄하기만 한 것은 아니다. 네덜란드와 영국의 데이터, 정보를 제공하는 기관들의 작지만 활발한 인프라, 브뤼셀에 있는 유럽재단센터 등 아주 작은 불빛이 존재한다. 하지만 어두운 것부터 시작해보자.

고액 필란트로피에 대한 데이터가 (거의) 없다

필란트로피 변화에 관한 질문에 파말라 위엡킹은 "정말 모르겠다"고 답했다. "유럽 전역의 고액 필란트로피 활동 변화를 측정할 데이터가 없다."

파말라 위엡킹 박사는 '기빙 인 더 네덜란드' 조사(www.giving.nl/) 덕분에 기부에 관한 데이터를 입수할 수 있는 네덜란드에서 일하고 있다. 따라서 일반적인 기부에 대해서는 확실한 조사 데이터가 있지만 고액 기부, 특히 '거액의 기부금'이라고 불릴 만한 수준의 기부에 대한 데이터는 거의 없다. 이 조사의 '고액 순자산 문항'에서는 소득과 자산을 합친 금액이 최소 6만 유로 이상인 가구를 하한선으로 정하고(Bekkers, Boonstoppel, de Wit, 2013) 설문에 참여한 약 1300명의 이름은 '백만장자 데이터베이스'에서 가져왔는데도 정말 거액을 기부하는 이들의 수는 매우 적다.

파말라 위엡킹 박사에게 데이터가 없다면 누구에게도 없을 것이다. 그녀는 동료인 페미다 한디(Femida Handy), 박소현, 발레리 모셀(Valerie Mossel)과 함께 자선단체에 대한 개인 기부 수준(기부한 액수), 자원, 가치관 등 기부 행동을 결정짓는 요인이 포함된 최초의 국제 비교 데이터 소스인 국제 필란트로피 데이터베이스(International Philanthropy Database : IPD)를 편집했다. 이 데이터베이스를 이용하려는 연구자들은 먼저 파말라 위엡킹 박사에게 연락해야 한다(pwiepking@rsm.nl). 데이터베이스에는 갈수록 많은 나라의 정보가 포함되고 있다. 처음 만들 당시에는 유럽 국가들 중 오스트리아, 핀란드, 프랑스, 독일, 아일랜드, 네덜란드, 노르웨이, 스위스, 영국 등이 포함되어 있었다. 하지만 다시 한번 강조하지만 이 데이터 세트에서 상당한 고액의 필란트로피 기부금을 내는 기부자 수는 매우 적을 것이다.

고액 필란트로피 활동이 유럽의 단체들에게 미치는 영향에 대한 정보도 부족하다. 병원, 대학, 박물관 같은 기관들이 이제 국가 자금 지원 모델에서 공공-민간 혼합 모델로 사고방식을 바꾸고 있다는 점을 염두에 두고 이것이 조직의 기능에 어떤 영향을 미치는지 알아두는 편이 좋을 것이다. 아르튀르 고티에 박사는 "필란트로피가 수혜단체에 주는 임팩트에 대해 살펴본 경험적 연구는 거의 없다"고 말한다. "그것이 미션 표류를 야기하는 가? 이로 인해 정말 바뀌는 것은 무엇인가?"

고액 필란트로피 활동에 대한 연구는 거의 하지 않는다……

유럽의 고액 필란트로피 활동에 데이터가 없거나 매우 부족하기 때문에 연구자들이 이 주제를 연구하기 위해 할 수 있는 일은 거의 없다. 유럽의 연구에서 비롯된 이 주제에 대한 상호 심사 학술 논문의 양도 매우 적다. 그러므로 다른 곳에서 빛을 찾아야 한다.

빛의 근원

전체적 또는 부분적으로 유럽의 상황에 초점을 맞춘 고액 필란트로피와 관련된 책이 많이 출간되어 있다.

영국의 고액 필란트로피 활동의 배경과 역사에 대해서는 로드리 데이비스(Rhodri Davies)의 『개인적 수단을 통한 공익 추구*Public Good by Private Means: How Philanthropy Shapes Britain*』(2015)가 매우 훌륭하다. 쿠츠나 캐드베리(Cadbury) 같은 잘 알려진 현대 브랜드를 비롯한 역사적 사례를 이용하여 필란트로피와 복지국가의 진화를 보여주고 사람, 머리와 마음, 위험 감수와 관련된 필란트로피의 핵심 원칙을 파악한다. 그리고 과거를 돌아보기를 즐기는 사람이라면 앤드루 카네기의 필란트로피 활동에 관한 글 모음(2006)을 읽어보자. 나는 유럽의 수많은 벤처 필란트로피스트가 앤드루 카네기의 '부의 복음'을 들고 있는 모습을 보았다.

프랑스 고액 필란트로피 분야의 진화와 내부적 모순을 이해하고 싶다면 비르지니 세게르의 『새로운 필란트로피La Nouvelle Philantropie』(2009)를 꼭 읽어야 한다. 사진과 이름을 공개한 개인 필란트로피스트와 기부 조언자들의 인터뷰를 바탕으로 쓴 책이다. 사진과 이름 공개를 별로 특별할 것 없다고 생각할지도 모르겠지만 프랑스 상황에서 보면 놀라운 일이다. 프랑스의 고액 필란트로피 사업은 이름까지 비밀에 부쳤기 때문에 비르지니 세게르의 책은 틀을 깨는 데 도움이 되었다. 영국 필란트로피스트들과의 인터뷰를 기반으로 한 찰스 핸디(Charles Handy)의 『새로운 필란트로피스트The New Philanthropists』(2006)도 비슷한 역할을 한다. 『기업가의 필란트로피 참여에 관한 연구 핸드북The Handbook of Research on Entre-preneurs' Engagement in Philanthropy』(Meijs et al, 2014)도 고액 필란트로피스트─저자들은 'philanthrepeurs'라고 부른다─들과의 인터뷰 내용이 포함된 책들 중 하나다. 레네이 스테인베르헌(Renée Steenbergen)의 『새로운 메세나De Nieuwe Mecenas』(2008)는 네덜란드의 예술과 문화에 초점을 맞추고 인터뷰를 통해 개인 후원자(메세나)의 역할 변화를 설명한다.

존 닉슨(John Nickson)의 『기빙 이즈 굿 포 유Giving is Good for You』(2013)는 영국의 고액 필란트로피 분야에서의 개인적인 여정에 관한 이야기다. 이 책은 모금담당자였던 존 닉슨의 직업생활과 작가이자 이야기꾼인 그의 재능을 바탕으로 고액 필란트로피 분야에 존재하는 힘을 살펴본다. 캐럴라인 파인스(Caroline Fiennes, 2012)는 고액 필란트로피스트들에게(그리고 우리 모두에게) 『무엇을 주느냐가 중요한 것이 아니라 주는 방식이 중요하다It Ain't What you Give, It's the Way that You Give It』고 설명한다. 그녀는 명확한 설명을 통해(캐럴라인은 전에 뉴 필란트로피 캐피털에서 일했다) 필란트로피 활동을 전략적으로 전개하는 방법, 임팩트를 추적하고 결과를 측정하는 방법 등을 알려준다. 맥시밀리언 마틴 박사(2016)는 『임팩트 경제 구축』을 통해 미래를 향해 나아간다. 이는 모든 경계를 넘나들면서 경제, 필란트로피, 환경, 사회 변화를 하나의 명확하고 압축적인 모델로 연결하는 보기 드문 책들 중 하나다.

그러나 그중에서도 왕관의 보석 같은 존재가 있으니 바로 베스 브리즈 박사와 테리사 로이드가 쓴 『더 풍요로운 삶』(2013)이다. 이 책은 두번째로 진행된 중요한 연구 보고서다. 10년 전에 진행된 첫번째 연구 보고서는 테리사 로이드가 썼다(2004). 베스 브리즈 박사의 엄격한 학문적 지도와 중복된 개인 표본(즉 두 연구를 위해 인터뷰한 사람들)을 이용하여 10년 간격을 두고 진행한 두 차례의 연구를 통해 유럽에서 처음으로 비교 가능한 데이터를 확보했다. 적어도 이것은 영국에서의 필란트로피 활동이 어떻게 발전해왔는지에 대한 명확한 견해를 제공한다.

연구 기관

다양한 상업 연구단체들이 고액 필란트로피에 관심을 보이고 있다. 예를 들어 캐럴라인 부스(Caroline Booth)와 동료들(2015)은 입소스 모리(Ipsos MORI)에 소득이 10만 파운드 이상인 개인들의 자선 기부에 대해 보고했고 영국의 스콜피오 파트너십(www.scorpiopartnership.com)은 부유한 사람들의 필란트로피 활동과 관련된 양질의 연구 결과를 정기적으로 제공한다. 팩터리(www.factary.com)는 이 주제에 대한 정기 보고서를 발표하고 블로그 게시물을 올린다.

런던에 있는 뉴 필란트로피 캐피털(www.Thinknpc.org)은 고액 필란트로피스트들이 정보에 입각하여 기부 결정을 하도록 돕기 위해 설립되었다.

뉴 필란트로피 캐피털은 「머니 포 굿 UK : 기부자의 동기와 행동·이해Money for Good UK : Understanding Donor Motivation and Behaviour」(Bagwell et al, 2013) 보고서에서도 볼 수 있는 것처럼 고액 필란트로피 세계에 대한 특별한 통찰력을 갖고 있다.

재단센터와 협회

유럽재단센터 네트워크는 유럽 대륙의 필란트로피 성공 사례 중 하나다. 이들의 규모와 자원이 성장함에 따라 해당 분야와 발전에 대한 연구 결과를 발표하기 시작했다. 이 분야의 선두주자는 광범위한 연구 내용과 보고서를 발표하는 유럽벤처필란트로피협회(http://evpa.eu.com), 관련 연구소와 함께하는 퐁다시옹 드 프랑스(www.fondationdefrance.org/article/etudes-delobservatoire), 스페인재단협회(www.fundaciones.es), FIN, 네덜란드기금협회(www.verenigingvanfondsen.nl) 등이 있다. 유럽의 재단센터도 재단 부문에 대한 일부 연구 결과를 발표했지만 보통은 다른 연구 프로젝트와 협력하는 것으로 보인다.

〈얼라이언스〉(www.alliancemagazine.org)는 유럽과 전 세계의 재단 활동에 중점을 둔다. 글로벌 관점에서 보면 이것은 재단 커뮤니티 내부자들이 작성한 보고서와 비교할 수 없다.

비공식 부문

필란트로피에 관한 유용한 블로그들이 계속해서 등장하고 있다. 이 글을 쓰는 시점에 내가 즐겨찾기 해둔 유럽 블로그 목록은 다음과 같다.

- 101 Fundraising(http://101fundraising.org), 전문적인 모금담당자가

글을 쓰며 다양한 관점이 포함되어 있다.

- CerPhi(www.cerphi.org), 필란트로피연구센터(Centre d'Étude et de Recherche sur la Philanthropie)에서 정기적으로 뉴스 업데이트
- De Dikke Blauwe(www.dedikkeblauwe.nl), 고액 필란트로피를 비롯한 기부와 사회적 투자에 관한 소식
- DAFNE(http://dafne-online.eu/), 유럽 기부자 및 재단 네트워크, 재단 부문에 대한 뉴스 제공
- LinkedIn(www.linkedin.com), 꾸준히 변화하는 그룹과 네트워크 환경
- New Philanthropy Capital(www.Thinknpc.org/blog), 이 분야와 관련된 연구에 관한 뉴스를 다룬다.
- Philanthropy Age(www.philanthropyage.org), 아랍어권의 필란트로피 활동을 다룬다.
- Rogare(www.plymouth.ac.uk/schools/plymouth-business-school/rogare), 이언 매퀼린(Ian MacQuillin)의 도전적인 사고와 글쓰기
- UK Fundraising(http://fundraising.co.uk/), 하워드 레이크(Howard Lake)가 장기간 운영중인 모금에 관한 활동적인 뉴스 사이트

| 16장 |

필란트로피스트 찾기

필란트로피스트는 자신의 필란트로피 목표에 알맞은 파트너를 찾기 위해 런던에 있는 뉴 필란트로피 캐피털의 맞춤형 조사 같은 방법을 활용한다.

이 장과 관련된 조사는 정반대 방향으로 진행된다. 자금을 얻고자 하는 비영리단체들이 필란트로피 파트너를 조사하여 이해할 수 있게 해주는 것이다. 이것은 매우 오래된 직업이다. 향신료제도로 가는 항해를 후원해 줄 부유한 상인을 찾기 위해 신하들에게 물어보았던 15세기의 군주든 공공 지원 주택에 필요한 자금을 얻기 위해 괜찮은 은행가를 물색하던 19세기의 사회 개혁가든 필란트로피스트를 찾기 위해 조사를 진행한 것이다. 20세기에는 이런 식의 조사를 '잠재적 기부자 조사'라고 일컬었고 미국과 영국의 협회들이 뒷받침하는 전문적인 지위도 얻었다.

서실리아 호건(Cecilia Hogan, 2004)에 따르면 잠재적 기부자 조사는 경쟁 증가, 모금 업무의 복잡성, 상대적으로 저렴한 데스크톱 컴퓨터의 가용성 덕분에 1970년대 초에 미국에서 시작되었다. 이를 통해 더 쉽고 빠르고 분산된 컴퓨팅과 데이터베이스 관리가 가능해졌다. 경쟁이 점점 치열해지는 가운데 모금담당자들은 어떤 사람은 기부자를 찾는 것보다 부탁하는 일에 더 재능이 뛰어나다는 것을 알게 되었다. 말하고 듣고 설득하는 기술이 뛰어난 사람은 먼지 쌓인 마키스 후스후(Marquis' Who's Who) 인명록을 들여다보고 있기보다 기부자들과 직접 만나 그 기술을 활용해야 한다. 그렇게 기부를 요청하는 사람은 모금담당자가 되고 기부할 사람을 찾는 이들은 '잠재적 기부자 조사관'이 되어 기부할 가능성이 있는 사람을 찾는 일을 맡게 되었다.

이 직업은 대서양 전역으로 확산되었다. 1990년 영국에는 잠재적 기부자 조사관이 세 명(맞다, 단 세 명이었다) 있었는데, 그중 두 사람은 케임브리지대학과 아동학대방지를위한전국협회(National Society for the Prevention of Cruelty to Children : NSPCC)에 근무했고 나머지 한 명은 나였다. 잠재적 기부자 조사는 모금과 같은 발전과정을 거쳤다. 1993년에 전문적인 잠재적 기부자 조사관을 위한 유럽 최초의 협회인 리서처 인 펀드레이징 (Re-searchers in Fundraising, www.institute-of-fundraising.org.uk/groups/sig-researchers/)이 인스티튜트 오브 펀드레이징 산하의 반독립적인 '특별 이익 단체' 형태로 설립되었고 내가 초대 회장을 맡았다. 이 단체는 크게 성장했고 전문적인 기준, 훈련 프로그램, 성공적인 연례 회의제도를 확립했다. 초기에는 미국에 있는 자매기관인 '발전을위한전문조사관협회(Association of Professional Researchers for Advancement : APRA, www.aprahome.org)*와 결연을 맺기도 했다. 현재 영국에는 2100명의 APRA 회원과 500개 정도의

---

* 잠재적 기부자 조사관을 위한 협회
 • APRA, 발전을 위한 전문 조사관 협회, www.aprahome.org
 • 리서처 인 펀드레이징, www.institute-of-fundraising.org.uk/groups/sig-researchers

리서처 인 펀드레이징 제휴사가 있다. 이 두 기관은 윤리적 기준을 정하고, 조사와 관련된 교육을 제공하며, 공급업체가 해당 부문에 필요한 데이터와 분석을 제공하도록 독려하고, 온라인 토론 그룹에서 다양한 기술과 시간 절약 팁을 교환하는 거대한 브레인 트러스트(Brains Trust) 역할을 한다.

영국과 유럽 다른 국가에서 일하는 잠재적 기부자 조사관 수에는 상당한 격차가 있다. 유럽 대륙 전체에서 상근직으로 일하는 잠재적 기부자 조사관 수는 50명 이하, 어쩌면 30명 이하일 것이라고 추정한다. 파리 근교에 있는 경영대학원 INSEAD(Institut Européen d'Administration des Affaires)는 유럽 대륙에서 잠재적 기부자 조사관을 채용한 첫번째 기관이다. 1995년 이 학교는 1억 1800만 유로의 자금을 성공적으로 유치하기 위해 상근직으로 일하는 잠재적 기부자 조사관이 포함된 기금 모금팀을 구성했다. HEC나 ESADE 같은 다른 경영대학원들도 뒤를 따랐지만 조사관을 한 명 이상 고용하는 경우는 거의 없었다. 박물관(루브르)과 오케스트라(RCO 네덜란드)에도 잠재적 기부자 조사관이 있고 국경없는의사회 같은 유명 NGO의 경우 네덜란드에 한 명, 스페인에 한 명 총 두 명의 조사관을 두고 있지만 영국에 비해 수가 한참 적고 미국에 비하면 미미한 수준이다.

유럽 대륙의 전문적인 모금 활동이 나중에 발달했기 때문인 것도 이유 중 하나다. 또 개인 정보 보호와 사적 데이터에 대한 광범위한 우려 때문이기도 하다. 하지만 이는 무엇보다 유럽 대륙의 비영리단체 지도부가 기금 모금담당자들의 전문성에 너무 낮은 가치를 부여하고 있음을 보여준다. 최고 경영자들이 모금담당자를 정말 소중히 여긴다면 그들에게 숙련된 잠재적 기부자 조사관을 제공하여 일을 효율적으로 할 수 있는 발판을 마련해주어야 할 것이다.

잠재적 기부자 조사관의 역할

잠재적 기부자 조사관은 다양한 과제를 수행하지만 그들의 주된 역할은 자금을 원하는 비영리단체가 고액 기부자를 식별하고 이해할 수 있도록 돕는 것이다. 이는 잠재적 기부자 조사관이 실제 후원자와 잠재적 후원자의 신상 정보만 수집하는 것이 아니라 세 가지 핵심 요소, 즉 기부자와 비영리단체의 관계, 필란트로피 활동 동기, 기부자의 기부 능력이나 잠재력에도 초점을 맞춘다는 뜻이다. 이 세 분야의 정보는 모금팀이 필란트로피스트에게 접근할 최선의 방법을 찾고, 그가 관심을 가질 만한 프로젝트나 프로그램을 구상하고, 적절한 기부금을 제시하도록 도와준다.

영리 부문에서 재무와 관련된 일을 하는 사람에게는 그중 어느 것도 놀랍지 않다. 현명한 투자 조언자가 고객을 처음 만나기 전에 그가 어떤 사람이고, 그에 대해 어떻게 알고 있으며, 무엇에 관심이 있고, 얼마나 투자할 수 있는가 등 원하는 정보들이다. 하지만 유럽 대륙의 비영리단체들은 데이터 프라이버시와 예산 제약에 대한 우려 때문에 기금 마련을 위한 이런 새로운 분업에 신중한 입장을 보여왔고 때로는 저항하기도 했다.

조사관들은 모금을 위한 정보 수집과 관련하여 온갖 종류의 과제를 수행한다. 모금담당자팀과 함께 일하는 훌륭한 조사관은 하루에 대여섯 시간씩 잠재적 기부자의 프로필을 조사하고, 나머지 시간에는 조사한 내용을 동료에게 보고하거나 연락처 데이터베이스를 관리하거나 간행물을 검토하거나 곧 있을 캠페인에 대비하여 잠재적 기부자 후보군을 만든다. 조사관은 동료들과 함께 정보를 수집하고 공유하면서 모금팀의 중심이 될 테고 그 정보를 이용하여 결국 필란트로피스트와 성공적인 파트너십을 맺게 될 것이다.

투명성이 가져온 변화

투명성은 시간을 절약하게 해주고 비영리단체가 업무에 적합한 필란트로피스트를 찾을 가능성을 높여준다. 이것은 재단들의 경우에 가장 명백하다. 예를 들어 스위스 재단들의 경우 1998년에* 스위스의 주 상공인 명부가 인터넷에 공개되고 2001년에 스위스재단협회가 웹사이트(www.swissfoundations.ch)를 만들기 전까지 조사관들은 그 내부 사정을 전혀 알 수 없었다. 2003년 스페인재단협회가 설립되기 전에는 재단을 조사하는 것이 기술적으로 가능했다. 하지만 그러려면 보건복지부(또는 검색한 재단의 '보호자' 역할을 하는 부처)에 서신을 보내 본인이 누구이고, 왜 그 정보를 원하는지 설명해야 하는 서면 요청과정을 거쳐야 했다. 요청이 승인되면(당시 나는 수개월이 걸릴 수도 있다고 들었다) 보건복지부가 지정한 시간과 날짜에 마드리드에 있는 사무실에 가서 재단의 기본 등록 문서를 열람할 수 있다. 그것이 끝이다. 당연한 일이지만 대부분의 사람은 굳이 그런 귀찮은 일을 하지 않는다. 많은 스캔들이 증명하듯이 오늘날에도 스페인의 재단 부문은 재정과 지원금 조달의 투명성 부족으로 어려움을 겪고 있다.

오늘날 유럽의 투명성 덕분에 조사관들은 다음과 같은 일을 할 수 있다.

- 스위스에 있는 재단과 이사진 찾기(www.moneyhouse.ch)
- 유명 경영대학원의 모금 캠페인에 참여한 사람 알아내기(HEC나 INSEAD를 확인해보라)

---

* 스위스 연방 상업등기소의 중앙등기소는 1990년에 데이터베이스를 운영하기 시작했다. 표시된 날짜는 웨이백 머신(Wayback Machine, https://archive.org/web)에서 볼 수 있는 웹사이드의 가장 초기 모습이다.

- 프랑스 기업의 재무 정보를 쉽게 찾을 수 있고(www.societe.com) 그 기업이 후원하는 대상도 확인 가능(www.admical.org)
- 스코틀랜드에 있는 자선 신탁 찾기(www.oscr.org.uk)

시간과 무한한 투지, 그리고 제네바, 파리, 에든버러 등으로 출장을 갈 예산만 있으면 이런 정보를 알아내는 것은 언제든 가능했다. 그러나 실제로는 불가능했다. 투명성 덕분에 실현할 수 있게 된 것이다.

부유하고 현명한 파트너를 찾는 외로운 비영리단체

그렇다면 비영리단체와 필란트로피스트는 어떻게 서로를 찾아야 할까? 일반적인 순서는 다음과 같은데, 이때 사용하는 주요 기술과 핵심 자료가 포함되어 있다.

기본적인 방법

다양한 부분에서 조사를 시작할 수 있지만 일반적인 것은 긴 회의가 끝날 무렵 이사회 임원이 직원에게 지난주에 참석한 사교행사에서 '존 오르타이구라는 사람'을 만났고 그가 NGO 업무에 대해 매우 긍정적인 말을 했다고 이야기하는 것이다.

그 사람의 정확한 이름을 알아내는 데도 시간이 조금 걸린다. 보통은 검색엔진에서 이름을 검색하는데, 제대로 된 검색 결과가 나오지 않으면 이사에게 더 자세한 정보를 물어본다. 한 유럽 국가에서 쓰는 이름이 다른 유럽 국가 주민에게는 이상하게 보일 수도 있기 때문에 철자(그리고 발음)를 제대로 알아내는 것이 중요하다. 그 이름에 많은 단서가 담겨 있다. 예를 들어 스페인에서 성(姓)은 가계도의 출발점을 제공한다. '후안 오르테가 토레스(Juan Ortega Torres)'에게는 성이 '오르테가 xxx'인 아버지와 성이 '토레스 xxx'인 어머니가 있다. 그리고 그의 이름이 '후안'이 아니라 '조안(Joan)'이거나 마리아라는 여성의 이름 철자가 'María'가 아니라 'Maria'이거나 모니카의 철자가 'Mónica'가 아니라 'Mònica'라면(액센트에 유의하면서 www.guiainfantil.com/servicios/nombres/noms_homes_dones.htm 참조) 그들이 스페인 사람이 아니라 카탈루냐 사람이라는 것을 알 수 있다.

더 많은 이름

조사관은 가능성 있는 기부자들의 이름을 다양한 방향에서 듣게 될 것이다. 최근 잘나가는 것처럼 보이는 기업이나 회사를 사고파는 이들을 파악하기 위해 국내기업을 다룬 언론 기사를 읽고 모아둘 것이다. 동료들과 이야기를 나누면서 그들이 누구를 만나고 다니는지 알아내어 데이터베이스에 흥미로운 이름을 추가할 것이다.

조사관은 특정한 성을 갖고 있거나 특정 주소에 사는 기부자를 확인하기 위해 데이터베이스를 분석할 것이다. 일치하는 사람을 발견하면 비영리단체 데이터베이스에 표시를 해둔다. 이렇게 표시해둔 사항을 나중에 더 자세히 조사하여 후원자에 대한 신상 정보를 수집한다. 미국과 영국에서 개발된 이런 방법은 현재 유럽 전역으로 확산되고 있다.

'분석'은 다양한 기술을 다룬다. 우편번호나 주소를 기반으로 라이프스타일과 부에 대한 정보를 확인(익스피리언Experian의 '모자이크MOSAIC' 시스템이 그 예다)한 다음 비영리단체의 데이터베이스에 있는 관련 기록에 플래그나 코드를 추가해둘 수도 있다. 라이프스타일 데이터 세트는 인구조사 데이터, 신용카드 데이터, 소비자가 설문지에 응답하거나 신제품을 구입하고 등록할 때 공유한 정보를 이용하여 구축한다. 주로 재정 부문의 요구에 따라 설계된 이 데이터 세트는 마케팅 담당자들이 연령, 예상 소득, 라이프스타일 단계, 구매 패턴에 따라 고객을 여러 라이프스타일 그룹으로 분류할 수 있게 도와준다. 유럽의 비영리단체는 이런 시스템을 이용하여 기부자나 동문들의 데이터 세트를 세분화하여 마케팅 대상을 공략하는 방식을 개선한다.

물론 비영리단체의 데이터베이스 분석을 통해 기부자의 행동, 기부자가 가장 자주 응답하는 요청, 지리적 위치 등을 기준으로 대상을 선택하고 세분화할 수도 있다. 예를 들어 중요한 문화유산 건물을 보존하기 위한 지역적 호소는 대개 해당 부지에서 50킬로미터 반경 이내에 살고 있는 기부자들에게 초점을 맞춘다.

잠재적 기부자를 조사하는 초기 단계의 목표는 잠재적 후원자 후보군을 구축하는 것이다. 이 후보군은 200명의 후원자나 50개의 재단, 60개의 회사로 구성되거나 이 세 가지가 혼합될 수도 있다. 이 후보군의 크기는 조사관이 지원하는 모금 프로그램의 요구와 규모, 전략에 따라 결정된다. 초기 단계에서는 기부자를 자세히 조사하기보다 가능성 있는 기부자를 신속하게 찾는 양적인 작업에 중점을 둔다.

다양한 이름이 모인 후보군이 준비되면 조사관은 잠재적 기부자 각각에 대한 신상 정보를 수집하기 시작할 것이다. 유럽에서도 신상 정보 찾기가 점점 쉬워지고 있다. 여러 유럽 국가를 위한 후스후 온라인판이 나와 있다. 프랑스에는 www.whoswho.fr가 있고 이탈리아와 스페인은 서터스(Sutter's)가 www.whoswho.eu에서 온라인 인명록을 공개하고 있다. 유럽의 많은 전문가는 링크드인(LinkedIn)을 사용하고, www.viadeo.com(현재 프랑스에서 인기 있는 사이트)도 유용하며, www.nomination.fr나 벨기에와 룩셈부르크의 www.topmanagement.net 같은 기업인 명단도 도움이 된다. www.zoominfo.com처럼 인물 정보를 자동으로 편집하는 사이트는 영어를 기반으로 하는 알고리즘 때문에 유럽에서는 별로 유용하지 않다.

동기, 관계, 기부 능력 — 빅3

조사관들은 잠재적 기부자의 관심사와 비영리단체의 관심사 사이에 공통점이 있는지 확인하기 위해 잠재적 기부자의 동기(기부 이유, 후원 대상, 관심 대상)를 이해하려고 노력한다. 또한 비영리단체와 잠재적 기부자 사이의 연관성(이사진 중 잠재적 기부자를 아는 이사가 있는지, 프로그램관리자와 같은 경영대학원에 다녔는지 등)을 조사한다. 첫번째 연락이나 소개를 성사시켜줄 연결고리를 찾고 있기 때문이다. 그리고 잠재적 기부자가 이상적인 상황에서 할 수 있는 가장 큰 기부가 얼마일지 추정하기 위해 그의 기부 능력을 평가한다.

미국 텍사스주 파리에서 일하는 한 잠재적 기부자 조사관은 예산만 있으면 얼마든지 쓸 수 있는 전문 조사관을 위해 설계된 다양한 온라인 도구를 갖고 있다. 하지만 프랑스 파리에 사는 그녀의 동료는 아직 자신을 위해 설계된 서비스를 누릴 만한 여유가 없다. 그 이유는 매우 간단하다. 그녀는 프랑스에 거의 없는 잠재적 기부자 조사관 중 한 명이고 유럽 대륙을 다 합쳐도 몇 명 되지 않기 때문이다. 결과적으로 유럽 대륙에서 일하는 조사관들을 위한 도구를 만들면 잘 팔릴 것이라고 공급자들을 설득할 만한 수요가 아직 없다. 그래서 유럽의 조사관들은 잠재적 기부자의 동기, 관계, 기부 능력을 스스로 파악해야 하고 많은 지식 격차를 감수해야 한다. 투명성 증가가 도움이 되었지만 아직 쉬운 일은 아니다.

동기

필란트로피 활동에 대한 관심과 동기에 대한 강력한 단서는 재단을 통해 찾을 수 있다. 당신이 선택한 잠재적 기부자나 파트너가 자폐아를 후원하는 재단의 이사라면 그는 해당 주제에 필란트로피적인 관심이 있을 가능성이 크다. 이제 일부 유럽 국가에서는 재단 이사들 이름을 검색할 수 있다. 예를 들어 www.moneyhouse.ch에서는 스위스의 재단 이사들을 검색할 수 있고 독일은 www.stiftungen.org('페어차이히니스 도이처 슈티프퉁 Verzeichnis Deutscher Stiftungen'), 네덜란드는 퐁센디스크(Fondsendisk)에서 검색할 수 있다. 이 글을 쓰는 시점을 기준으로 할 때 잉글랜드와 웨일스의 자선위원회 데이터베이스(http://apps.charitycommission.gov.uk/showcharity/registerofcharities/RegisterHomePage.aspx)에서는 자선단체 이름은 검색이 가능하지만 이사진 이름은 검색되지 않는다. 스코틀랜드의 OSCR도 비슷하다. 그래도 자선위원회 데이터 세트는 온라인상에서도 이용 가능하고 오픈 채러티(http://opencharities.org)도 이런 유형의 검색을 허용한다.

관계

관계를 조사할 때도 상황은 똑같다. 이는 잠재적 파트너에게 접근하는 방식을 결정할 때 반드시 필요한 과정이다. 그녀가 이사장 남편과 같은 대학에 다녔다는 사실을 확인할 수 있다면 결국 그녀를 만날 방법을 찾을 가능성은 높아진다. 대부분의 유럽 국가에서는 회사 등록부와 연례 보고서를 뒤져 누가 같은 이사회에 속해 있는지 알아내고 후스후를 이용하여 같은 시기에 대학을 다닌 이들이 누구인지 파악하고(www.whoswho.fr에서 검색 가능하다) 렉시스넥시스(LexisNexis, 없으면 구글 이용)에서 뉴스 보도를 검토하여 재계나 사회 분야에서 활동하는 파트너에 대한 정보를 수집하는 등 고된 작업을 해야 한다. 한 사람의 인맥을 조사하는 데만도 8시간의 노동력이 쉽게 소요될 수 있으므로 이 방법은 가장 가능성 있는 최고의 잠재적 기부자에만 한하여 사용해야 한다.

다행히 유럽에서는 비공식적인 조사가 효과가 있다. 룩셈부르크와 스코틀랜드 같은 작은 나라에서는 돈 있는 사람들끼리는 서로를 아는 듯하다. 심지어 프랑스에서도 부유한 필란트로피스트들 사이의 비공식적인 네트워크가 강력하다. 네덜란드, 스위스, 독일에서 정보를 공유하는 기부자 네트워크와 서클에 대한 이야기는 4장에서 살펴보았다. 유럽의 잠재적 기부자 조사관은 이사진, 직원, 기부자를 인터뷰하여 서로 간의 인맥에 대한 비공식 정보를 얻는 데 미국 조사관들보다 훨씬 많은 시간을 할애한다. 4명에서 6명이 모여서 80명에서 150명의 잠재적 기부자 목록을 검토하고 인맥이 있는 사람을 확인하고 찾아내는 '동료 검토(Peer Review)' 방식은 유럽에서 특히 효과적이다. 이런 검토 모임은 대개 와인을 마시면서 진행하거나 유럽의 네트워크가 조밀하고 강하기 때문이다.

기부 능력

유럽에서는 기부 능력에 대한 연구가 매우 제한적이다. 기부 능력이란 이상적인 상황에서 개인이 5년 동안 어떤 대의명분을 위해 기부할 수 있는 가장 큰 액수에 대한 추정치다. 이 추정치는 주로 개인의 재산 규모와 과거에 낸 기부금을 기반삼아 계산한다. 개인의 재산 규모와 관련하여 타인이 알아낼 수 있는 재정 정보는 거의 없으며 영국 외의 지역에서는 개인의 과거 필란트로피 활동에 대해서도 알 수 없다. 미국의 포브스를 모델로 한 다양한 부자 목록이 공개되기는 한다. 이런 목록은 부의 규모를 추정하는 데 너무 보수적이라고 해당 목록에 등장하는 이들의 비판을 받지만 잠재적 후원자들에 대해 무엇이라도 알아내려고 고군분투하는 조사관들에게는 어느 정도 출발점이 되어준다. 이 글을 쓸 무렵에 공개되던 부자 목록은 다음과 같다.[*]

- 오스트리아 : 〈트렌드Trend〉(www.Trendtop500.at/die-reichstenoesterreicher)는 정기적으로 오스트리아의 100대 부자 명단을 공개한다.
- 벨기에 : 플랑드르 언론인 루드위그 베르뒤앵(Ludwig Verduyn)은 자기 웹사이트에 목록을 발표하고 벨기에 부자들을 소개하는 책도 출판했다(Verduyn, 2015).
- 프랑스 : 〈샬렝주〉(http://www.challenges.fr)는 매년 프랑스의 500대 부자 명단을 공개한다.

---

[*] 부자 목록 출처의 링크를 제공해준 헬렌 브라운 그룹(Helen Brown Group, www.helen-browngroup.com)에게 감사한다.

- 독일 : 〈매니저 매거진Manager Magazin〉(www.manager-magazin.de)은 매년 10월에 독일에서 가장 부유한 500명의 명단을 발표한다.
- 네덜란드 : 〈퀴오테Quote〉(www.quotenet.nl)는 해마다 상위 500대 자산가 순위를 발표한다.
- 노르웨이 : 〈카피탈Kapital〉(www.kapital400.no/)은 정기적으로 400대 부자 순위를 공개한다. 노르웨이 정부는 개방적인 스칸디나비아 사회를 위해 부유한 사람들의 세금 신고서를 공개한다는 점에 주목하자.
- 폴란드 : 〈브프로스트wprost〉(http://wprost.pl)는 폴란드 최고 부자 100명의 명단을 공개한다.
- 스코틀랜드 : 〈스카치맨The Scotsman〉(www.Thescotsman.co.uk/)은 스코틀랜드에서 소득이 가장 높은 100명의 명단을 정기적으로 발표한다.
- 스페인 : 〈엘문도El Mundo〉는 해마다 호세 F. 레알(José F. Leal)이 정리한 '스페인 200대 부자' 명단을 발표하는데, 신문에는 12월에 공개한다(Leal, 2014).
- 스위스 : 〈빌란츠Bilanz〉(www.bilanz.ch)는 매년 스위스에서 가장 부유한 300명의 명단을 공개한다.
- 영국 : 필립 베리스퍼드(Philip Beresford)가 2016년까지 정리한 〈선데이 타임스〉 부자 명단(Beresford, 2015)은 유럽에서 발표되는 목록 중 가장 오래되었다. 〈가디언〉이나 〈런던 이브닝 스탠더드London Evening Standard〉 같은 매체가 가끔 부문별 또는 지역별 부자 명단을 공개하기도 한다.

그리스 같은 다른 나라에서도 가끔 이런 목록이 공개되었지만 자주 공개되지 않거나 더이상 공개되지 않는 상태다.

공개된 부자 목록에는 많은 제약이 있다는 사실을 명심해야 한다. 2015년 11월 런던에서 열린 리서처 인 펀드레이징 연례 회의에서 연설한 필립 베리스퍼드는 자신이 〈선데이 타임스〉 부자 명단에 포함될 자격이 있는 부자 네 명 중 한 명 정도만 보고하고 있는 것 같다고 말했다. 그 목록에 포함될 수 있을 만큼 부유하다는 것은 알지만 그 사실을 증명할 방법이 없고, 재산을 너무 잘 숨겨놓아서 확인이 불가능한 사람들이 50퍼센트 정도 된다는 것이다. 또 그는 〈선데이 타임스〉 부자 명단에서 삭제해달라거나 포함해달라고 요구하는 이들에 대해서도 말했다. 부자 명단이 개인이 소유한 진짜 부를 과소평가하고 있다고 여기는 사람들이 많다. 스위스의 한 프라이빗 뱅커는 〈빌란츠〉 명단에 포함된 자기 고객들의 경우 그 목록에 표시된 것보다 두 배 이상 많은 자산을 소유하고 있다고 말했다.

부자 명단에는 한 나라당 100명에서 500명이 포함된다. 이런 명단에 빠져 있는 사람들에 대해 자세히 알아내기 위해서는 기업, 특히 기업 소유권 정보를 이용해야 한다. 이런 정보는 뷰로판데이크(Bureau van Dijk, www.bvdinfo.com)나 던 앤드 브래드스트리트(Dun & Bradstreet, www.dnb.com) 같은 회사가 유럽 전체에 공개하거나 다양한 업체가 개별 국가별로 공개하기도 한다. 대부분 이 데이터의 출처는 각국의 상공회의소가 관리하는 전국 기업 등록부다. 네덜란드 KVK(www.kvk.nl) 같은 여러 상공회의소는 직접 접속이 가능하다. 잠재력 기부자 조사관은 이런 등록부에서 얻은 정보를 이용하여 기업 주주를 알아내고 이를 바탕으로 개인의 보유 자산과 그 가치를 추정한다.

유럽에서 기부 능력을 추정하려면 과학보다 기술(또는 추측)을 활용해야 한다. 기부 능력 추정 방식을 공식화(예를 들어 확인 가능한 개인 자산의 0.5퍼센트에서 5퍼센트처럼 비율로 계산)하려는 유혹도 있다. 하지만 유럽에서는 개인의 자산 내역을 거의 알 수 없기 때문에(대개의 경우 누가 회사 주식을 소유하고 있는지조차 확인할 수 없다) 계산을 위한 기본 데이터가 빠져 있다. 또 4장에서 살펴본 것처럼 유럽에서는 고액 필란트로피 활동에 대한 사회적 기준이 명료하지 않기 때문에 누락된 자산 수치에 0.5퍼센트를 곱해야 할지, 아니면 5퍼센트 심지어 50퍼센트를 곱해야 할지 알 수 없다. 기부 능력을 평가하기 위한 명확한 전략은 없다. 이전에 비영리단체에 기부한 액수를 근거삼아 계산할 수도 있지만 대부분의 유럽 비영리단체에는 고액 필란트로피 활동과 관련된 실적이 없다. 아니면 그냥 추측하는 방법도 있지만 항상 일관되게 추측해야 한다(예를 들어 모든 선임 변호사의 기부 능력을 같은 수준으로 평가하는 등). 아니면 모금 프로그램을 시작하기 전에 다양한 잠재적 후원자들을 인터뷰하여 그들이 프로그램에 어느 정도 수준의 기부를 고려하고 있는지 시험해볼 수도 있다. 마지막 방법은 적어도 광범위한 잠재적 후원 수준을 파악하는 데 효과적이다.

이 시점에서 조사관은 필요한 것을 얻는다.

- 이름
- 신상 정보
- 개인의 기부 동기에 대한 정보 또는 적어도 단서
- 개인과 비영리단체를 연결하는 인맥, 또는 운이 좋으면 여러 인맥
- 개인의 기부 능력 추정치

조사관은 이 정보를 이용하여 잠재적인 후원자를 평가('적격성 확인')한다. 어떤 잠재적 기부자에게는 신속하게 접근할 계획을 세우고 다른 이들은 나중을 위해 미루어둔다. 어떤 이들은 특정 프로그램이나 프로젝트를 위해 선택하기도 한다. 또 어떤 이들은 조사관에게 더 자세히 알아보라고 할 수도 있는데, 일반적으로 그 사람의 배경이나 부의 원천에 우려되는 부분이 있을 때 그렇다. 요즘에는 잠재적 고액 필란트로피 파트너들이 조직의 평판에 해를 끼치지 않게 하기 위해 실사과정을 거치는 비영리단체들이 많다.

앞에서는 개인의 관점에서 이런 조사 방법과 순서를 설명했다. 이 과정은 가능성 있는 재단이나 기업 파트너를 식별하기 위한 조사과정과 비슷하다. 유럽의 기업들은 동업자관계나 협동조합 등 다양한 형태를 띠고 있지만 잠재적 기부자 조사관에게 의미 있는 구분은 증권거래소에 상장된 공개기업이냐, 아니면 비공개기업이냐 하는 것뿐이다. 상장기업은 주식 거래 규칙에 따라 이사회 구성원의 세부 정보, 재무와 관련된 세부 사항, 주가에 영향을 미칠 수 있는 뉴스 등 다양한 지표에 대한 정보를 적시에 공개해야 한다. 대부분의 상장기업에는 기업의 사회적 책임 프로그램이 있고 그 내용은 회사 웹사이트에 자세히 소개되어 있다. 비공개기업은 조사하기 더 어렵지만 유럽 어느 나라에서든 중앙정부나 지방정부 또는 전국 상공회의소에 등록해야 한다. 이들의 등록부는 대부분 누구나 열람할 수 있으며 앞에서 이야기한 뷰로판데이크 같은 정보 수집 업체의 업무 기반이다.

이 책 앞부분에서 말한 것처럼 재단은 다양한 방법으로 조사할 수 있다. 규모가 가장 큰 재단들은 각 나라의 재단협회 소속이고 그중에서도 가장 큰 재단은 유럽재단센터에 가입되어 있다. 그러나 찾기가 훨씬 어려운 중소 규모의 재단이 골칫거리다. 협회에 가입하지 않기로 한 일부 대형 재단의 경우도 마찬가지다. 유럽 대륙에 있는 재단들은 기업과 마찬가지로 정부 등기소나 상공회의소에 등록한다. 스페인이나 프랑스 같은 여러 나라의 재단은 자신들의 '보호자' 격인 정부 부처에 등록한다. 보호하고 있는 재단에 대한 세부 정보를 공개하는 정부 부처는 극소수이며 공개된 정보도 대부분 별 소용이 없다.

새로운 필란트로피스트 찾기

2015년 11월 런던에서 열린 리서처 인 펀드레이징 콘퍼런스에서 27년간 꾸준히 발표된 〈선데이 타임스〉 부자 명단의 편집자이자 존경받는 언론인 필립 베리스퍼드가 이 업무와 관련하여 흔히 벌어지는 상황을 다음과 같이 설명했다. 그는 최근에 3억 5000만 파운드 규모의 사업체를 매각한 한 남자와 이야기를 나누게 되었는데, 회사를 매각한 뒤 갑자기 사방에서 자선 기부 요청이 쇄도했지만 전부 거절했다고 한다. 그에 반해 새롭게 부를 얻은 그가 투자 문제와 관련하여 연락을 한 사모펀드 대표는 "10년 동안 이 전화를 기다렸다"고 말할 수 있었다.

필립 베리스퍼드는 이 이야기가 주는 교훈을 강조했다. 새롭게 부를 쌓은 사람을 상대로 모금을 하고 싶다면 사모펀드 대표처럼 장기간에 걸쳐 관심을 끌어야 한다. 그가 사업제국을 매각한 다음 날부터 관계를 쌓으려고 해보았자 아무 소용 없다.

유럽에서 기업 데이터의 투명성이 향상됨에 따라 높은 자리에 있는 사람들을 발견하기가 쉬워졌다. 뷰로판데이크나 던 앤드 브래드스트리트 같은 정보 출처는 빠르게 성장하는 회사에서 상당한 지분을 소유하고 있으면서 당신의 대의와 연관성이 있는 사람들을 식별하는 데 도움이 될 수 있다(당신의 대의가 건강과 관련된 것이라면 생명공학 분야의 인물에게 접근하는 것이 좋다). 그들 중 일부는 초기 단계부터 필란트로피스트로 모습을 드러낸다. 예를 들어 루브르박물관의 젊은 후원자 모임(Cercle de Jeunes Mécène, www.louvre.fr/remerciements-aux-mecenes/cercle-de-jeunes-mecenes)이나 보두앵국왕재단(www.kbs-frb.be)의 기부자주도기금 설립자들을 확인해보라. 장기적으로 관계를 발전시키고 일부 기업가는 원하는 만큼 빠르게 사업을 확장시키지 못한다는 점을 감안해야 한다.

4장에서 살펴본 것처럼 많은 새로운 필란트로피스트가 재단을 설립하고 있다. 이런 새로운 재단들은 식별이 가능하다. 유럽 대부분의 국가에서 발행되는 정부 공식 신문(Bulletin Oficiel)은 새로운 재단이 생길 때마다 이 사실을 기록하고 있으며 영국의 조사 기관들도 마찬가지다.

당신은 필란트로피와 임팩트 투자 사이의 애매한 경계 부분에서 새로운 필란트로피스트를 발견할 가능성이 높다. 유럽벤처필란트로피협회 회원들을 검색하거나 유럽의 임팩트 투자 펀드를 살펴보면 성과가 있을 것이다. 유럽벤처필란트로피협회나 유럽재단센터 콘퍼런스에 참석하면 새로운 필란트로피스트들과 접촉할 수 있다.

마지막으로 안타까운 일화이지만 나는 자선단체에 테스트용 기부금을 보내는 많은 새로운 필란트로피스트를 만났다. 보통 1000유로에서 5000유로 사이의 금액(즉 기부금 중간값을 훨씬 웃돌지만 '거액 기부금'은 아닌 액수)을 기부하는데, 이는 비영리단체의 반응을 시험해보기 위한 것이다. 반응을 보이기까지 시간이 얼마나 걸리는가? 어떤 형태로 반응하는가(전화나 편지인가, 개인별로 맞춤화된 편지인가)? 그들은 기부자가 누구인지 알아내서 적절하게 대응하기 위해 시간을 들이는가? 유럽에는 여전히 규격화된 감사 편지를 보내는 비영리단체가 있다(말 그대로 '므슈/마담'이나 '친애하는 선생님'으로 시작하여 10유로 기부자에게 보낼 때나 1만 유로 기부자에게 보낼 때나 똑같은 상용구 텍스트를 넣은 그런 편지 말이다). 베스 브리즈 박사가 보여준 것처럼 기부자들은 광고용 우편물을 통해 조직의 효율성을 확인하는 듯하다. "역량 평가를 위해 사용하는 일반적인 대용품에는 자선단체 우편물의 발송 빈도와 예상 비용도 포함된다." 그녀는 "자선단체에서 우편물을 너무 많이 보내면 돈을 낭비하기만 할 뿐 제대로 사용하지 못한다는 생각이 들기 때문에 기부 대상에서 제외한다"고 한 기부자의 말을 인용했다(Breeze, 2010). 그러므로 '므슈/마담'이라고 쓰인 천편일률적인 감사 편지를 받은 필란트로피스트는 다시는 기부를 하지 않을 것이다. 이와 대조적으로 기부금 중간치보다 훨씬 많은 금액을 기부한 이들을 체계적으로 식별하여 그 정보에 따라 행동하는 단체(에이지 UKAge UK가 대표적인 경우다)는 필란트로피 사업 개발 초기 단계부터 새로운 필란트로피스트를 찾아낼 가능성이 높다.

규칙 준수

유럽 사람들은 개인 정보를 신중하게 다룬다. 이 데이터를 보호하는 법, 즉 파시스트 정권이 개인의 종교적 또는 정치적 신념, 민족적 기원, 성별, 건강에 대한 지식을 이용하여 사람을 차별하거나 처형했던 지난 세기의 쓰라린 기억을 가진 사람들이 만든 법*이 있다.

유럽연합의 데이터 보호 웹사이트(http://ec.europa.eu/justice/data-

---

* 비영리단체를 위한 데이터 보호법 전문가 모어 파트너십(More Partnership)의 에이드리언 베니(Adrian Beney)는 해당 주제에 대한 프레젠테이션에서 이런 연관성에 주목했다.

protection)를 비롯하여 개인 정보 보호에 관한 훌륭한 자료 출처가 많으므로 여기서는 이 주제를 다루지 않을 것이다. 데이터 보호법은 유럽의 잠재적 기부자 조사관이 이용할 수 있는 정보 출처의 범위가 미국보다 훨씬 제한적인 이유 중 하나다. 그러나 이 법은 조사를 수행하는 모든 사람이 수집한 데이터를 신중하게 고려하도록 하기 때문에 모든 면에서 도움이 된다. '민감한' 정보로 규정된 데이터를 저장할 수 없다. 앞에서 언급한 종교나 성별 같은 주제도 포함된다. 데이터를 공평하게 수집하여 안전하게 저장해야 한다. 한 가지 목적으로 수집한 데이터는 다른 목적으로 사용할 수 없다. 그 과정의 어느 시점이 되면 데이터 대상(개인)에게 해당 데이터를 저장할 수 있도록 허락해달라고 요청해야 한다. 이 규칙을 어기면 벌금을 내야 하는데, 국가 데이터 보호 당국은 매년 벌금을 높이고 있다.

데이터 보호법은 조사관들이 발견한 것과 발견한 방법을 통제하는 유일한 수단이 아니다. 조사관들은 자체적으로 윤리 서약서(www.aprahome.org/p/cm/ld/fid=110)를 만들었으며 많은 단체는 연구 및 데이터 처리를 위한 내부 정책과 프로토콜을 개발했다.

그 결과 비영리단체가 보유하고 있는 데이터는 적어도 한 가지 기준에서는 다른 어떤 부문보다 안전하다. 영국정보위원회(영국에서 개인 데이터 사용을 규제하는 책임 기관)는 2010년 11월(첫번째 '민사금전벌'을 낸 날짜)부터 2015년 11월까지 75개 기관에 벌금을 부과했다(영국정보위원회의 데이터, www.ico.org.uk, 2015년 11월에 분석). 이 기간 동안 낸 총 벌금은 870만 파운드였다. 그중 기업이 42퍼센트, 지방정부가 28퍼센트를 차지하여 결국 이 두 곳이 가장 심하게 위반을 한 셈이다. 그다음으로 벌금을 많이 낸 곳은 국민보건서비스(National Health Service : NHS)였다. 5년 사이에 벌금이 부과된 자선단체는 한 곳뿐이었고 납부한 벌금은 위원회가 부과한 총과징금의 2퍼센트에 불과했다. 이런 점에서 자선단체가 보유한 개인 데이터는 슈퍼마켓, 은행, 지역 의회, 병원이 보유한 데이터보다 훨씬 안전하다.

비영리단체와 조사관은 자기들이 보유하고 있는 기부자에 대한 개인 데이터가 가장 소중한 자산 중 하나라는 사실을 알고 있다. 그들은 앞으로도 열심히 데이터를 지킬 것이다.

많은 국경, 많은 언어

유럽에서 잠재적 기부자 조사를 할 때 가장 큰 걸림돌은 국경이다. 2016년 7월 현재 유럽연합의 28개 회원국은 각기 하나 또는 둘, 그 이상의 공용어를 갖고 있다. 비슷한 부분도 있지만(정부 신문은 항상 '볼레틴 오피시엘 Boletin Oficiel'이나 그와 비슷한 이름으로 불리는 것 같다) 그만큼 차이도 많다. 프랑스에서 개인 필란트로피스트를 조사할 때 이용하는 정보 출처는 스웨덴에서 누군가를 조사할 때 쓰는 출처와 다르다. 물론 이것은 당신이 프랑스어와 스웨덴어를 모두 읽을 수 있을 정도로 똑똑한 경우에만 해당되는 이야기지만 말이다. 아니면 덴마크어와 이탈리아어, 독일어와 카탈루냐어, 또는 유럽의 많은 언어와 문화, 지식 경계를 넘어서 조사를 수행할 수 있는 다른 조합도 가능하다.

고액 필란트로피스트를 대상으로 기금을 모금할 방법을 개발하기 위한 이 초기 단계에서 조사 도구를 잘 이해하면 유럽의 잠재적 기부자에 대한 핵심 정보를 모금담당 동료들에게 잘 전달할 수 있다. 하지만 그것만으로는 충분하지 않다. 독일 시장을 잘 알고, 모든 국가에 존재하는 모호한 데이터 출처에 접근하여 이해할 수 있으며, 부유한 가문의 이름을 알고, 지역 신문에 나오는 정보를 이용하여 그들을 찾을 수 있는 전문가가 필요하다. 이탈리아, 프랑스, 스위스, 스페인, 그리고 결국에는 북부 이탈리아나 남부 스웨덴에도 전문가가 필요할 것이다.

유럽에서 활동하는 잠재적 기부자 조사관 수는 여전히 적기 때문에 이 분야가 충분한 역량을 갖추기까지는 몇 년이 걸린다. 그러나 영국의 잠재적 기부자 조사 부문의 성장률로 판단하면 2025년에는 유럽 대륙 전체에 광범위한 조사관 기반이 마련되고 유럽의 주요 경제국 대부분에서 전문가들이 자리를 잡게 될 것이다.

조사의 필요성

잠재적 기부자 조사관이 별개의 직업으로 발전한 것은 이 책에서 강조한 세 가지 중요한 변화, 즉 투명성 증가, 인터넷 성장, 전문성 향상과 일치한다.

이 장에서는 비영리단체의 고액 필란트로피 파트너를 찾아내는 전문적인 잠재적 기부자 조사관의 업무에 대해 설명했다. 특히 유럽 대륙에는 이런 잠재적 기부자를 찾아내는 데 완전히 실패하거나 조사를 위한 지원 없이 기부자와의 관계를 관리하려는 조직이 너무 많다. 유럽에서 필란트로피 활동이 가시화됨에 따라 이제 아무것도 하지 말자는 주장은 갈수록 수긍할 수 없게 되었다.

8부

변화를
위한 준비

17장

전략적 대응

서론

브라운과 아이버슨은 2004년 비영리단체의 전략 및 리더십에 관한 논문에서 "성공적인 전략은 환경조건의 적절한 해석과 해당 조건에 대한 조직의 대응에 달려 있다"고 말했다(Brown & Iverson, p. 378). 이는 고액 필란트로피스트와 비영리단체 사이의 파트너십 전략을 개발하는 것보다 어려운 일이 아니다. 왜냐하면 이 책에서 반복적으로 확인한 것처럼 '환경조건'이 무엇인지 거의 모르기 때문이다. 이 장에서는 효과적인 전략에 대한 몇 가지 지침을 제공한다.

전략적 선택

유명 검색엔진에 '고액 기부자 모금 전략'이라는 검색어를 입력하면 '고액 기부 모금 성공을 위한 일곱 가지 필승 전략'이라든가 '고액 기부금 모금을 위해 꼭 필요한 일곱 가지' 같은 단호하고 교훈적인 제목을 비롯하여 16만 건 이상의 검색 결과를 확인할 수 있을 것이다. 왜 성공을 위한 요건이 70가지나 700가지가 아니라 단 일곱 가지뿐인지 그 이유는 명확하지 않다. 분명한 것은 모금 전략을 세울 때 선택의 폭이 넓다는 점이다.

선택의 폭이 넓은 이유 중 하나는 여기서 다룰 내용이 개인과 필란트로피스트, 비영리단체 사이의 관계이기 때문이다. 이런 관계에는 인간과 인간의 관계만큼이나 많은 변수가 포함되어 있다. 이를테면 일부는 멀리 떨어져 있고, 일부는 중간에 중개자가 많으며(필란트로피스트-은행-필란트로피 조언자-컨설턴트-비영리단체), 일부는 매우 가깝다. 어떤 관계는 일회성의 단일 이벤트인 반면, 어떤 관계는 여러 해 동안 유지된다.

유럽, 특히 유럽 대륙에서의 이런 관계는 대부분 행복한 우연이다. 텔레비전의 뉴스 프로그램을 보고 유명한 비영리단체에 5만 유로를 기부하는 기부자나 필란트로피 활동에 사용하고자 하는 자금이 스위스 은행에 있기 때문에 스위스의 비영리단체를 선택하는 노르웨이 기부자 등이 그런 경우다. 유럽 대륙에는 고액 필란트로피스트들과의 관계를 전담하는 직원을 채용하는 비영리단체가 거의 없기 때문에 대부분의 비영리단체는 고액 기부에 반응할 뿐 적극적으로 유치하지는 않는다고 자신 있게 말할 수 있다. 이 장에서는 고액 필란트로피스트와의 관계에 보다 능동적으로 접근하고자 하는 조직에게 몇 가지 방향을 제시한다.

전략적인 이름 선택

2004년 주디스 니컬스(Judith Nichols, p. 163)는 "결과가 실망스러운데도 계속 똑같은 방법을 사용하는 모금담당자가 너무 많다"면서 알베르트 아인슈타인(Albert Einstein)의 "똑같은 일을 계속 반복하면서 다른 결과가 나오기를 기대하는 것은 미친 짓이다'라는 말을 인용했다.

12장에서 살펴본 것처럼 그들의 재정적 '기부'가 전체 이야기의 일부일 뿐임을 알면서도 계속해서 '고액 기부자들'을 언급한다. 개인 자산관리자들은 자기 고객을 (적어도 공개적인 자리에서는) '씀씀이가 헤픈 사람'이라고 하지 않는다. UBS에는 '고액 저축자 대표'라든가 '고액 자산가 유치' 부서가 없다. 그들은 '부'라는 말에 "[지식, 경험, 인맥]의 풍요로움" 등 다양한 뉘앙스를 담아 사용한다.

비영리단체 운영자들은 지금까지의 인생 경험을 통해 고액 필란트로피스트와의 관계가 다채롭고 다양하다는 것을 알고 있지만 이는 단순한 금전적 기부 이상의 의미를 지닌다. 고액 필란트로피스트는 폴 셰르비시(Paul Schervish)의 용어로 '과도한 행위 주체성(hyperagency)', 즉 자신과 다른 사람이 살아가는 제도적 틀을 확립할 수 있는 능력을 갖고 있다(Herman & Schervish, 1991). 풍부한 지식과 경험, 인맥을 가진 사람도 많고 영향력을 지닌 사람도 많으며 어떤 이들은 권력을 쥐고 있다. 필란트로피스트는 알맞은 파트너십을 통해 비영리단체가 단일 프로젝트를 넘어서는 전략적 목표를 달성하도록 도울 수 있다. 이는 미국의 빌 게이츠와 멀린다 게이츠에 의해 충분히 공개적으로 입증되었지만 유럽에서도 그 사례를 찾는 것은 어렵지 않다. 웹헬프닷컴(www.webhelp.com)의 공동 설립자로 재산을 일군 프레데리크 주세(Frédéric Jousset)는 나중에 루브르박물관 후원자가 되었다. 루브르박물관에 대한 그의 후원 중 일부는 재정적 지원이다. 그러나 비르지니 세게르(2009)에 따르면 "나는 인터넷 세대다"라고 주장한 조제트는 뤼피카튈레(Lupicatule) 어린이용 웹 애니메이션 프로젝트 개발을 돕는 방법을 통해서도 루브르박물관을 후원했다. 루브르박물관이 새로운 젊은 관객에게 다가갈 수 있도록 재정적 지원과 실질적 지원을 아끼지 않는 이런 모습이 전략적 동반자관계다.

　　유럽의 비영리단체들에게도 새로운 용어와 그에 따른 새로운 생각이 필요한 시기다. 일부는 변화를 이루었다. 영국암연구소(Cancer Research UK)에는 '고액 후원자 파트너십 책임자'가, VSO에는 '필란트로피와 파트너십 책임자'가 있다. 하지만 아직 이 패러다임 전환을 이루지 못한 곳이 많다. '전략적 파트너' 같은 용어는 고액 필란트로피스트가 비영리단체와의 관계를 통해 안겨주는 이익을 '고액 기부자'라는 말보다 훨씬 잘 포괄한다.

전략적 적응

　　거의 40년 전에 레이먼드 마일스(Raymond Miles)와 찰스 스노(Charles Snow), 앨런 마이어(Alan Meyer, 1978, p. 549)는 조직이 변화하는 환경에 적응하는 방식을 이해하기 위한 구조를 제안했다(이들의 논문은 출판, 전자 제품, 식품 가공, 의료 분야에서 일하는 영리단체에 초점을 맞추었다). 이들은 적응을 위해 경영진이 해결해야 하는 세 가지 연계된 문제를 다음과 같이 구체화했다.

1. '기업가적 문제'는 조직이 '특정한 재화나 서비스, 목표시장'을 개발하는 방법과 관련된다(p. 549). 이를 위해서는 경영진이 정해진 제품시장 영역에 자원을 투입해야 한다.
2. '엔지니어링 문제'는 기업가적 문제에 대한 경영진의 해결책을 작동 가능하게 만들 때 생기는 과제다. 어떻게 해야 이것을 작동시킬 수 있을까?
3. '행정적 문제'는 조직의 내부 시스템을 합리화하고 안정화하거나 조

직이 지속적으로 혁신할 수 있게 새로운 시스템을 만드는 것 등 기업가적인 측면에서 제기된다. 이 문제에 대한 해결책은 내가 '적응 사이클'이라고 부르는 것을 완성한다.

여기서는 조직을 다음과 같이 분류한다.

1. '방어자'는 '안정적인 영역을 만들기 위해 전체 시장의 일부를 봉쇄" 하는 식으로 기업가적 문제에 대응한다(p. 550). 이들은 제한된 범위의 제품으로 경쟁력 있는 가격과 효율적인 유통 및 관리 시스템을 사용한다. 이들의 주된 위험은 시장 환경의 큰 변화에 대응할 수 없다는 것이다.

2. '탐사자'는 환경조건, 동향, 이벤트를 지속적으로 감시하면서 제품 및 시장 기회를 찾고 개발하는 데 중점을 둔다. 이들의 엔지니어링 문제는 단일 유형의 프로세스에 장기적으로 의존하는 것을 어떻게 피하느냐이고 행정적 문제는 변화를 허용하고 장려하는 것이다.

3. '분석가'는 '방어자'와 '탐사자'의 요소를 결합하여 "새로운 제품과 시장 기회를 찾아내 활용하는 동시에 기존 제품과 고객의 확실한 중심을 유지하는" 것을 목표로 한다(p. 555). 이런 이중성은 "조직이 이중 기술 코어를 구축하도록 강제한다."

4. '반응자'는 주로 적응하지 않음으로써 환경 변화에 부적절하게 대응한다. 그 이유는 경영진이 조직의 전략을 명확히 설명하지 못하고 전략에 맞는 구조와 프로세스를 구축하지 못했기 때문이라고 생각한다. 이들은 "환경조건의 압도적인 변화에도 불구하고 조직의 현재 전략-구조 관계를 유지한다."(p. 558)

유럽의 비영리단체들은 이 렌즈를(브라운과 아이버슨이 2004년에 다른 맥락에서 그랬던 것처럼) 고액 필란트로피 사업의 변화하는 환경에 대응하는 방식에도 적용할 수 있다.

안타깝게도 조직 대부분은 '반응자'다. 고액 필란트로피에 관한 콘퍼런스나 교육행사, 책, 잡지 기사가 상당히 많다는 점을 생각하면 이런 조직의 경영진이 이 주제를 모른다는 것은 상상하기 어렵다. 그러나 유럽에 있는 중소 규모의 비영리단체 열 곳에 고액 필란트로피 활동(또는 '고액 기부자')에 대한 전략을 물어보면 여덟 곳에서 아홉 곳 정도는 없다고 말할 것이다. 이 분야에서 일하는 컨설턴트들에게는 물론 좋은 소식이다. 그러나 유럽의 비영리 부문과 필란트로피 활동을 위해서는 그렇지 않다.

전략이 없는 '반응자'는 고액 필란트로피와 관련된 온갖 현실적인 문제에 직면한다. 그는 자기가 후원하는 병원 병동에 방문할 수 있는가? 우리 프로젝트에 이름을 올려달라는 새로운 기부자의 요구에 어떻게 대처해야 할까? 그와 협력하는 것이 내 일인가, 아니면 이사가 해야 하는 일인가? 기부자가 사회복지사와 이야기하고 싶다는데, 복지사는 매우 바쁘다고 한다. 그러면 어떻게 해야 할까? 그에게 앞으로도 계속 광고용 우편물을 보내 기부를 호소해야 할까? 당신이 필란트로피 사업이나 모금 활동에 종사하는 사람이라면 이런 순진한 질문에 웃을지도 모른다. 하지만 이는 많은 비영리단체에게 고액 필란트로피 때문에 제기되는 실질적인 과제다. 대부분 이런 과제는 조직 내부의 문제이기 때문에 필란트로피스트는 기부할 준비가 되어 있지만 조직은 이에 대응할 준비가 되어 있지 않다. 그 결과 비영리단체는 각각의 새로운 개별 상황에 대해 개별적인 대응책을 마련하느라 많은 시간을 낭비한다.

일부 단체는 '반(半)반응자'다. 시장의 변화를 인지한 그들은 홍보용 우편물을 통해 후원자들에게 기부를 좀더 늘려달라고 요청하는 '중간 기부자' 프로그램 등의 새로운 상품을 제공하여 이에 대응한다. '중간 기부자' 또는 '부가가치' 프로그램은 매우 효과적일 수 있으며 문화예술 분야의 단체들은 이를 신속하게 받아들였다.

그러나 '반반응자'들은 고액 필란트로피 사업의 전략적 의미를 이해하지 못했고 시장에 맞게 내부 구조를 조정하지도 않았다. 11장의 계층형 재단에서 살펴본 것처럼 여기에는 직원과 이사회 수준의 변경도 포함된다. 예를 들어 직원 수준의 적응은 현재 조직 계층 구조의 낮은 자리에 있는 모금담당자를 최고 경영진과 함께 고위직으로 옮기는 것이다. 그러면 그녀의 필란트로피스트 경험을 경영 문제에 적용할 수 있을 것이다. 이사회 차원의 적응은 필란트로피스트를 이사회에 참여하도록 초대하여 그들의 지식, 인맥, 영향력을 공유하는 것인데, 이는 유럽의 많은 비영리단체가 시도하기에는 매우 어려울 것이다.

유럽의 비영리단체에는 분석가와 전망자가 있다. 예를 들어 스페인의 옥스팜 인테르몬은 고액 필란트로피 시장을 분석하고 단체가 채울 수 있는 틈새시장(임팩트 투자)을 찾아냈다. 그래서 해당 분야에 직원과 자원을 할당하고 프로그램을 개발한 뒤 벤처 필란트로피 커뮤니티에서 적극적으로 홍보하고 있다. 네덜란드의 SOS 어린이 마을(네덜란드어로는 SOS 킨데르도르펀)은 탐사자로 분류할 수 있다. 비영리단체들은 다른 시장의 기부자주도기금 동향을 주목하고 지지자와 시장을 분석한 뒤 필란트로피스트를 모집하기 위한 성공적인 프로그램을 개시했다(www.soskinderdorpen.nl/helpmee/bijzondere-giften/waarom-een-fonds-op-naam/).

유럽의 비영리 부문 분석가들은 영리 부문 분석가들과 마찬가지로 '이중 기술 코어' 문제, 즉 쉽게 말해 이중 데이터베이스 문제를 겪고 있다. 최근까지는 비영리단체와 고액 필란트로피스트의 복잡한 관계를 관리하기 위한 저렴하고 간단한 데이터베이스 소프트웨어가 없었다. 유럽 대륙의 많은 국가에는 다이렉트 마케팅 기관이나 그 파트너가 제공하는 DM 프로그램용 소프트웨어만 있었다. 하지만 이 기술로는 메일링 프로그램이나 기부자들의 반응은 관리할 수 있지만 고액 필란트로피스트와의 파트너십 구축의 일환인 관계 계획이나 다중관계에는 효과가 없었다. 그 결과 최근까지도 NGO의 주요 다이렉트 마케팅 데이터베이스에는 전략적 기부자가 일반 기부자로 기록되었고 NGO의 고객관리자는 기부자와의 관계를 추적하기 위해 스프레드시트에 완전히 별도의 데이터 세트를 보관했다. '이중 기술 코어' 때문에 중복, 그리고 때로는 오류까지 발생한 것이다.

유럽의 비영리단체들은 고액 필란트로피스트를 위한 새로운 상품을 개발하고, 그 상품이 시장에서 제대로 기능을 발휘하고, 또 시장에서 내부적으로 적응하는 데 도움이 되는 '적응 주기'에 느리게 진입했다. 그래서 이제 따라잡으려고 애쓰는 중이다.

관계 구축

에이드리언 사전트, 에이미 아이젠슈타인, 리타 코타스(2015)는 수입이 1000만 달러 이하인 비영리단체를 위해 관계 구축에 대한 유용한 가이드를 작성했다. 이 보고서는 미국 사람들을 위해 작성한 것이지만 유럽 사람들과도 관련이 있다. 그들은 고액 필란트로피스트들이 기부하는 이유를 설명하고, 2014년 미국의 뱅크 오브 아메리카에서 실시한 설문조사에서 고액 기부자의 74퍼센트가 '기부가 만드는 차이에 감동받았기' 때문에 기부한다고 응답했음을 보여준다. 이 응답은 임팩트(그 사람이 자신의 기부가 변화를 만들어낸 증거를 보았다는 뜻)와 감동(대의명분과의 감정적 또는 공감적 연결을 암시)이라는 두 가지 아이디어가 결합된 것이다. 응답자의 3분의 2 이상 (68퍼센트)은 조직의 효율성(소득에 비례하여 변화에 영향을 미칠 수 있는 능력)에 대해 언급했고 절반 이상(53퍼센트)은 그 단체를 위해 자원봉사를 한다고 답한 것을 보면 이런 임팩트와 정서적 연결의 조합은 중요해 보인다.

전문가들은 이 모든 것에 어느 정도까지 영향을 미칠 수 있을까? 전문적인 모금담당자나 필란트로피 조언자가 변화를 가져올 수 있을까? 미국과 영국에서 일하는 동료들은 대부분 첫번째 질문에 대해 "많은 영향을 미칠 수 있다"고 답했고 두번째 질문에도 "그렇다"고 답했지만 여기 유럽 대륙에서는 이 문제들을 여전히 논의중이다. 이 책에서 계속 지적한 것처럼 데이터 부족도 그 이유 중 하나다.

사전트, 아이젠슈타인, 코타스(2015)의 연구에서 두 가지 결론을 도출할 수 있다. 첫째, 고액 필란트로피스트의 동기는 복잡하고 미묘하다는 것이다(물론 모든 기부자의 동기는 복잡하고 미묘하지만 고액 필란트로피스트의 경우 그런 복잡성은 거액에 영향을 미친다는 것이 문제다). 따라서 필란트로피스트와 단체에 대한 지식은 모든 관계 관리에 필수적이다. 둘째, 이 시장에서 파트너십을 구축하려면 경영진이 이 목표시장을 위한 서비스 개발에 자원을 투입해야 한다. 그것이 '적응 주기'의 첫번째 부분이자 견고하고 전략적인 대응을 향한 첫번째 단계다.

고액 필란트로피의 지식과 관계

고액 필란트로피스트와 비영리단체 사이의 관계는 복잡하다. 많은 연결 노드를 통해 다양한 단계에서 문제가 발생할 것이다. 이를테면 그 기부자는 어떤 프로젝트를 후원하고 있고, 우리 회계담당자와 친한 친구이며, 다른 기부자와 함께 학교에 다녔고, 우리 프로그램의 혜택을 받는 아이의 어머니와 아는 사이이며, 수년 전에 우리가 진행한 청소년 프로그램에서 자원봉사자를 했고, 트위터에서 우리 계정을 팔로하고 있다. 그들은 동기와 반대 의견이 혼합된 상태로 움직인다. "도와주고는 싶지만 여기가 그 일을 하기에 가장 좋은 단체인가?" "그 프로젝트는 마음에 들지만 단체 자체는 매우 정치적인 느낌이 든다." "좋은 단체 같은데, 이사가 내 이메일에 답장을 하지 않는다." 사전트와 동료들(2015)의 연구에서 보았듯이 이런 동기와 반대 의견이 혼합된 상황은 탐지하기 어렵고 개별적으로 발생한다.

　회계담당자 한 사람은 고액 기부자 고객에 관한 정보를 모두 알고 있어야 한다. 관계의 질과 양에 대해 알아야 하고, 기부자의 동기와 반대 의견이 무엇인지 알려주는 미묘한 신호에 눈과 귀를 집중해야 한다.

　실제 또는 잠재적 기부자에 대해 이런 수준의 이해에 도달하려면 개인에서 단체로, 그리고 그 반대 방향으로 흐르는 지식의 특별한 흐름이 필요하다. 이런 지식은 칵테일파티에서 한 말, 언론 논평, 이사회 재무 책임자에게 보낸 이메일, 난민에 대한 트위트 내용 등에서 나올 수 있다. 이렇게 항상 열려 있는 채널 중 하나가 고객관리자에게 정보를 제공하여 기부자와의 관계를 진전시키도록 하거나 기부자에게 정보를 제공하여 기부 결정을 도울 수도 있다. 이런 일은 기부자와 비영리단체가 맺은 모든 관계에서 일어나지만 고액 필란트로피 부문에서 어떤 지식 또는 지식 부족을 기반으로 내린 결정은 비영리단체에 중대한 전략적·재정적 임팩트를 만들어낼 수 있다. 오해("당신이 나한테 이사회 자리를 줄 수 있을 것이라고 생각했는데, 그것이 불가능하다는 사실을 이제 알게 되었다")는 기부자의 흥미를 잃게 만들 뿐 아니라 영향력 있는 기부자의 경우 다른 기부자까지 등을 돌리게 하는 결과를 초래할 수도 있다.

이사회와 경영진은 고액 필란트로피 분야에서 지식 흐름의 중심이다. 유럽에서는 여기서 자주 문제가 생기기도 한다. 나는 CEO가 직원들에게 서면 허가 없이는 절대 이사들과 접촉할 수 없다는 포고령을 내린 유럽의 한 대형 비영리단체에 대해 개인적으로 경험한 적이 있다. 이 때문에 고객 관리자/모금담당자는 가장 강력한 네트워크인 이사회를 효과적으로 사용할 수 없게 되었다. 4부에서 살펴본 것처럼 상대적으로 규모가 작은 단체에서도 계층 구조가 발달하여 고객관리자/관계관리자를 이사회나 경영진과 분리하고 쓸모없는 정보 저장소를 만들 수 있다. CEO는 프랑수아 필란트로피스트가 교육 프로그램을 좋아한다는 사실을 알지만 고객관리자에게 그 정보가 전달되지 않는 바람에 그는 기부자에게 계속 여성 권리 프로젝트만 제안한다. 또는 조지 굿이 아이들의 교육 방식 개선에 관심이 있다는 사실을 고객관리자만 알고 이사장은 몰랐던 탓에 칵테일파티에서 조지를 만난 이사장은 학교 도서 구입 프로그램 이야기로 그를 지루하게 만든다.

그 결과(이 역시 나의 생생한 경험이다) 유럽에는 매우 좌절한 소수의 모금담당자가 남게 되었다. 부유한 사람들에게 거액의 기부금을 모금하기 위해 채용된 그들은 고위급 인사들과 연결된 길이 모두 차단되었음을 발견한다. 그들은 곧 이사회가 기대하던 비현실적으로 많은 수입을 올리지 못하는 악순환에 빠지게 되고 결과적으로 이사회의 신뢰를 잃는다. 고액 기부자 프로그램이 제대로 작동하려면 이사회의 신뢰가 가장 필요한데 말이다. 사전트, 아이젠슈타인, 코타스(2015)가 상기시키는 것처럼 "단체에서 필란트로피 문화를 성공적으로 조성하는 데 큰 부분을 차지하는 것은 단체의 옹호자이자 리더인 이사진이 적극적이고 효과적인지 여부에 달려 있다."

지식과 그것을 포착하고 저장하고 교환하는 문제는 마일스와 스노, 마이어의 연구가 여전히 중요한 이유 중 하나다. 고액 필란트로피 시장에 처음 진입하는 단체는 적어도 이 시장 분야에서 제대로 기능하려면 실질적인 지식 흐름이 필요한 '탐사자'이어야 하고 '낮은 수준의 공식화, 분산 통제 [및] 수평적·수직적 통신으로 특징지어지는 제품 또는 프로젝트 구조'를 갖고 있어야 한다(p. 553). 유연하고 적응력이 뛰어난 조직이다. 장마리 데스트레도 퐁다시옹 카리타스 프랑스를 이런 측면에서 설명했다.

"퐁다시옹은 스타트업과 비슷하다. 때로 관료적 절차를 내세우는 가톨릭구호협회와 무관한 민첩한 조직이기 때문에 결정도 빨리 내린다. 기부자들은 피에르 르베네(Pierre Levené) 사무국장과 나[장마리 데스트레는 사무차장이다]의 공동 경영을 좋아한다. 그들은 사무국장이나 사무차장과 직접 만날 수 있다는 점을 좋아한다."

필란트로피 전략

그렇다면 유럽의 비영리단체들은 고액 필란트로피 분야의 종잡을 수 없는 상황에 어떻게 대응해야 할까? 2013년 당시 유럽에서 가장 발전된 고액 필란트로피 시장이었던 영국에 대해 쓴 글에서 베스 브리즈와 테리사 로이드(2013, p. 197)는 "[비영리단체들은] 적극적인 참여를 유도하는 기업문화를 발전시키려는 의지가 부족했고 부유층에게서 장기적으로 성공적인 모금을 할 수 있도록 뒷받침해주는 제도적 변화에 투자하거나 이를 감독하지 않았다"고 말했다. 이들은 자선단체에게 여러 가지 권고를 하는데(정부, 필란트로피스트, 조언자에게도 똑같이 했다), 여기에는 기부 요청 능력 키우기, 기부자의 기부 경험이 긍정적인지 확인하기, 레거시 프로그램 통합하기, 어울리는 지원금 조달 계획 개발하기, 자선단체의 역량과 효율성에 대한 신뢰 부족 문제 해결하기 등이 포함된다.

이 권고 내용에 모두 동의하지만 나만의 권고를 추가하고 싶다.

첫째, 일부 비영리단체는 고액 필란트로피 시장에 아예 진입하지 않기로 결정할 것이다. 복잡하고 지저분하며 논란의 여지가 있고 사기꾼도 일부 포함되어 있기 때문에 어떤 조직의 경우 차라리 그 바깥에 있는 편이 더 안전하다. 그러나 적어도 한 가지 부분만큼은 많은 조직이 참여하고 싶어한다. 유럽 전역에서 이 주제에 대한 세미나와 교육 요구가 상당히 높기 때문이다. 연례 국제기금모금총회(www.resource-alliance.org/ifc)에서 열리는 고액 필란트로피 마스터 클래스는 몇 달 전부터 마감된다. 조직들은 시장에 대응하는 방법을 배우고 싶어한다.

하지만 어떻게? 어떻게 해야 필란트로피의 미래를 준비할 수 있을까? 이 책이 당신에게 어느 정도 답을 제시했기를 바란다. 중요한 교훈은 다음과 같다.

- 분석 : 분석가가 되자
- 지식을 위한 구조 조정 : 내부 구조를 수정하여 사람들이 이야기를 하게 한다.
- 임팩트, 임팩트, 임팩트 : 우리는 어떤 차이를 만드는가?
- 기부자 유형 세분화 : 모든 사용자에게 동일한 제안을 보내면 안 된다.
- 포함 : 현재 진행중인 작업에 기부자 포함
- 발명 : 새로운 기부 및 투자 방법
- 파생 : 영구적인 수익 창출을 위해 신규 또는 자회사 설립

- 방어 : 정부의 납세자 지위 박탈 및 사냥감을 찾아다니는 타블로이드 신문으로부터 비영리단체 보호

분석

유럽은 대륙 곳곳에서 진행중인 선행을 서서히 대중의 시선에 노출하면서 필란트로피 문화를 알리고 있다. 정부 정책, 부에 대한 태도 변화, 필란트로피 활동의 전문화 등 이 책에서 논의한 요인들이 효과를 발휘함에 따라 이 과정은 더 속도를 낼 것이다. 따라서 지금은 당신이 속한 조직이 언젠가 '고액 필란트로피 파트너십' 전략을 수립하게 될 날을 대비하여 이 시장을 분석하기에 딱 좋은 때다.

시장에서 당신이 사는 나라의 부에 대한 기본적인 데이터를 얻으려면 국가 통계청이나 유럽연합 통계청(Eurostat, http://ec.europa.eu/eurostat), 룩상부르 자산 연구 데이터베이스(www.lisdatacenter.org) 등을 이용해야 한다. 보다 자세한 정보를 원한다면 국가별 자산가 명단(16장 참조)을 찾아보거나 이사회 이사들의 급여에 대한 뉴스와 데이터를 수집해야 한다.

유럽에서는 필란트로피에 대한 데이터가 훨씬 제한적이지만 그래도 몇 가지 단서가 있다. 각 나라의 국립재단센터나 유럽학술연구센터 네트워크(둘 다 16장 참조)에서 이제 정보를 공개할 수도 있다.

그리고 나서 내부로 눈을 돌려 후원자 데이터베이스와 이해관계자들을 살펴보자. (네덜란드 사람들이 '골드 코스트'라고 부르는) 고가의 주택 거리나 지역 중심의 검색 같은 간단한 데이터베이스 검색을 해보면 기존 후원자 중에 다른 이들보다 재정적 잠재력이 큰 사람이 포함되어 있는지 알 수 있는 첫번째 단서를 얻을 수 있다.

최신 온라인 검색 도구를 이용하여 이 데이터에 대한 추적 시스템을

설정하면 해당 시장에 대한 정보를 수신하고 내부에 전달할 수 있다.

프로그램을 효율적으로 실행하는 데 도움이 되는 시스템과 그렇지 않은 시스템을 분석한다. 기본적인 백오피스 기능("기부금 영수증을 발송하는 데 2주가 걸린다")은 프로그램 개발에 상당한 장애가 될 수 있다.

시장에서 제품을 테스트해본다. 당신의 조직은 이미 어느 쪽이 더 효과적인지 확인하는 A/B 분할 테스트를 이용한 다이렉트 마케팅을 하면서 이 작업을 수행하고 있다. 이 분야의 전문 컨설턴트 수가 증가함에 따라 유럽에서도 제품(프로젝트와 그 패키지 방식)에 대한 정성적 테스트가 가능해졌다.

데이터가 존재하지 않기 때문에 유럽에서 고액 필란트로피 사업에 대한 완전한 시장 분석은 진행할 수 없다. 그러므로 그 목표에서 시작하면 안 된다. 기껏해야 약간의 하드 데이터와 단서 몇 가지가 전부일 것이다. 당신의 조직이 위험을 극도로 회피하는 조직이고, 관리자가 결정을 내리기 전에 모든 사실을 알고 싶어한다면 오랫동안 기다려야 한다. 조직이 탐사자 유형인 경우에는 적절한 양의 정보와 긍정적인 제품 테스트, 제대로 작동하는 시스템이 있으면 위험을 감수할 것이다.

지식 재구축

유럽에서 고액 필란트로피스트와 파트너십을 맺는 것은 비공식 정보에 달려 있다. 앞에서 살펴본 것처럼(지식과 관계에 관한 부분) 이는 이사회나 경영진 중에 존재할 가능성이 높은 중요한 정보원과 고객관리자가 긴밀한 업무관계를 맺고 있는지 여부에 따라 달라진다. 하지만 꼭 그런 것은 아니다. 프랑스에 거주하는 한 고객의 경우 필란트로피스트와의 연결고리를 찾아낸 사람은 그 단체의 접수원이었다. 그가 20년 전 젊은 시절에 그 단체에서 자원봉사를 했던 사실을 기억한 것이다.

이런 정보 흐름을 극대화할 수 있는 고객관리팀을 구성하자. 그러려면 팀원들이 이사회에 자유롭게 접근하여 이사들과 함께 일하게 하고 고위 경영진과도 어울리게 해야 한다.

또 잠재적 기부자 조사관도 고용해야 한다. 옥스퍼드대학부터 영국암연구소, 유럽 대륙의 HEC부터 국경없는의사회까지 모든 조직은 잠재적인 고액 기부 파트너에 대한 정보를 수집, 저장, 해석, 전달하는 업무를 전담할 사람을 고용했을 때 생기는 이점을 발견했다. 16장에서 살펴본 것처럼 기본적으로 이는 효율성의 문제다. 높은 급여를 받는 고객관리자(모금담당자)보다 잠재적 기부자 조사관이 조직 내외부의 정보를 알아내도록 하는 편이 더 비용 효과적이다.

임팩트, 임팩트, 임팩트

임팩트는 무지개 끝자락에 묻혀 있는 황금 단지다. 앞 장에서 살펴본 것처럼 임팩트는 측정하기 어렵고 혹시 측정하더라도 비교 기준이 될 만한 국제적으로 합의된 표준이 없다. 그러나 고액 필란트로피스트들은 특히 임팩트에 관심이 많고 이들에게 황금 단지란 임팩트를 수익화할 수 있는 수단이나 "나는 교육에 100만 유로를 투자하여 2500만 유로의 사회적 가치를 창출했다"고 말할 수 있다는 뜻일 것이다.

많은 NGO는 프로젝트 생성에 영감을 준 기본 연구나 자금을 지원하는 주요 정부 기관을 위해 파트너와 함께 수행한 연례 설문조사 등 임팩트 측정을 시작하는 데 필요한 데이터를 많이 보유하고 있다. 일부는 학자들과 협력하여 이 프로젝트의 핵심인 사회 문제로 인한 비용에 관한 연구를 진행했다. 매종(梅腫)이나 부룰리 궤양 등 학계에서 무시하던 열대성 질병도 이런 방식으로 연구하게 되었다. 하지만 이런 연구는 임팩트 계산에서 그리 중요한 단계는 아닐 것이다. 게다가 표준화된 시스템의 부족(그리고 앞에 쓴 내용과 상반되지만 많은 NGO가 겪는 데이터 부족 문제)은 조직의 임팩트 측정과 발표에 걸림돌이 된다.

몇몇 비영리단체는 임팩트 연구를 위해 직원을 채용하는 단계도 밟았다. 바르셀로나 자치대학 지상생태연구센터인 CREAF에도 담당 직원이 한 명 있고 영국의 맨캡(Mencap), 스코프, NSPCC도 직원을 고용했다. 물론 벤처 필란트로피 기금에도 임팩트 조사관들과 조언자들이 있다. 예를 들어 이 책을 위해 인터뷰한 사람들 중 한 명인 볼프강 하펜마이어는 트러스티드 패밀리(Trusted Family, www.trustedfamily.net)의 '사회적 임팩트 조언 책임자'다.

고액 필란트로피스트와 함께 일하는 비영리단체의 핵심 전략은 임팩트를 입증하고 수익을 창출하는 것이다. 이를 위해서는 유럽 비영리단체들의 임팩트를 분명히 밝히기 위한 자원과 합의가 필요하다.

기부자 유형 세분화

시장이 변하고 있다고 생각하든 아니든 세분화하지 않는 것은 어리석은 짓이다. 이는 스위스의 우아한 프라이빗 뱅커들이 수년 전에 배운 교훈이지만 유럽의 비영리 부문은 아직 완전히 동화되지 않았다.

세분화는 마케팅의 매우 기본적인 부분이지만 유럽의 많은 비영리단체는 여전히 기부자 데이터베이스 전체를 상대로 똑같은 프로젝트에 동일한 기부금을 요청하는 똑같은 호소문(또는 전화)을 발송하고 있다. 그 이유는 무엇일까? 개개인이 다르다는 것을 알고 있기에 그들의 관심사, 재정 상황, 기부에 대한 이해, 기부 동기, 그들의 마음을 끌어당기는 기부 유형이

다르다는 것도 알고 있다. 그런데도 동일한 기부금, 똑같은 방식을 요구하는 것이다. 이것은 더이상 데이터의 문제가 아니다. 은행이나 슈퍼마켓과 마찬가지로 갈수록 저렴해지고 밀도가 높아지는 데이터에 접근할 수 있다. 새롭고 낯설어서 그런 것도 아니다. 갈수록 많은 뛰어난 비영리단체와 선도적인 브랜드, 소규모 조직이 성공적으로 세분화되고 있다. 물론 기술적인 문제는 있다. 일부 비영리단체는 여전히 매우 낡은 고객관계 관리 소프트웨어를 쓰면서 느릿느릿 움직이고 있다. 하지만 무엇보다도 이것은 경영진의 문제다. 동네 슈퍼마켓도 고객 데이터를 수집하여 세분화할 수 있는데, 그렇게 하지 못하는 이유는 무엇인가?

세분화 대상은 누구일까? 이는 이 책보다 더 기술적인 마케팅 책에서 다루어야 할 질문이다. 그러나 퐁다시옹 드 프랑스(4장, de Laurens & Rozier, 2012)의 연구에서 살펴본 태도와 관련된 부분은 유용한 출발점이 될 것이다. '혁명의 딸'을 '필란트로피 상속자'와 구분하는 작업은 그녀에게 어떻게 말해야 하는지, 어떤 부분에 집중해야 하는지, 그녀가 과연 얼마나 기부할 것인지, 누가 그녀와 이야기를 나누어야 하는지 파악하는 데 필수적이다. 혁명의 딸과 만날 때 조직의 답답하고 보수적인 회계담당자를 데려가면 안 된다. 그녀는 정치 문제에 적극적이고 신랄한 프로그램 책임자에게 더 관심을 가질 것이다.

기부자 포함

비영리단체, 특히 규모가 큰 NGO는 오래전부터 프로젝트관리를 위해 강력하면서도 엄격한 시스템을 개발해왔다. 이것은 그들 세계에 미치는 영향력의 결과로 감사할 수 있는 재무 프로세스를 보여주기 위한 정부 쪽 자금 제공자의 요구 사항이다. 정부는 납세자들에게 돈의 가치를 보여주기

원하기 때문에(다른 업무 영역에서는 그다지 의욕을 보이지 않는다) 13장에서 아르누 메르턴스가 언급한 물량 내역서에 이르기까지 자금을 지원하는 NGO가 완전한 책임을 지도록 요구한다. 이 모든 것은 정부에게는 좋은 일이었지만 필란트로피스트들에게는 조금 경직된 결과를 가져왔다. 이런 상황에서는 아무리 열성적인 필란트로피스트라 하더라도 NGO에 무작정 찾아가 새로운 프로그램이나 프로젝트를 만들어보라고 제안할 수 없다. 프로그램팀의 일이기 때문이다. 직접 프로그램을 만들 자유를 얻고자 하는 것도 유럽 필란트로피스트들이 직접 재단을 설립하는 이유 중 하나다. 이런 관점에서 보면 최근 몇 년 사이에 유럽의 부자들이 창설한 수천 개의 새로운 재단은 다른 비영리 부문이 실패한 결과물이다. 이렇게 강하고 활기차며 기업가적인 필란트로피스트들이 원하는 기부처를 제공하지 못한 것이다.

필란트로피스트의 마음을 사로잡고 싶은 비영리단체는 그들을 계획에 포함하기 시작해야 한다. 단순히 조립식 주택 프로젝트를 지원해달라고 요청하는 것이 아니라 프로젝트 뒤에 감추어진 문제를 고려하고 분석할 때, 또 전략을 논의하고 변화 이론을 개발할 때부터 필란트로피스트와 관계를 맺기 시작하는 것이다. 이런 접근 방식은 교육 분야에서는 매우 성공적이었다. 내가 운영하는 회사 팩터리는 유럽의 고등교육 기관을 대상으로 프로젝트 사전 조사를 많이 진행했는데, 새로운 교육 프로젝트의 경우 필란트로피스트들이 초기 단계부터 함께 참여하여 조언을 해주었다. 하지만 대규모 개발 협력 NGO들은 아직 이 기술을 수용하지 않고 있다.

이는 말처럼 간단하지 않다. 기부자에게 책임을 지우거나 최소한 관리자 역할을 맡겨야 하기 때문에 비영리단체 내에서 역할에 대한 근본적인 재검토가 필요하다. 이는 모금담당자의 역할을 극적으로 변화하게 한다.

전에는 복도 저쪽 끝에서 일하면서 돈을 끌어오는 사람처럼 생각했던 그녀가 이제는 조직 전체의 발전과 전략적 방향, 새로운 프로그램, 성장의 중심이 된 것이다.

발명

비영리단체는 창의적인 마케터다. 그들은 한정된 예산으로 개인이 필란트로피 활동을 할 수 있는 다양한 방법을 제시한다. 14장에서 살펴본 것처럼 기부자들은 갈수록 다양한 방법으로 후원할 수 있다.

유럽 비영리단체의 영리하고 창의적인 마케팅 직원들은 계속해서 새로운 아이디어를 제시하고 시장의 실험실에서 테스트해볼 것이다. 그러나 그보다 나은 전략은 먼저 시장에 대해 배우고 혁신을 이룬 다음 시장 조사와 제품 개발을 시도하는 것이다. 유럽이 그동안 감추어왔던 필란트로피 활동을 점점 표면적으로 드러내면서 데이터 수집과 조사가 가능해지자 이것은 현실적인 제안이 되었다.

업소셜의 CEO이자 공동 설립자인 미켈 데 팔라데야는 "사회 분야의 연구 개발에 자금을 지원하는 사람은 아무도 없다"고 말한다. "예를 들어 사회성과연계채권은 지금 딱 60개밖에 없다. 이보다 훨씬 많아야 한다." 연구 개발에 대한 투자 부족은 사회적 목적 투자에 대한 재정 수익이 감소했기 때문일 수 있다고 미켈 데 팔라데야는 말한다. "투자한 스타트업 500개 중 세 개만 살아남았지만 그중 하나가 왓츠앱(WhatsApp)이라면 행복할 것이다. 하지만 사회적 목적 투자에는 왓츠앱만큼 규모가 큰 것이 없다."

필란트로피와 투자 사이의 경계에 있는 발명은 성장을 위한 핵심 분야다. 예를 들어 라 볼사 소시알(www.bolsasocial.com)은 생명공학과 작업 공간 임대 분야의 두 회사에서 투자자 134명에게 49만 8207유로를 모금했다고 보고했다(www.bolsasocial.com/blog, 2016년 2월 19일 블로그). 영국의 사회적증권거래소(www.socialstockexchange.com)나 이더엑스(www.ethex.org.uk)는 개발도상국에 대한 자금 대출을 지원하는 양도성자선채권, 주식과 주식예탁증서 등 사회적 목적을 지닌 다양한 저축과 투자 계획을 제공한다.

이런 상품 중 일부는 규제 대상이지만(예를 들어 라 볼사 소시알은 스페인 투자 당국의 허가를 받았다) 규제를 받지 않는 것도 있다. 다른 금융 상품과 마찬가지로 때가 되면 이 시장에도 어떤 형태로든 규제가 생기리라고 예상할 수 있다. 예를 들어 '사회적 임팩트 투자'의 경계를 명확히 하여 그 용어가 사회에 이익이 되는 측정 가능한 사회적 변화를 만드는 투자에 계속 적용되도록 할 수도 있다.

파생

바르셀로나대학 캠퍼스 지하 실험실에서 아이프로테오스(iProteos) 설립자인 테레사 타라고(Teresa Tarragó)를 만났다. 아이프로테오스는 이 대학에서 파생된 기업이고 스페인 최초의 주식 크라우드펀딩 생명공학회사다. 이 회사는 2014년에 투자자 41명에게서 10만 유로를 모금했다. 테레사 타라고는 자신의 투자자들은 모두 개인 투자자라고 말했다. 그녀는 투자자 중 절반은 수익을 위해, 절반은 조현병 치료를 위해 노력하는 이 회사의 사회적 임팩트를 위해 투자했을 것이라고 추정했다.

아이프로테오스 본사는 1997년에 설립된 스페인 최초의 과학 단지인 파르크 시엔티픽 데 바르셀로나(Parc Científic de Barcelona)에 있는데, 현재 이 과학 단지에는 70개 이상의 기업과 비영리단체가 입주하여 2000명의 연구자가 일하고 있다. 단지 운영은 푼다시오 PCB(Fundació PCB)가 맡고 있으며 이곳의 이사회 의장과 부의장 두 명, 사무처장 두 명은 모두 대학을 대표하는 인물이다.

물론 바르셀로나에만 과학 단지가 있어서 파생기업들을 유치하는 것은 아니다. 유럽과 세계 각지의 다른 많은 대학도 같은 일을 한다. 대학들은 과학 단지나 기업들과 공생관계를 유지하면서 동문들을 위한 일터를 조성하고 저명한 학자들을 초빙하거나 투자도 유치한다.

그러므로 다른 비영리단체들이 이런 추세를 따르지 않는 것은 놀라운 일이다. 몇몇 NGO와 유엔 기구들은 제네바, 런던, 헤이그, 코펜하겐 같은 곳에 모여 사무실 공간을 공유한다. 이들 기구는 대부분 재난이 발생했을 때 많은 사람에게 동시에 음식을 제공하는 방법, 국경을 넘어 이동하는 수만 명의 이주민을 등록하는 방법, 곳곳에 흩어져 사는 시골 주민들에게 깨끗한 물을 공급하는 방법, 저항성 작물을 재배하는 방법 등 비슷한 문제를 안고 있다. 그중 일부는 기발한 해결책을 고안했다. 유니세프는 모기장 산업에 영향력을 행사했다. 세계에서 모기장을 가장 많이 구입하는 단체 중 하나인 유니세프는 2014년에 2640만 개의 모기장을 샀고(www.unicef.org/supply/index_59717.html) 일본과 모기장 제조 기술에 대한 라이선스 협약을 체결한 뒤 아프리카 제조업체들에게 이 라이선스를 양도했다. 그러나 이것은 NGO 분야 파생기업(이 경우에는 라이선스)의 보기 드문 예다. 피라미드 맨 아랫부분에 존재하는 문제를 해결하기 위한 파생기업은 임팩트 투자자들과 필란트로피스트들 사이에서 많은 논의가 오가는 주제다. 하지만 NGO에서는 아직 현실화되지 않았다.

방어

유럽의 비영리단체들은 기부자들과 매우 특별한 관계를 맺고 있다. 나는 2015년에서 2016년에 유명한 국제기구와 함께 일했다. 그곳에서는 더 관대한 후원자들에게 우편물을 보냈다. 편지 앞면에서 남반구의 개발도상국 아이들에게 영양을 공급해야 하는 필요성을 설명하고 영양 팩을 제공할 수 있도록 기부해달라고 요청했다. 그리고 뒷면에는 영양 팩의 개당 가격이 47유로임을 설명했다. 수천 유로를 모금한 이 우편물의 결과를 검토하면서 기부자 중에 47유로의 배수 단위로 기부한 사람이 없다는 사실을 알았다. 보통 500유로나 1000유로씩 기부했는데, 자신이 어디에 기부하는지 알아보려고 편지를 뒤집어서 읽어보지도 않은 것이 분명했다. 기부자들은 그 단체에 대한 믿음의 표시로 기부를 한다. 모금 분야에서 A/B 분할 테스트(우편물 수신자를 무작위로 할당하여 A 또는 B 우편물을 발송하고 그 결과를 비교)와 관련하여 자주 회자되는 출처가 불분명한 이야기가 있다. 프린터가 고장나는 바람에 B 우편물에는 미리 인쇄된 기부 양식 외에는 아무것도 인쇄가 안 되었다. 그런데도 B 우편물 쪽이 A 우편물보다 많은 돈을 모금했다는 것이다.

이런 이야기는 각종 뉴스 기사나 임팩트 측정에 대한 관심에도 불구하고 많은 기부자가 비영리단체에 대해 갖고 있는 절대적인 믿음을 보여준다. 이런 믿음은 유럽의 비영리단체들에게 엄청난 가치(기부금 증가와 노력 감소)를 안겨준다.

고액 필란트로피 분야에는 기부자와 기부를 받는 비영리단체 사이의 긴밀한 관계를 약화할 수 있는 많은 압력이 있다. 첫째, 영리시장 진입이다. 미국의 피델리티가 운영하는 기부자주도기금은 현재 지역사회 재단보다 규모가 크다(Cohen, 2014). 이제 유럽의 많은 은행도 이 분야에 진출하고 있기 때문에 유사한 경쟁이 예상된다. 그리고 이 경쟁업체들은 강력하고 자본이 풍부하며 결단력 있고 창의적이다.

둘째, 시장은 투명성을 요구하지만 모든 것을 불투명하게 유지해야 한다는 내부의 압력이다. 투명성은 연례 보고서(일부 국가에서는 그것만으로도 훌륭한 시작이 될 수 있지만) 발표보다 훨씬 많은 것을 필요로 한다. 비영리단체 CEO의 '높은' 연봉이나 '공격적인' 모금 방식에 대한 스캔들 등 이 분야의 신뢰를 무너뜨리는 스캔들은 비영리단체의 운영 방식에 대한 국민들의 이해 부족에서 비롯되기 때문이다. 비영리단체에서 어떤 일을 왜 하는지를 이해 당사자들에게 충분히 알리지 못했다. 보통 사람들은 비영리단체가 왜 전화로 모금을 하는지, 왜 시장 세분화를 위해 데이터를 구입하는지 이해하지 못한다. 그녀는 보험회사나 슈퍼마켓, 은행에서 그런 일을 한다는 사실은 알지만 '자선단체'가 그런 것은 잘못된 일처럼 보인다. 그 결과는? 2015년 〈데일리 메일Daily Mail〉이 앞장서고 다른 영국 언론들까지 합세하여 보도하는 바람에 영국 모금 분야에 대한 규제가 강화되었다.

영리기업에 대항하여 버티고 또 고액 기부자들을 교육하기 위해 비영리단체는 부가가치와 개방성을 강조하는 새로운 전략을 개발해야 한다. 고액 필란트로피의 경우와 마찬가지로 이는 일하는 방식이나 체계, 기부자나 투자자와의 관계에서 상당한 변화를 의미할 수 있다.

결론

이 장은 유럽의 비영리단체에서 일하는 이들을 위한 전략적 체크리스트였다. 이 시장이 당신을 위한 시장인지 판단한 뒤에 분석, 지식, 임팩트, 세분화, 포괄성, 창의성, 파생, 방어 같은 전략적 요소에 초점을 맞추면 비영리단체가 이 시장에서 활동하기 위한 준비를 갖출 수 있다.

18장

결론 및 미래

현재 유럽 필란트로피 분야의 네 영역에서 변화가 진행되고 있다.* 첫째, 인구통계학적 영역이다. 여기서는 새로운 부의 등장과 증가하는 빈곤으로 인한 어려운 상황을 볼 수 있다. 둘째, 인터넷 출현으로 최근 몇 년 동안 크게 확장된, 앎의 영역이다. 셋째, 우리가 하는 일의 틀을 정하려는 정부다. 넷째, 실용적인 영역, 즉 실제로 일어나는 일과 이를 실현하는 기술자들이다. 이 모든 영역에서 동시에 진행되는 변화는 진화나 혁명의 이면에 존재하기 때문에 눈에 보이기는 해도 측정하기가 매우 어렵다. 이 장에서는 이런 변화 영역을 검토한 뒤 미래에 투영할 것이다.

---

* 나는 필란트로피와 그 환경을 설명하기 위해 구체와 원을 은유로 처음 사용한 사람이 아니다. 『부자들은 왜 기부를 하는가』(Lloyd, 2004) 초판에는 '대의에 대한 믿음', '변화의 촉매', '사기실현', '도덕적 차원', '관계' 등 기부와 관련된 영향력의 원이 포함되어 있다.

인구통계학적 영역

이 영역에서는 괜찮은 하드 데이터를 찾을 수 있다. 이는 앞으로 다가올 거대 가스 행성들과는 정반대인 암석 행성과 비슷하다.

유럽에서 부의 증가는 중요한 인구통계학적 변화다(유럽에서 부자 명단이 급증한 것만 보아도 알 수 있다. 평소 재미없고 고루한 비즈니스 잡지나 시사지에 부자 명단을 실어 두껍고 현란한 버전으로 만들면 금세 팔린다). 내가 갖고 있는 2011년판 네덜란드 〈퀴오테〉의 부자 명단은 302페이지에 830그램인데, 2015년판은 374페이지에 1킬로그램이 조금 넘는다. 4년 사이에 발표된 부의 무게가 20퍼센트 늘어난 것이다. 모두 전보다 조금씩 더 부유해졌고 소수의 사람은 다른 사람들보다 훨씬 더 부유하다. 폴 셰르비시(2000, p. 4)가 미국 데이터를 이용하여 지적한 것처럼 부가 증가하면 필란트로피 활동도 증가한다. "소득 상위 1퍼센트 이내의 가구 중 소득이 100만 달러가 넘는 0.08퍼센트가 전체 자선 기부금의 22퍼센트를 기부한다." 에드윈 베네마도 네덜란드의 비슷한 통계 자료에 주목한다. "네덜란드 가정의 20퍼센트가 자선단체를 후원하는 모든 기부금의 80퍼센트를 책임지고 있다. 소수의 매우 부유한 사람이 가장 많은 기부금을 낸다."

그리고 여기 새로운 부가 등장했다. 1989년에는 "[〈선데이 타임스〉 부자 명단의] 약 3분의 2가 재산을 상속받은 이들이었다."(Beresford, 2016) 이 비율은 2015년에 역전되었다. 2015년 〈선데이 타임스〉 부자 명단에 선정된 80퍼센트는 자수성가한 백만장자 또는 억만장자였고 20퍼센트만 재산을 상속받은 사람들이었다. 이는 극적인 인구통계학적 변화다. 이것은 부에 대한 태도에 영향을 미칠까? 답은 비과학적이기는 해도 "그렇다"이다(4장 참조).

여기에는 여성들도 있다. 여성은 항상 필란트로피 활동에 관여해왔고

5장에서 이야기한 것처럼 역사의 여러 시점에서는 필란트로피 활동의 중추 세력이었다. 이제 부유한 여성들(자수성가하거나 부유한 가문에 합류한)은 여전히 대형 단체를 장악하고 있는 남성들과는 다르게 자신들만의 필란트로피 체계를 구축하고 있다.

이 영역에는 빈부 격차도 포함되는데, 부자와 가난한 사람들 사이의 거리가 점점 멀어지고 있다. 4장에서 보았던 것처럼 이와 관련한 데이터도 있다. 예를 들어 2016년에는 역사상 처음으로 인구의 상위 1퍼센트가 차지한 부의 비율이 나머지 99퍼센트가 소유한 부를 초과했다(Cukier, 2015).

그리고 여기 가난한 사람들, 소외된 사람들, 위험에 처하거나 도움이 필요한 사람들, 학대받는 사람들, 아픈 사람들이 있다. 가나의 고아, 성매매를 위한 노예 상태로 살아가는 바르셀로나 소녀, 에든버러의 푸드뱅크를 찾아온 가족, 암으로 죽어가고 있는 베를린 여성이 있다. 필란트로피 활동을 하는 이유는 이처럼 도움이 필요한 이들에게 둘러싸여 있기 때문이다. 그들을 위해 기부해야 하는 도덕적 의무가 있다.

앎의 영역 – 지식의 범위

보고 듣고 느끼고 심지어 접촉할 수 있는 장소는 인류 역사상 그 어느 때보다 크고 넓어졌다. 미켈 데 팔라데야는 사회 문제의 "원인과 상호 연관성에 대한 이해 수준이 높아지고 있다"고 말한다. "사회 문제에 대한 데이터가 전보다 많아졌다." 지난 25년 동안 인간의 지식은 집적된 세계 최대의 도서관을 개발했고 그것을 점점 더 읽기 쉽게 만들고 있다. 〈이코노미스트〉의 주장에 따르면 인터넷은 2016년 '제타바이트(zettabyte) 시대'에 진입했고 현재 진송되는 데이터양은 1년에 1제타바이트가 넘는다(Cukier, 2015).

소셜 미디어는 폭발적으로 증가하여 새로운 집, 새로운 난롯가가 되고 있다. 거의 새로운 국가가 되었다고 해도 과언이 아니다. 국가와 소셜 네트워크를 결합한 세계 인구 순위는 〈표 18.1〉에 나와 있다.

인터넷 덕분에 요새는 스코틀랜드 인버네스의 아파트에 앉아서도 아크라나 잔지바르에서 무슨 일이 일어나고 있는지 알 수 있다. 편안한 집에

〈표 18.1〉 세계 인구 순위

순위	경제권	인구(단위 : 1000명)
1	페이스북	1,550,000
2	중국	1,364,270
3	인도	1,295,292
4	왓츠앱	900,000
5	QQ	860,000
6	페이스북 메신저	700,000
7	큐존	653,000
8	위챗	650,000
9	인스타그램	400,000
10	미국	318,857
11	트위터	316,000
12	바이두 티에바	300,000
13	스카이프	300,000
14	인도네시아	254,455
15	바이버	249,000
16	텀블러	230,000
17	브라질	206,078
18	파키스탄	185,044
19	나이지리아	177,476
20	방글라데시	159,078

출처 : 2014년 세계은행 인구 데이터(Anon, 2016c)와 소셜 미디어 사용자 수 데이터(Anon, 2015j)를 결합하여 작성한 표
실제든 가상이든 앞의 경제권 중 유럽에 기반을 둔 것은 하나도 없다는 사실에 주목

서 수단의 난민 수용소에 있는 의사와 일대일 대화를 나눌 수 있고, 그녀가 보는 것을 보고, 듣는 것을 듣고, 그녀가 치료하는 사람들을 만날 수 있다. 인터넷을 통한 이런 가시성은 다른 국가나 다른 문화권의 대의명분에 공감할 수 있는 능력에 영향을 미친다. '공감'은 자주 언급되는 필란트로피 활동의 동기 중 하나며(예를 들어 Schervish, 2000) 인터넷은 인터넷 이전 시대에 만날 가능성이 매우 낮을 사람들과 공감할 수 있게 해준다.

인터넷 덕분에 임팩트를 측정하고 가시화하는 것도 더 쉬워졌다. 기부자인 우리는 공개된 학술 연구를 통해 특정한 보존 계획이 실제로 기능한다는 사실을 확인할 수 있고 인터넷을 통해 전송되는 위성사진을 통해 우리가 보존하는 숲을 볼 수 있다. 임팩트에 대한 느낌이 필란트로피 활동의 중요한 동기 요인임을 알기 때문에 인터넷을 통해 임팩트의 가시성이 높아지면 그만큼 필란트로피 지원이 많아져야 한다고 주장하는 것은 타당하다. 물론 인터넷을 통해 아무런 임팩트도 만들어내지 못했음을 확인하거나 그 자금이 영국령 버진아일랜드에서 은밀한 탈세 수단으로 전용되었다는 사실을 알게 되는 경우는 예외다.

인터넷은 모금 활동과 관련된 금융 공급망을 이해할 수 있게 도와준다. 이는 유럽에서 아직 낯선 잠재적 기부자 조사관(16장 참조)의 기술에 의해 주도되는데, 그는 새로운 벤처사업을 위한 잠재적 자금 공급자를 식별하고, 이해하고, 접근할 수 있게 도와준다. 또한 공급망관리를 위해 갈수록 필요성이 커지는 실사 진행에도 도움을 줄 것이다. 그녀는 인터넷을 통해 전달되는 실사 정보를 볼 수 있다. 네덜란드의 필란트로피스트 겸 사회적 투자자에 따르면 인터넷은 "더이상 미봉책으로 가릴 수 없는" 사실을 확인할 수 있게 해준다.

인터넷 덕분에 지식 영역이 넓어졌다. 하지만 유럽의 필란트로피 분야에서는 부와 필란트로피의 가시성 증가라는 다른 종류의 지식 혁명이 일어났다. 4부에서 다양한 형태의 투명성과 필란트로피 분야를 계속 개방하려는 힘에 대해 이야기했다. 이런 투명성 덕에 몇 년 전에 알던 것보다 이미 더 많은 것을 알고 있다. 예를 들어 쿠츠의 100만 달러 기부자 보고서(Anon, 2015h)나 프랑스 경영대학원 HEC가 고액 기부자 이름을 발표한 것을 생각해보자. 이로 인해 네덜란드의 게번(Geven, http://test.geven-innederland,nl/onderzoek/geveninnederland) 연구, 기관(예를 들어 팩터리에서 발표한 영국 기부자들에 대한 '파이(Phi)' 데이터 세트), 은행, 재단(퐁다시옹 드 프랑스와 그 연구소에서 진행한 조사 따위) 등에서 얻은 고액 필란트로피 활동과 관련된 데이터를 갖고 있다. 여전히 많은 격차가 있고 재단들이 더 많은 연구에 자금을 지원하지 않을 것이라는 좌절감도 들지만 우리의 지식 영역은 점점 확대되고 있다.

가시성이 커지고 어쩌면 과거에는 이야기하지 않았던 일들까지 투명하게 공개될 수 있는 것은 비영리 부문에서 많은 스캔들이 보도되고 있기 때문이기도 하다. 앞서 4부에서 21세기의 기자들은 예전의 선배 기자들이 하지 않았던 일을 기꺼이 하면서 스페인 왕실과 노스 재단을 둘러싸고 눈덩이처럼 불어나는 스캔들을 가차 없이 보도하는 모습을 보았다. 이렇게 추악한 스캔들이 널리 알려진 것도 비영리단체에 대한 대중의 신뢰가 현저히 떨어진 이유 중 하나일 것이다. 그리고 기존의 비영리단체에 대한 이런 신뢰 하락 때문에 이제 많은 부자는 타인을 통해 기부하기보다는 직접 재단을 설립하는 것을 선호한다.

지식 영역이 확대된 효과는 비영리 부문 전체에서 나타나고 있다. 이제 재단에서 무슨 일을 하는지 전보다 명확히 알게 되었는데, 대부분의 유럽 국가에서 재단의 선행을 돕기 위해 과세 소득을 포기한다는 점을 생각하면 이는 꽤 공정해 보인다. 캠페인, 사회 문제, 효과적인 비영리단체에 대한 정보를 비교하고 공유할 수 있다. 그리고 고액 필란트로피 세계에서 다양한 소득 집단에 속한 사람들이 특정한 상황에서 내는 기부금 액수에 대한 기준인 '기부 기준'도 알려지기 시작했다. 이런 최근의 발전은 유럽의 필란트로피 활동에서 가장 흥미롭고 긍정적인 변화다. 부자들은 관대한 동료들이 얼마나 기부하는지 볼 수 있을 것이다. 사회학자들 생각이 맞다면 그들도 동료들의 너그러운 기부 수준에 맞추어 기부할 수 있다.

정부 영역

유럽 정부들이 필란트로피를 대하는 방식이 바뀌었다. 그중 일부는 좋은 쪽으로의 변화고 일부는 그렇지 않다. 긍정적인 면을 보면 정부는 세금 감면, 새로운 구조(새로운 형태의 재단과 사회적 기업), 현금 지원 등을 통해 필란트로피를 장려하고 있다. 또 예산을 삭감하겠다고 하면서도 서비스 계약 형태로 비영리 부문에 확실한 지원금 지원을 계속하고 있다.

그러나 정부는 반대 방향으로도 움직이고 있다. 대부분의 유럽 정부는 신자유주의 정치라는 전차 궤도에 갇혀 있는 것처럼 보인다. 그 결과 이들 정부는 부를 억제하고 가난한 사람들을 지원하기 위한 재분배 과세제도를 거의 또는 전혀 활용하지 않았다. 민간 필란트로피 활동은 사회에 널리 퍼진 빈곤층의 욕구를 충족시킬 수 없다. 그 정도 규모와 범위에 대처할 수 있는 것은 정부뿐이다.

또한 정부는 비영리 부문의 표현의 자유를 공격하여 로비와 캠페인을 방해하고 있다. 그리고 때때로 정부는 기부자와 자선단체 사이에 존재하는 호의와 신뢰를 적극적으로 무너뜨렸다(특히 2015년 여름과 가을에 영국 정부가 모금 활동을 공격한 일이 그렇다).

실행 영역

유럽에서 필란트로피의 작동 방식(실제 현장에서 일어나는 일)이 바뀌었다. 이 영역에는 구조, 규칙, 과세 시스템 같은 필란트로피 도구와 이를 사용하는 기술자(조언자, 자산관리자, 모금담당자, 조사관)가 있다.

고액 필란트로피스트들에게는 '과도한 행위 주체성', 즉 "스스로 설계한 세상을 직접 만들기 위해…… 자신과 다른 사람이 앞으로 살게 될 조건을 실질적으로 정하거나 통제할 수 있는 부유한 개인의 향상된 능력"이 있다(Schervish, 2003, p. 21). 유럽에서 그런 과도한 행위 주체성은 많은 이에게 좌절감을 주었다. 그들에게는 돈이 있고 그 돈으로 선행을 하고 싶지만 그들이 접근하는 비영리단체는 기부는 받아도 직접 선행을 할 수 있게 해주지는 않는다. 유럽의 많은 NGO는 "우리에게 돈을 주면 우리가 좋은 일에 쓰겠다"라는 모델을 고수해왔다. 유럽의 필란트로피스트들은 비영리단체가 프로젝트와 프로그램에 기부자들의 참여를 허락하지 않는 것에 커다란 좌절감을 표한다. 사회, 환경, 교육 분야에서 자신들의 행위 주체성을 인식한 부유한 개인들은 비영리단체들이 부과하는 제한에 더욱 좌절하게 되었다. 그 결과 그 주체성을 다른 곳에서 발휘하여 유럽 대륙 곳곳에 새로운 재단을 설립했다.

이처럼 재단이 성장할 수 있었던 데는 보다 쉽게 재단을 등록하고 운영할 수 있게 해준 정부(8장 참조)와 HNWI 고객에게 점점 복잡해지는 필란트로피 수단을 만들 수 있는 도구를 이용하여 직접 필란트로피 사업을 개발해보라고 독려한 전문 조언자들의 지원 덕분이다. 그 전문 조언자는 프라이빗 뱅커일 수도 있고 필란트로피 코치나 컨설턴트, 모금담당자일 수 있지만 모두 필란트로피 분야에 종사하고 있다. 지금 이 분야에는 그 어느 때보다 많은 사람이 있고 이는 지속적인 성장 추세를 보이고 있다. 재단에는 전문적인 직원들이 늘어나고, 유럽 대륙의 은행들은 필란트로피팀을 채용하고 있으며, '고액 기부자'를 상대로 일하는 모금담당자들도 증가하고 있다. 그들이 임팩트를 만들어내는가? 확실하게 입증되지는 않았지만 그렇다. HEC는 그곳에서 일하는 전문팀이 없었다면 2008년에서 2013년 캠페인 때 1억 1200만 유로를 모금하지 못했을 테고 UBS 옵티머스 재단도 은행의 전문 경영진의 도움이 없었다면 2015년에 5700만 스위스프랑을 모금하지 못했을 것이다(Anon, 2016d). 하지만 이 분야에서 전문가들이 발휘하는 임팩트에 대한 확실한 데이터, 전문가를 고용하는 것이 효과가 있다는 확실한 증거가 부족하다. 효과가 없다는 이야기는 절대 아니다. 그냥 증명할 데이터가 없다는 것뿐이다.

필란트로피를 위한 도구들이 유럽에서 빛을 발하기 시작했다. 사회성과연계채권, 크라우드펀딩, 소프트 에퀴티, 대출, 새로운 형태의 재단, 공동체 이익회사 등이 그것이다. 임팩트 투자와 사회적 투자 수익률, 프로그램 연계 투자, 벤처 필란트로피도 있다. 국가와 지역사회가 운영하는 재단에는 기부자주도기금이 있고 기부자 서클, 네트워크, 클럽도 있다. 이는 오래전부터 있던 것이었지만 이렇게 많지는 않았다. 당신이 원하는 것이 기부 약정이든 주는 것이든 받는 것이든 투자든 빌려주는 것이든 간에 원하는 꿈의 기계를 만드는 데 도움이 되는 좋은 도구들과 영리한 사람들이 있다.

인구통계, 지식, 정부, 실행 등 이 네 영역은 세계 다른 지역에서도 똑같은 변화가 나타나고 있다. 내가 특히 관심 있는 지역인 페르시아만 연안 국가들도 부유한 사람들 사이에서 비슷한 인구통계 변화가 나타나고 필란트로피 활동이 증가했다. 투명성은 여전히 발전의 걸림돌이 되고 있지만 모두 그 사실을 알고 있으므로 그 부분도 곧 완전한 기능을 발휘하게 될 것이다. 인도, 아프리카와 라틴아메리카 일부 지역(예를 들어 멕시코필란트로피센터www.cemefi.org의 활동에 주목하자)도 모두 같은 방향으로 나아가고 있다. 유럽은 이미 확고히 자리잡은 시민사회 덕분에 유리한 출발을 하기는 했지만 곧 다른 나라들이 따라잡을 테고 어쩌면 추월할지도 모른다.

다시 미래로

이 책 첫머리에서부터 완전히 새로운 필란트로피 문제를 다루는 것은 아니라는 이야기를 확실히 했다. 중세 이슬람 국가인 알안달루스 통치자부터 벤처 필란트로피스트에 이르기까지 수세기 동안 끊임없이 재활용된 아이디어를 다루고 있다. 또 서문(1장)에서 이 글을 쓰는 시점에 혼란에 빠져 있는 유럽을 통해 미래를 예측하려는 것은 '안개 낀 현재를 통해 희뿌연 미래를 내다보려는' 것이나 마찬가지라고 경고했다. 하지만 더 나은 미래를 위해 도전하고 싶은 충동을 억제하기는 어렵다. 그러므로 여기서 일어나는 모든 실수에 책임을 져야 한다.

필란트로피, 생활의 일부가 되다

필란트로피가 종료되거나 '임팩트 투자' 때문에 사라질지도 모른다는 우려에도 불구하고 끝없는 혁명과 재창조를 통한 생존의 증거는 필란트로피의 지속성을 예측하는 좋은 기반이다. 자크 아탈리(Jacques Attali, 2008, p. 273)는 미래를 폭넓게 바라보면서 "자신의 행복이 타인의 행복에 달려 있음을 이해하는…… 이타주의자"이자 우리를 "과잉민주주의 (hyperdemocracy)" 시대로 이끌 사람들인 "트랜스휴먼(transhuman)"에 대해 썼다. 네덜란드의 필란트로피스트 겸 사회적 투자자는 다음과 같이 말했다.

"기본적인 동인은 같다. 뭔가 좋은 일을 하고 싶다는 마음이다. 우리에게는 물려받은 재산과 선을 행해야 하는 도덕적 의무가 있다. 우리는 부와 책임의 균형을 맞추어야 한다. 부모님은 우리에게 당신들의 가치체계를 주입했다. 우리 가족은 모두 나와 똑같은 포부를 갖고 있다. 그것이 우리가 관심을 갖는 것들에서 추구하는 가치의 중심이다."

캐런 윌슨이 생각하기에 필란트로피는 천부적인 것이지만 변하지 않는다는 의미는 아니다.

"필란트로피는 우리 생활의 일부라고 생각한다. 하지만 사람들이 사업과 필란트로피를 바라보는 시각에 근본적인 변화가 생겼다. 예전 모델은 '당신은 필란트로피스트고, 당신은 사업가다. 그 두 가지는 혼합되지 않는다'는 것이었다. 하지만 지금은 다르다. 사람들은 필란트로피 활동부터 영리 투자까지 이어지는 범위 안에서 자기가 원하는 곳을 선택할 것이다."

장마리 데스트레도 미래세대의 필란트로피스트에 대해 긍정적이다.

"[필란트로피] 변화는 가장 부유한 사람들에게서 시작되는 것이 아니다. [사회] 현실과 자주 접촉하는 젊은 사람, 즉 중간급 필란트로피스트가 변화의 주체다. 가장 최근에 출시한 신규 펀드는 서른 살 된 상속인이 만들었다. 그는 '불로소득 생활자'로 살고 싶지 않다고 결심하고 자기가 물려받은 유산의 50퍼센트를 재단에 기부했다. 그리고 자기도 다른 자원봉사자들처럼 '정글'이라고 불리는 칼레의 난민 수용소에 가보게 해달라고 부탁했다. 젊은 사람들은 느낌과 의미를 찾는다. 돈이 있는 젊은 사람에게 이런 필란트로피 활동은 자연스러운 것이다."

그래서 확신에 찬 예측을 적어도 한 가지는 할 수 있다. 필란트로피는 적어도 애정을 쏟을 인류가 남아 있는 한 계속 존재할 것이다.

빈부 격차

유럽 정치가 극적으로 변하지 않는 한 계속 심해지는 빈부 격차를 보게 될 것이다. 스페인의 포데모스(Podemos)나 스코틀랜드의 SNP 같은 정당을 생각하면 극적인 변화가 가능할 수도 있지만 신자유주의가 지배하는 현재의 상황과 부의 '낙수효과'에 대한 잘못된 믿음은 바뀌기 어려울 것이다. 그러므로 영국과 스페인, 다른 유럽 국가들의 빈부 격차는 이 책의 수명이 다할 때까지 절대 좁혀지지 않을 것이다.

4장에서 살펴본 것처럼 빈부 격차와 필란트로피의 관계는 모순적이다. 확실한 가설은 아니지만 부와 빈곤이 나란히 존재하면 부유한 사람들이 더 많이 기부하게 부추길 수 있다. 그런 면에서 볼 때 필란트로피에 도움이 될 수도 있다. 하지만 이것은 사람들이 가난하다는 뜻이므로 필란트로피스트들과 그들이 후원하는 비영리단체가 원하는 것과는 정반대다. 유럽의 빈곤은 필란트로피 활동만으로는 해결할 수 없을 정도로 큰 문제다. 그래서 민간 필란트로피가 남반구 개발도상국의 수많은 가난한 사람은 차치하고 유럽에 사는 빈곤층 수백만 명에게라도 어떤 영향을 미치려면 국가의 개입이 필요하다는 두번째 딜레마가 발생한다.

구조화된 필란트로피

"직접 재단을 설립하는 사람들이 갈수록 많아지고 있다. 이것은 그들의 두번째 직업이다. 그들은 이 일을 매우 즐기고 있다." 테리사 로이드의 말이다. 유럽에 그 어느 때보다 재단이 많아진 지금의 수가 그녀의 주장을 뒷받침한다. 이는 보다 체계적이고 전략적인 필란트로피 활동, 보다 전문적인 사회 변화 방식을 추구하려는 움직임처럼 보인다. 캐런 윌슨은 이런 구조가 표준화되고 있다고 말한다. "유럽에서는 유럽위원회의 주도로 재단 설립의 의미에 대한 의견이 하나로 수렴되고 있다. 유럽에는 매우 다양한 재단 모델이 있기 때문에 유럽 전역의 규칙이 수렴되는 것을 기대한다."

유럽재단센터가 수년간 로비를 했는데도 유럽연합이 공통된 재단 모델에 합의하지 못했다는 점을 감안하면 이는 낙관적인 견해일 수도 있다. 하지만 재단은 정부에게 인기가 있다. 그러므로 재단 설립이 더 쉽고 빠르고 저렴해져서 그 수가 계속 증가할 것이라고 기대할 수 있다.

이것이 투명성 증가와 결합된다면 정말 좋은 일이다. 그러면 누가 재단 운영을 관리하고 그들이 무엇을 지원하는지 파악하여 재단에 제공하는 세금 감면 혜택이 어떻게 활용되는지 살펴볼 수 있다.

기업에서 조성한 기부자주도기금이 증가(UBS의 옵티머스 재단은 2012년 1200만 스위스 프랑에서 2015년 5700만 스위스프랑으로 증가했다, Anon, 2016d) 하는 데는 장점과 단점이 있다. 비영리단체들이 강하고 능숙하고 자원이 풍부한 상태로 경쟁할 수 있는 반면, 투명성이 줄어든다는 우려도 있다.

임팩트를 위한 투자

임팩트와 이윤을 모두 추구하는 투자가 증가할 것임을 보여주는 단서가 많다.

각국 정부들도 이에 관심을 보이고 있다. 영국 국제개발부는 2012년에 장기적인 '인내 자본' 투자에 초점을 맞춘 7500만 파운드 규모의 임팩트펀드를 설립하고 그중 500만 파운드에서 1500만 파운드는 식품, 물, 위생을 비롯한 빈곤층을 위한 서비스에 투입하기로 했다(Martin, 2016). 2016년 7월 국무조정실에서는 '사회적 마인드를 지닌 투자자'가 참여하는 사회성과연계채권과 그 밖의 성과급 계약을 지원하기 위해 8000만 파운드의 라이프찬스 펀드를 출시한다고 발표했다(Sharman, 2016).

기업들도 관심을 보이고 있다. 리사 에엔베르허르 박사는 "임팩트 투자가 많이 성장했다. 일부 다국적기업이 임팩트 투자 펀드를 조성하고 있다"고 말한다. 기업들이 이런 식으로 투자하는 데는 여러 가지 동기가 있겠지만 리사 에엔베르허르 박사는 "기업 투자 펀드의 목적 중 일부는 회사 외부에서 아이디어를 얻는 것"이라고 지적한다. 한 네덜란드 가족재단의 관리자도 "영리 부문과 필란트로피가 합쳐질 것"이라며 이와 비슷한 맥락의 이야기를 한다. 영리 부문에 진출하는 비영리단체가 점점 늘어나고 "사회적 투자를 고려하는 기업들도 훨씬 많아질 것이다."

재단들도 이 부문으로 진출하고 있어서 폰다치오네 카리플로 같은 재단은 수백만 유로 규모의 임팩트 투자 펀드를 만들었다. 유럽재단들은 기부금 일부를 프로그램 연계 투자로 전환하여 폭발적으로 성장할 가능성이 있는 이 부문에 불을 붙일 수도 있다. 가장 최근에 추정한 유럽재단 부문의 총자산 규모가 3500억 유로에서 3조 유로 사이였다는 것을 기억하자(Hopt, von Hippel, Anheier, 2009), 게다가 이 추정치는 가시적인 부분만 고려하여 계산한 것임을 생각하면 재단들이 포트폴리오 중 일부라도 프로그램 연계 투자에 할당할 경우 어떤 잠재력을 발휘할지 짐작할 수 있을 것이다.

볼프강 하펜마이어는 더 멀리 내다보면서 필란트로피와 관련된 난제를 제시한다. "사람들이 자신의 [투자] 포트폴리오 전체를 임팩트 투자로 전환하는 것에 대해 생각하고 있다. 모든 투자를 임팩트 투자로 옮기면 금융 시스템에 혁명이 일어날 수 있다." 그는 법률을 제정하거나 환경 비용 같은 비용 측정 방법을 바꾸면 도움이 될 수 있다고 말한다. "기업들이 부정적인 외부효과를 내도록 허용해주지 않는다면 엄청난 결과가 생길 것이다. 환경 파괴를 위해 투자하고 싶어하는 사람은 아무도 없다. 우리는 이 게임의 시작 단계에 있을 뿐이다." 그는 투자금 대부분이 임팩트 투자 쪽으로 옮겨가면 "필란트로피 분야가 지금보다 훨씬 작아질 수 있다. 이론상 필란트로피가 필요 없어지기 때문이다"라는 논리적인 결론이 나오는 아이러니에 주목한다.

발전에는 제동이 걸리지만 투자 수요는 계속 증가할 것으로 보인다. 임팩트에 대한 명확한 정의나 그것을 평가하기 위한 표준적인 방법론은 없다. '임팩트'에는 제한이 없다. 햄버거 가게부터 보존 프로젝트에 이르기까지 거의 모든 투자가 '사회적 임팩트'를 만들어낸다고 설명할 수 있다. 그러므로 이윤이 우선이고 임팩트는 그다음인 기업들이 벤처 필란트로피 투자자들에게 상품을 홍보할 때 약간 혼란이 생긴다. 벤처 필란트로피 업계에서는 투자 준비가 된 프로젝트 파이프라인이 부족한 것이 늘 불만이다. 그러나 라몬 베르나트는 희망적이다. "사회적 기업가들이 점점 늘어나고 있다. 더 긍정적이고 준비가 잘 된 기업가들이 있는 이 분야가 매우 강력하다고 생각한다. 프로젝트(사업 계획) 준비는 더 잘 되고 있다. 이 분야가 점점 전문화되고 있는 것이다."

임팩트가 금방 만들어지는 않을 것이다. 네덜란드의 한 필란트로피관 리자는 세계 최고의 필란트로피스트 중 한 명의 말을 인용했다. "사업을 하던 사람들은 더 서두르는 경향이 있지만 사회가 변하려면 시간이 필요하다. 워런 버핏의 말처럼 '나는 얼마든지 인내할 수 있다. 아무리 재능이 뛰어나고 아무리 노력을 많이 해도 시간이 걸리는 일이 있는 법이다. 아홉 명의 여성을 임신하게 하여 한 달 만에 아이를 낳을 수는 없다.'"

유럽에 심각한 경제 위기가 발생하지 않는 이상 임팩트 투자는 계속 늘어날 테고 프로그램 연계 투자를 통해 임팩트 투자를 뒷받침하는 재단들의 모습을 많이 보게 될 것이다. 또 사회와 환경 변화를 위해 기부하는 것과 투자하는 것의 경계가 점점 모호해지는 모습을 보게 될 것이고, 미래에 어떤 대규모 '임팩트' 펀드가 사회를 위하는 순한 양인 척하지만 사실은 이윤만 추구하는 늑대라는 사실이 밝혀질 경우 평판에 해를 입는 위기를 겪을 것이다. 그런 미래의 사건 때문에 더 명확한 정의를 만들게 될 것이고, 좀더 일찍 그렇게 했더라면 좋았으리라고 생각하게 될 것이다.

정부와의 결별?

유럽벤처필란트로피협회 공동 설립자 세르주 레셰르는 미래에는 "정부가 더이상 줄 돈이 없을 것"이라고 말한다. "따라서 우리 모두 [사회에 대한] 집단적 책임을 져야 한다. 사회적 투자 증가가 일시적이거나 단기적인 현상이 아니기를 바란다. 사고방식의 변화가 핵심 요소다. 호전적이었던 사회 부문이 더 많은 감정과 머리와 책임감이 있는 부문으로 발전했다. 앞으로도 계속 그럴 것이다."

세르주 레셰르는 비영리 부문에서 일하는 많은 사람이 유럽 곳곳의 정부가 사회적 책임에서 손을 떼고 있어서 그런 책임 중 일부가 비영리단체에 위탁된다는 말을 반복한다는 사실을 지적한다. 이런 추세가 계속될 것이라고 자신 있게 예측할 수 있을까? 나는 정치 분야가 아니라 필란트로피 분야의 전문가지만 정부는 비영리단체가 지원하는 사회적 대의명분과 관련된, 최근 실적이 좋지 않고 인구 고령화와 계속되는 경기 침체 등 다른 여러 가지 우려 때문에 지금까지의 입장을 바꾸어 환경과 문화는 고사하고 빈곤, 건강, 교육 부문에도 적절한 투자를 할 가능성이 거의 없어 보인다. 앞으로도 계속 예산 삭감과 사회적 박탈감이 이어질 것으로 예상된다. 앞에서 반복해서 지적했듯이 필란트로피, 심지어 고액 필란트로피도 정부가 남긴 이런 공백을 메울 수 없다. 하지만 많은 이가 앞으로도 계속 노력할 것이다.

환경과 정치적 신념이 끔찍하게 결합된 가운데 유럽의 비영리 부문은 복지, 환경, 문화에 대한 정부의 지출 삭감과 비판 및 통제라는 두 가지 어두운 세력 사이에 끼어 있을지도 모른다. 2015년 기금 모금에 반대하는 언론 캠페인에 냉정한 반응을 보인 영국 정부, 자선 캠페인 금지 조치(8장 참조), 새로운 정부가 기부금에 대한 세금 우대 혜택을 줄일지도 모른다는 프랑스인들의 우려는 비영리 부문에 대한 이중적인 태도가 늘어나고 있다는 징후일 수 있다. 한마디로 은혜를 원수로 갚는 것이다.

대의명분과의 결별?

이것은 소수 의견이지만 앞으로 생길 변화에 대한 흥미로운 경고다. 재단 부문의 성장, 규모가 큰 재단에 고용된 프로그램 전문가들, 영리 부문과 비영리 부문 사이의 점점 더 모호해지는 경계, 고액 필란트로피 분야와 기부 소비자 쪽에서 모두 나타나는 '수혜자에게 직접' 기부하는 추세(예를 들어 키바의 성장에 주목하라) 등 원인은 다양하다. 이런 영향력이 작용한 결과 규모가 크고 광범위한 분야에서 활동하는 NGO들은 살아남지 못할 수도 있다.

"전통적인 NGO 중 상당수는 그곳에 없을 것이다. 매우 구체적인 목표에 집중하는 NGO들만 있을 것이다. 다방면에 걸쳐 활동하는 거대 NGO들은 밀려날 것이다. 가족재단은 NGO의 경쟁자가 될 것이다. 가족재단은 점점 더 부유해지고 많은 돈을 소유하고 있다. 그들은 직접 직원을 고용하고 자신들만의 의제를 정할 것이다."

경험 많은 네덜란드 가족재단 관리자의 견해는 환상적으로 들릴지도 모른다. 대형 NGO는 기댈 수 있는 거대한 사회적 기반을 갖고 있다. 어떤 NGO는 유럽 곳곳에 수백만 명의 회원과 기부자들이 있다. 그들은 스스로 혁신할 수 있다는 것을 증명했다. 그린피스 오스트리아의 '직접 대화', 즉 거리에 나가 직접 모금 활동을 진행하는 것도 성공 사례 중 하나다. 그러나 그들은 사회 변화를 이루기 위해 자기만의 길을 개척하고, 수혜자들과 직접 접촉하고, 기부와 투자를 결합하기로 결심한 영향력 있고 부유한 필란트로피스트들과의 치열한 경쟁에 직면하기 시작했다. 이런 신규 진입자들은 대부분(적어도 벤처 필란트로피 쪽에서는) 어느 정도 긍정적 영향을 미치고 있고 투자가 진행되는 방향에 대한 명확한 시각을 가질 수 있는 소규모 전문 비영리단체와의 파트너십을 선호한다. 규모가 가장 큰 NGO들은 유럽에서의 고액 필란트로피 변화에 느리게 대응해왔다.

그렇다고 규모가 큰 다목적 NGO의 종말을 의미하는 것은 아니다. 충실한 지지자들이 모인 폭넓은 소비자 기반과 정부의 지원금을 받아낸 실적이 그들을 구할 것이다. 그러나 고액 필란트로피스트가 자발적으로 대형 NGO와 협력관계를 맺을 가능성은 희박하며 직접 재단을 설립하거나 소규모 전문 파트너들과 협력할 가능성이 높다. 대형 NGO들은 앞으로 파트너십을 체결하거나 시장의 이 부문으로 투자자들을 끌어모으고 싶다면 필란트로피스트들을 납득시킬 더욱 강력한 사례를 만들어야 한다.

보다 명확한 견해

이 책에서는 투명성 문제를 자주 다루었고 4부에서는 가시성을 '정보를 완전하고 쉽게 찾을 수 있는 정도', 추론성은 '정확한 결론을 도출하는 데 사용할 수 있는 정도'라고 정의했다(Michener & Bersch, 2013). 내가 이 분야에서 일하는 동안 유럽은 공공 열람이 가능한 필란트로피 기록 보관소를 열었다(일부 지역에서는 매우 극적인 방법으로). 각종 스캔들, 돈세탁, 탈세의 위협과 공적 지원금에 무슨 일이 일어나고 있는지 알 권리가 있다고 믿는 대중의 지지를 받은 유럽 각국의 정부들은 등록부를 공개하고 명단을 발표했다. 캐런 윌슨은 이런 명확한 태도는 앞으로도 계속 유지될 것이라고 생각한다. "미래에는 재무 수익도 투명하게 공개되고 임팩트도 모든 것이 밝혀질 것이다."

정보 쪽에는 여전히 거대하고 어두운 웅덩이가 존재한다―독자들은 이탈리아 재단에 얼마나 많은 빛이 비치고 있는지 아닌지를 알아내기 위해 10장에서 제안한 테스트를 수행해야 한다. 유럽의 전체 상황을 살펴보면 비영리단체가 어떻게 기능하는지, 돈이 어디에서 들어오는지, 그 돈을 어디에 무엇 때문에 쓰는지 여전히 거의 알지 못한다. 예를 들어 네덜란드처럼 유럽에서 문화적·정치적으로 가장 개방된 국가들도 재단이 재정 문제를 대중에게 전부 공개해야 하는가를 놓고 여전히 논쟁하고 있다. 네덜란드의 가족재단 관리자가 말한 것처럼 정부의 정책은 오직 한 방향으로만 향하고 있다. 그는 네덜란드 재단들이 추가적으로 재정 상태를 공개해야 하는 규정이 생길 것이라고 예측하면서 "정부가 이 분야를 궁지로 몰아넣고 있다"고 말했다.

그러나 4부에서 확인한 것처럼 고액 필란트로피 분야의 투명성은 전환기에 도달했을 수도 있다. 유럽 은행에서 기업에서 조성한 자선기금이 늘어나는 바람에 다른 분야의 개방이 지연될 수도 있다. 이런 기금은 계속 늘어나는 중이고 직원 수도 증가하고 있다. 앞으로도 성장이 계속될 것이라고 가정하는 것이 합리적일 텐데, 이는 곧 미래에 고액 기부자에 대해 아는 것이 적어질 수도 있다는 뜻이다.

미국의 필란트로피 영향

유럽의 고액 필란트로피는 미국의 발전에 영향을 받고 있으며 그런 현상은 앞으로도 지속될 것이다.

이는 전혀 놀라운 일이 아니다. 미국의 필란트로피는 공공 영역 안에 있으며 목소리가 크고 투명하고 자부심이 넘친다. 학계 연구원, 잠재적 기부자 조사관, 필란트로피스트, 모금담당자, 은행가 등은 기부에 관한 풍부한 데이터를 보유하고 있으며 그들이 얻은 결론을 유럽에 적용하고 싶은 유혹을 느낀다. 내가 이 책을 통해 유럽의 고액 필란트로피 분야는 미국과 다르며 그 잠재력을 드러내려면 유럽만의 구체적인 접근 방법과 전략이 필요하다는 사실을 잘 증명했기를 바란다.

시작의 끝

이 책에서는 현재 유럽의 고액 필란트로피 분야에서 진행되고 있는 일들을 포착하려고 노력했다. 필란트로피 상황을 묘사하기에 완벽한 시기는 없다. 경제 침체, 이민, 불안정한 러시아 상황, 기후 변화에 유럽연합 토대까지 흔들리는 지금도 필란트로피 이야기를 하기에 적당한 때다. 하드 데이터가 거의 존재하지 않는 것은 이런 다른 요인들에 비하면 사소한 장애다. 그래도 나는 불평하지 않는다. 이런 모든 요소 덕분에 필란트로피가 흥미로워지고 고액 필란트로피(너그러운 금광 속의 카나리아 같은 존재) 분야의 도전의식을 북돋울 수 있기 때문이다.

내가 제시한 이미지는 흐릿하고 얼룩져 있지만 이를 통해 유럽에 존재하는 인간의 선량함을 엿볼 수 있기를 바란다.

이 질문지는 인터뷰를 하기 전에 미리 발송했다.

질문

1. 참여해주셔서 감사합니다.

　a. 인터뷰 내용을 실명으로 공개해도 될까요, 아니면 비공개로 할까요?

　b. 사전에 말씀드린 것처럼 40분 동안 인터뷰를 진행해도 될까요?

2. 이 책의 초점은 유럽의 고액 민간 필란트로피입니다.

개인과 재단이 기부금, 파트너십, 투자 형태로 2만 5000유로 이상 기부하는 것을 의미합니다. 여기에는 사회적 임팩트, 또는 '사회적 우선' 투자가 포함됩니다. 제 가설은 유럽의 필란트로피가 변화하고 있다는 것이고 그에 대한 목표는 무슨 일이 일어나고 왜 일어나는

지 알아내는 것입니다.

3. 유럽의 고액 필란트로피 분야가 변하고 있습니까, 아닙니까?

   a. 지난 10/20/30년 사이에 유럽의 고액 필란트로피 분야가 변했습니까?

   b. 가장 중요한 변화는 무엇입니까?

   c. 변하지 않은 것은 무엇입니까?

   d. 필란트로피가 변화하는 데 영향을 미친 분수령적인 사건이나 해가 있었습니까?

4. 유럽의 고액 필란트로피 분야가 변한 이유는 무엇이라고 생각합니까?

   a. 사람

     i. 부?

     ii. 인구통계(예를 들어 고액 필란트로피 활동을 시작하는 나이)?

   b. 믿음

     i. 종교?

     ii. 정치적 견해?

     iii. 개인적 취향과 기호?

   c. 참여 및 개인적 경험

     i. 자원봉사 참여?

     ii. 필요성 인식?

     iii. 권유(요청 — 기부 요청을 많이 받거나 다른 식으로 요청받음)?

     iv. 임팩트에 대한 인식

v. 효과나 돈의 가치에 대한 인식?

d. 정보 및 조언

i. 유럽 사회 부문의 투명성?

ii. 전문 필란트로피 고문?

e. 경제환경

i. 경제적 안정?

ii. 빈부 격차?

iii. 기부에 대한 재정적 장려?

1) 필란트로피스트들 마음속에서는 이것이 어떻게 작용하나요?

a) 기부 비용이 저렴해집니까?

b) 새로운 사회적 기준을 제시합니까?

c) 정부가 좋은 일이라고 생각한다면 당신도 그렇게 생각합니까?

f. 새로운 구조와 도구?

i. (재단, 사회적 기업, 기부 서클, 벤처 필란트로피, 사회성과연계채권, 대출……)

g. 다른 요인?

5. 트렌드, 미래

a. 이런 변화는 일시적입니까?

b. 우리가 전에 본 사이클의 일부입니까?

c. 고액 필란트로피 분야에서 다음에는 무슨 일이 생길까요?

6. 귀하의 연령 또는 출생 연대는 언제입니까?

a. 비영리 부문이나 사회적 목적 부문에 참여한 햇수(자원봉사, 유급).

7. 제가 이야기를 나눌 만한 다른 분을 추천해주실 수 있습니까?

8. 이 연구에 참여해주셔서 감사합니다.

감사의 글

유럽 대륙의 재단과 필란트로피 분야의 경이로운 모습을 처음 알려준 사람은 마르틴 고드프로이드였다. 내 업무에 지대한 영향을 미친 새로운 관심사를 안겨준 그녀에게 영원히 감사할 것이다.

이 책은 타인을 위해 선행을 하는 이들에 관한 책이므로 먼저 내게 잘 해준 사람들 이야기부터 해야 한다. NGO와 대학, 재단 사람들, 필란트로피에 대해 배울 수 있게 도와준 필란트로피 활동가들, 그리고 이 책을 위한 인터뷰에 시간과 마음을 써준 많은 분에게 고마움을 전한다. 나는 오랫동안 모금담당자나 잠재적 기부자 조사관으로 일했고 지금은 컨설턴트 겸 교사로 활동하고 있지만 선행을 하도록 이끄는 마음속의 깊고 밝은 곳에 대해서는 제대로 알지 못한다. 내가 아는 것은 전부 이 책에 담았다. 여기 담긴 견해도, 오류도 전적으로 내 것이다.

영국이 유럽에서 멀어진 이 시기에 제목에 '유럽'이 들어간 이 책의 출판을 맡아주고 인내심을 발휘하면서 많은 제안과 명확한 지침을 제시해준 폴리시 프레스의 로라 비커스와 루스 해리슨에게 감사한다.

참고문헌

Abrams, B.A. & Schmitz, M.D., 1984. The Crowding-Out Effect of Governmental Transfers on Private Charitable Contributions: Cross- Section Evidence. *National Tax Journal*, 37(4), pp 563–568.

Aillagon, J.-J., 20003. Mécénat, associations et fondations: Discussion d'un projet de loi. Paris, France. Available at: www.senat.fr/seances/s200305/s20030513/s20030513001.html#int39.

Aknin, L.B., Dunn, E.W., Sandstrom, G.M. & Norton, M.I., 2013. Does Social Connection Turn Good Deeds into Good Feelings? On the Value of Putting the 'Social' in Prosocial Spending. *International Journal of Happiness and Development*, 1(2), pp 155–171.

Andreoni, J. & Payne, A.A., 2010. *Is Crowding Out Due Entirely to Fundraising? Evidence from a Panel of Charities*, National Bureau of Economic Research. Available at: www.nber.org/papers/w16372.

Andreoni, J., Payne, A. & Smith, S., 2014. Do Grants to Charities Crowd Out Other Income? Evidence from the UK. *Journal of Public Economics*, 114, pp 75–86.

Anheier, H.K., 2001. *Foundations in Europe: A Comparative Perspective*, London: LSE.

Anon, 2004. *Campaign Review: The Giving Campaign 2001-2004*, London: The Giving Campaign. Available at: www.fundraising. co.uk/files/campaign_review.

pdf.

Anon, 2006. The Birth of Philanthrocapitalism. *The Economist*. Available at: www.economist.com/node/5517656.

Anon, 2008. Les fondations en France en 2007: fondateurs, secteurs d'interventions, poids économique, Paris: Fondation de France. p 13. Available at: www.fondationdefrance.org.

Anon, 2011a. ¿Crees en la nueva filantropía? *Ethic*. Available at: http:// ethic.es/2011/11/%C2%BFcrees-en-la-nueva-filantropia/.

Anon, 2011b. *Charities and Investment Matters* (CC14), Charity Commission, London, October 2011.

Anon, 2012a. *High Net Worth Individuals and Sustainable Investment 2012*, Brussels: Eurosif AISBL. Available at: www.eurosif.org/wp-content/uploads/2014/05/1.-report_hnwi.pdf.pdf.

Anon, 2012b. *Review of Philanthropy in UK Higher Education: 2012 Status Report and Challenges for the Next Decade*, Dundee, Scotland: More Partnership. Available at: www.morepartnership.com/library/ Review_of_Philanthropy_in_UK_Higher_Education.pdf.

Anon, 2012c. Anuario del Tercer Sector de Acción Social en España, Fundación Lluis Vives. Available at: http://plataformaong.org/fichaBiblioteca.php?id=13&p=1&t=anuario+del+tercer+sector

Anon, 2012d. Anuario del Tercer Sector de Acción Social en España. Resumen Comparativo 2010-2012, Fundación Lluis Vives. Available at: www.plataformaong.org/ARCHIVO/documentos/biblioteca/1366037195_004.pdf.

Anon, 2014b. *Verzeichnis der Deutschen Stiftung*, Berlin: Auflage. Available at: www.stiftungen.org/index.php?id=253.

Anon, 2015a. *Les Fonds et Fondations de 2001 à 2014 en France*, Paris: CFF – Centre Français des Fonds et Fondations. Available at: www.centre-francais-fondations.org/fondations-fonds-de-dotation/le-secteur/les-fonds-et-fondations-en-france/panoramas-des-fonds-et-fondations-depuis-2005/les-fonds-et-fondations-de-2001-a-2014- en-france/view. p 7.

Anon, 2015b. *La nueva filantropía – Atarecos*. Available at: www.canarias7.es/blogs/atarecos/2015/07/la_nueva_filant.html.

Anon, 2015c. *Future of Foundations*, Stuttgart: Robert Bosch Stiftung. Available at: www.bosch-stiftung.de/content/language1/downloads/ RBS_Studie_Zukunft_ des_Stiftens_en.pdf.

Anon, 2015d. World Wealth Report 2015. Capgemini. Available at:www.capgemini. com/thought-leadership/world-wealth-report- 2013-from-capgemini-and-rbc-wealth-management.

Anon, 2015e. *Comparative Highlights of Foundation Laws: The Operating Environment for Foundations in Europe*, Brussels: European Foundation Centre. Available at: http://efc.issuelab.org/resource/comparative_ highlights_of_ foundation_laws_the_operating_environment_for_ foundations_in_europe.

Anon, 2015f. *2015 Donor-Advised Fund Report*, Jenkintown, PA: National Philanthropic Trust. Available at: www.nptrust.org/daf- report/index.html.

Anon, 2015g. *The Art of Adaptation: Why Talking Philanthropy Transforms the Adviser-Client Relationship*, Kent: Charities Aid Foundation. Available at: www. cafonline.org/.

Anon, 2015h. *Million Dollar Donors Report 2015 – Philanthropy – Executive Summary & Trends*, London: Coutts. Available at: http://philanthropy.coutts.com/ en/reports/2015/executive-summary.html.

Anon, 2015i. *Wellcome Trust 2014 Annual Report*. London: Wellcome Trust, 19 February. Available at: www.wellcome.ac.uk/About-us/Publications/Annual-review/index.htm.

Anon, 2015j. Global Social Networks by Users 2015. *Statista*. Available at: www. statista.com/statistics/272014/global-social-networks- ranked-by-number-of-users/.

Anon, 2015k. *CAF World Giving Index 2015. A Global View of Giving Trends*, London: Charities Aid Foundation. Available at: https://www.cafonline.org/ about-us/publications/2015-publications/world-giving-index-2015.

Anon, 2015l. *UK Giving 2014*, West Malling, Kent: Charities Aid Foundation. https://www.cafonline.org/about-us/ publications/2015-publications/ uk-giving-2014.

Anon, 2016a. Bilancio di Missione Esercizio 2015, Fondazione Cariplo. Available at: www.fondazionecariplo.it/it/la-fondazione/dati-di- bilancio/rapporto-annuale-bilancio-di-missione.html.

Anon, 2016b. *Poverty and Income Inequality Scotland 2014-5*, Edinburgh: The Scottish Government. Available at: www.gov.scot/Publications/2016/06/3468.

Anon, 2016c. *Population Ranking*. The World Bank. Available at: http://data. worldbank.org/data catalog/Population ranking table. Anon, 2016d. *Annual*

Review 2015 UBS Optimus Foundation, Zürich: UBS. Available at: www.ubs.com/ microsites/optimus-foundation/en/about-us/annual-report.html.

Antoine, C., 2003. *La Empresa informativa y su tratamiento de las informaciones sobre el Patrocino Empresarial a la Cultura*. In 1° congreso internacional de ética y derecho de la información, 1° congreso internacional de ética y derecho de la información. Valencia: Fundación COSO, pp 117–128. Available at: www. fundacioncoso.org.

Archambeault, D.S., Webber, S. & Greenlee, J., 2015. Fraud and Corruption in U.S. Nonprofit Entities A Summary of Press Reports 2008-2011. *Nonprofit and Voluntary Sector Quarterly*, 44(6), pp 1194–1224.

Arenal, C., 1894. *La Beneficencia, la filantropía y la caridad*, Madrid: Libr. de Victoriano Suárez.

Arutyunova, A. & Clark, C., 2013. *Watering the Leaves, Starving the Roots*, Toronto, Canada: AWID. Available at: www.awid.org/ publications/watering-leaves-starving-.

Attali, J., 2008. *Une brève histoire de l'avenir*, Paris: Librairie générale française.

Bagwell, S. et al, 2013. *Money for Good UK: Understanding Donor Motivation and Behaviour*, London: New Philanthropy Capital. Available at: www. thinknpc.org/publications/money-for-good-uk/. Bekkers, R., 2006. Keeping the Faith. Presentation at NCVO/VSSN conference. Available at: http://www.rug. nl/research/ portal/publications/keeping-the-faith(9a8b5018-d512-4b48-bda7-907fc4ce9859).html.

Bekkers, R., 2012. Limits of Social Influence on Giving: Who is Affected When and Why? *In Social Influences and Charitable Giving*. Royal Overseas League, London: Center for Philanthropic Studies, VU University Amsterdam. Available at: www. giving.nl/2013/09/limits-of-social-influence-on-giving-who-is-affected-when-and-why-rene-bekkers/.

Bekkers, R. & Mariani, E., 2009. Is the Charitable Deduction in the Netherlands Treasury Efficient? In *Economics of Charitable Giving Conference*, Mannheim, p 26. Available at: http://test.giving.nl/wp-content/uploads/2013/09/Bekkers_ Mariani_09-2.pdf.

Bekkers, R. & Smeets, P., 2014. Wealth and Giving in the Netherlands. Available at: https://renebekkers.files.wordpress. com/2014/12/14_12_18_wealth-and-giving-in-the-netherlands. pptx.

Bekkers, R. & Wiepking, P., 2011. Who Gives? A Literature Review of Predictors of Charitable Giving Part One: Religion, Education, Age and Socialisation. *Voluntary Sector Review*, 2(3), pp 337–365.

Bekkers, R.H.F.P. & Wiepking, P., 2015. *Giving in the Netherlands: A Strong Welfare State with a Vibrant Nonprofit Sector*, London: Palgrave MacMillan. Available at: http://dare.ubvu.vu.nl/handle/1871/53075.

Bekkers, R., Janssen, B.A.S. & Wiepking, P. 2010. Geefgedrag van vermogende Nederlanders: een verkennende studie. Available at: http://dare.ubvu.vu.nl/handle/1871/48189.

Bekkers, R., Boonstoppel, E. & de Wit, A., 2013. *Giving in the Netherlands Panel Survey – User Manual* (version 2.2), Amsterdam: Center for Philanthropic Studies, VU University Amsterdam. Available at: http://test.giving.nl/wp-content/uploads/2013/11/ GINPS_user_manual_v2_2.pdf.

Benyza, Y., 2015. Takaful 2015 Fifth Annual Conference on Arab Philanthropy and Civic Engagement. Available at: http://aucegypt.edu/research/conferences/takaful-2015-fifth-annual-conference- arab-philanthropy-and-civic-engagement.

Beresford, P., 2015. The Sunday Times Rich List. Available at: www.thesundaytimes.co.uk/sto/public/richlist/.

Beresford, P., 2016. Philip Beresford: The Sunday Times Rich List Compiler on 27 Years of Wealth Watching. *Management Today*, 24 April, p 1.

Bisbal Galbany, A., et al, 2013. Manual Practic sobre els Impostos Directes a Andorra. Andorra: Cambra de Comerç, Indústria i Serveis d'Andorra. www.ccis.ad.

Bishop, M. & Green, M.F., 2010. *Philanthrocapitalism: How Giving Can Save the World*, London: A. & C. Black.

Booth, C., Leary, K. & Vallance, F., 2015. *Qualitative Research to Understand Charitable Giving and Gift Aid Behaviour amongst Better-off Individuals*, London: Ipsos MORI Social Research Institute. Available at: www.gov.uk/government/publications/charitable-giving-and-gift-aid-behaviour-amongst-better-off-individuals.

Bourdieu, P., 1977. Cultural Reproduction and Social Reproduction. In *Power and Ideology in Education*. New York: Oxford University Press, pp 487–511.

Brademas, J., Robinson, O., Freeman, R. & Riley, C.A., 1993. The New Philanthropy for the New Europe. In *The Arts in the World Economy: Public Policy and Private*

Philanthropy for a Global Cultural Community, London: University Press of New England, pp 17–25.

Brand, M. & Kohler, J., 2014. Private Equity Investments. In *New Frontiers of Philanthropy: A Guide to the New Tools and New Actors that Are Reshaping Global Philanthropy and Social Investing*, Oxford: Oxford University Press, pp 395–423.

Breeze, B., 2010. *How Donors Choose Charities: Findings of a Study of Donor Perceptions of the Nature and Distribution of Charitable Benefit*, University of Kent. Available at: www.cgap.org.uk/uploads/reports/HowDonorsChooseCharities.pdf.

Breeze, B., 2011. Is There a 'New Philanthropy'? In *Understanding the Roots of Voluntary Action*. Brighton: Sussex Academic Press, pp 182–195.

Breeze, B. & Lloyd, T., 2013. *Richer Lives: Why Rich People Give*, London: Directory of Social Change.

Brown, E. & Ferris, J.M., 2007. Social Capital and Philanthropy: An Analysis of the Impact of Social Capital on Individual Giving and Volunteering. *Nonprofit and Voluntary Sector Quarterly*, 36(1), pp 85–99.

Brown, W.A. & Iverson, J., 2004. Exploring Strategy and Board Structure in Nonprofit Organizations. *Nonprofit and Voluntary Sector Quarterly*, 33(3), pp 377–400.

Brunet, J.M. & Gilabert, D., 2016. Una infanta al banc dels acusats. *La Vanguardia*, 10 January, pp 28–29.

Cameron, K.S. & Quinn, R.E., 2011. *Diagnosing and Changing Organizational Culture: Based on the Competing Values Framework*, 3rd edition, San Francisco, CA: Jossey-Bass.

Cantwell, M., 2014. *21st Century Barriers to Women's Entrepreneurship: Majority Report of the US Senate Committee on Small Business and Entrepreneurship*, Washington, DC: United States Senate. Available at: http://www.sbc.senate.gov/public/?a=Files.Serve&File_id=3f954386-f16b-48d2-86ad-698a75e33cc4.

Carballeira Debasa, A.M., 2012. Aproximación a las donaciones piadosas en el Islam Medieval: el caso de al-Andalus. In *Las donaciones piadosas en el mundo medieval. Asturiensis Regni Territorium*. Oviedo: Alfonso García Leal.

Carnegie, A., 2006. *The 'Gospel of Wealth': Essays and Other Writings*, edited by D. Nasaw, New York: Penguin Books.

Carnie, C., 2015. *Trust Women*, Bristol: Factary. Available at: http://factary.com/

blog/.

Carnie, C., 2016. *I Want to be in America*, Factary. Available at: http://factary. com/2016/02/i-want-to-be-in-america/.

Carnie, C. & Whitefield, W., 2013. *The Venture Philanthropists*, Bristol, UK: Factary. Available at: http://factary.com/2013/11/venture- philanthropists-uk/.

Carrington, D., 2009. *Doing Good – Done Better*. Available at: http:// new. davidcarrington.net/articles-talks/.

Chahim, H. & Carnie, C., 2015. Entre Mirage et Réalité, Presentation to the Association Française de Fundraising Annual Conference, Paris, 25 June.

Chiang, Y.-S., 2015. Good Samaritans in Networks: An Experiment on How Networks Influence Egalitarian Sharing and the Evolution of Inequality. *PLoS ONE*, 10(6), p e0128777.

Cingano, F. & Förster, M., 2014. *Trends in Income Inequality and its Impact on Economic Growth*. Available at: www.oecd.org/social/inequality- hurts-economic-growth.htm.

Çizakça, M. , 2000. *A History of Philanthropic Foundations: The Islamic World from the Seventh Century to the Present*, Istanbul: Bosphorus University Press.

Clotfelter, C.T., 1992. *Who Benefits from the Nonprofit Sector?*, Chicago: University of Chicago Press.

Cohen, R., 2014. Corporate-originated Charitable Funds. In *New Frontiers of Philanthropy: A Guide to the New Tools and New Actors that Are Reshaping Global Philanthropy and Social Investing*, Oxford: Oxford University Press, pp 255–290.

Cronin, J., 2011. Success and Failure in Scottish Convalescent Homes, 1860-1939. In *Understanding the Roots of Voluntary Action*, Brighton: Sussex Academic Press, pp 137–154.

Cukier, K., 2015. Charting Change. *The Economist*, December, p 89.Cullen, F., 2016. *Scottish Charity Accounts and Trustees' Names*. UK Fundraising. Available at: http://fundraising.co.uk/2016/05/16/scottish-charity-accounts-trustees-names/.

Davies, R., 2015. *Public Good by Private Means: How Philanthropy Shapes Britain*, London: Alliance Publishing Trust.

De Laurens, O. & Rozier, S., 2012. *La philanthropie à la française. L'engagement au service du progrès social*, Paris: Fondation de France. Available at: www. fondationdefrance.org/Outils/Mediatheque/ Etudes-de-l-Observatoire/ La-Philanthropie-a-la-francaise.

Debbasch, C., 1987, Les Fondations, un mécénat pour notre temps? Economica, Paris, cited in Parés i Maicas, M., 1994. La Nueva filantropía y la comunicación social: mecenazgo, fundación ypatrocinio, 2nd edition, Barcelona: PPU.

de Wit, A. & Bekkers, R., 2016. Government Support and CharitableDonations: A Meta-Analysis of the Crowding-out Hypothesis. *Journal of Public Administration Research and Theory*. Available at: http://jpart.oxfordjournals.org/content/early/2016/07/28/jopart.muw044.

Diario de Navarra, 2014. Available at: www.diariodenavarra.es/ noticias/mas_actualidad/nacional/2014/07/04/quot_fin_aizoon_ era_desviar_los_fondos_del_instituto_noos_quot_166177_1031. html.

Duijts, S., 2015. *Fondsenboek 2015 and Fondsendisk*, Zutphen: Walburg Pers.

Eagar, C., 2014. The Rise of Boutique Philanthropic Advisors. Financial Times 'How To Spend It' supplement, 21 March.

El País, 2012. Una ONG convertida en entramado, *El País*, Madrid, 24 February 2012. Available at: http://politica.elpais.com/ politica/2012/02/24/actualidad/1330090807_263996.html.

Etzel, M., 2015. Philanthropy's New Frontier – Impact Investing. *Stanford Social Innovation Review*. Available at: http://ssir.org/articles/ entry/philanthropys_new_frontierimpact_investing.

Farouky, N., 2016. The State of Arab Philanthropy and the Case forChange. *Development in Practice*, 26(5), pp 637–645.

Fiennes, C., 2012. *It Ain't What You Give, It's the Way That You Give It: Making Charitable Donations That Get Results*, Great Britain: GivingEvidence.

Ford, J., 2016, The Taxman, Google and the Benefits of Fiscal Voyeurism. *Financial Times*, 21 February.

Fowler, J., 2011. Scientific Philanthropy and the Society for Bettering the Condition and Increasing the Comforts of the Poor, 1796-1824.In *Understanding the Roots of Voluntary Action*, Brighton: Sussex Academic Press, pp 171–181.

Frumkin, P., 2006. *Strategic giving: the art and science of philanthropy*, Chicago: University of Chicago Press. Available at: http://www.press.uchicago.edu/ucp/books/book/chicago/S/bo3775602.html.

Gaudiosi, M.M., 1998. The Influence of the Islamic Law of Waqf on the Development of the Trust in England: The Case of Merton College. *University of Pennsylvania Law Review*, 136(4), pp 1231–1261.

Gautier, A. & de Nervaux, L., 2015. *La France qui donne: Etat de la recherche sur le don en France*, Paris: Essec. Available at: www.fondationdefrance.org/sites/default/files/atoms/files/la_france_qui_donne_dec_2015.pdf.

Gutiérrez, M., 2006. Desarollo: La caridad es historia, surge nueva filantropía. IPS Agencia de Noticias. Available at: www.ipsnoticias.net/2006/06/desarrollo-la-caridad-es-historia-surge-nueva-filantropia/.

Hagen-Dillon, A., 2014. *The Business Case for Women's Economic Empowerment: An Integrated Approach*, Berlin: Oak Foundation. Available at: http://dalberg.com/documents/Business_Case_for_ Womens_Economic_Empowerment.pdf.

Haibach, M., 1999. Contemporary Women's Philanthropy in Germany, ISTR. Available at: https://c.ymcdn.com/sites/www.istr.org/ resource/resmgr/working_papers_geneva/Haibach.pdf.

Handy, C., 2006. *The New Philanthropists: The New Generosity*, London: William Heinemann.

Hartnell, C., 2015. Individual, Family and Corporate Philanthropy: Common Trends. *Alliance*, 20(3), September. Available at: www.alliancemagazine.org.

Herman, A. & Schervish, P.G., 1991. Money and Hyperagency: The Worldly Empowerment of Wealth. Available at: http://dlib.bc.edu/ islandora/object/bc-ir:104112.

Hines, F., 2005. Viable Social Enterprise: An Evaluation of Business Support to Social Enterprises. *Social Enterprise Journal*, 1(1), pp 13–28.

Hogan, C., 2004. *Prospect Research: A Primer for Growing Nonprofits*, Sudbury, MA: Jones & Bartlett Publishers Inc.

Hopt, K., von Hippel, T. & Anheier, H., 2009. *Feasibility Study on a European Foundation Statute: Final Report*, Heidelberg: Max Planck Institute for Comparative and International Private Law, and CSI, Universität Heidelberg. Available at: http://ec.europa.eu/internal_market/company/docs/eufoundation/feasibilitystudy_en.pdf.

Ibrahim, B. & Sherif, D., 2008. *From Charity to Social Change: Trends in Arab Philanthropy*, Cairo, Egypt: American University in Cairo Press. John, R., 2006. *Venture Philanthropy: The Evolution of High Engagement Philanthropy in Europe*, Oxford: Oxford University. Available at: http://eureka.bodleian.ox.ac.uk/745/.

Johnson, P., 2010. *Global Institutional Philanthropy: A Preliminary Status Report*, WINGS. Available at: http://wings.issuelab.org/resource/global_institutional_

philanthropy_a_preliminary_status_report.

Kania, J., Kramer, M. & Russell, P., 2014. Strategic Philanthropy for a Complex World. *Stanford Social Innovation Review*, (Summer 2014). Available at: http://ssir. org/up_for_debate/article/strategic_philanthropy.

Kingma, B.R., 1989. An Accurate Measurement of the Crowd-out Effect, Income Effect, and Price Effect for Charitable Contributions. *Journal of Political Economy*, 97(5), pp 1197–1207.

Koele, I.A., 2007. *International Taxation of Philanthropy: Removing Tax Obstacles for International Charities*, Amsterdam: IBFD Publications.

Kopczuk, W., 2015. Recent Evolution of Income and Wealth Inequality:

Comments on Piketty's 'Capital in the 21st Century'. Paper prepared for Fourth Annual NYU/UCLA Tax Policy Symposium, Columbia University. Available at: http://cobe.boisestate.edu/allendalton/files/2015/04/Kopczuk_PikettyNYU.pdf.

Laybourn, K., 2015. The New Philanthropy of the Edwardian Age: The Guild of Help and the Halifax Citizens' Guild, 1905-1918. *Transactions of the Halifax Antiquarian Society*, 23, pp 73–94.

Leal, J., 2014. Los ricos españoles, un 3,5% más ricos en 2014. *El Mundo*, 31 December, p 1.

Letts, C., Ryan, W. & Grossman, A., 1997. Virtuous Capital: What Foundations can Learn from Venture Capitalists. *Harvard Business Review*, 75(2), pp 36–44.

Li Perni, G., 2016. *La Filantropia degli High Net Worth Individuals in Italia – 2015*, Rome: UNHCR. Available at: www.unhcr.it.

Lloyd, T., 2004. *Why Rich People Give*, London: Association of Charitable Foundations.

Maas, K. & Liket, K., 2010. Talk the Walk: Measuring the Impact of Strategic Philanthropy. *Journal of Business Ethics*, 100(3), pp 445–464.

Macadam, E., 1934. *The New Philanthropy. A Study of the Relations between the Statutory and Voluntary Social Services, etc*, London: G. Allen & Unwin.

MacDonald, N.A. & Tayart de Borms, L., 2008. *Philanthropy in Europe: A Rich Past, a Promising Future*, London: Alliance Publishing Trust.

Manzoor, S.H. & Straub, J.D., 2005. The Robustness of Kingma's Crowd-Out Estimate: Evidence from New Data on Contributions
to Public Radio. *Public Choice*, 123(3/4), pp.463–476.

Magnani, E., 2009. Almsgiving, Donatio Pro Anima and Eucharistic Offering in the

Early Middle Ages of Western Europe (4th-9th Century). In *Charity and Giving in Monotheistic Religions*, Berlin: Walter de Gruyter.

Martin, M., 2016. *Building the Impact Economy: Our Future, Yea or Nay*, Springer International Publishing. Available at: http://link.springer. com/10.1007/978-3-319-25604-7.

Meehan, W.F., Kilmer, D. & O'Flanagan, M., 2004. Investing in Society: Why we Need a More Efficient Social Capital Market – and How We Can Get There. *Stanford Social Innovation Review* (Spring). Available at: http://ssir.org/articles/entry/investing_in_society.

Meijs, L., Roza, L. & Vermuelen, M., 2014. Contemporary European E2P: Towards an Understanding of European Philanthrepreneurs. In *Handbook of Research on Entrepreneurs' Engagement in Philanthropy*, Cheltenham: Edward Elgar Publishing. Available at: www.rsm.nl/about-rsm/news/detail/3340-handbook-of-research- on-entrepreneurs-engagement-in-philanthropy/ or at http://www.e-elgar.com/shop/handbook-of-research-on-entrepreneurs- engagement-in-philanthropy

Mernier, A. & Xhauflair, V., 2014. *Les Fondations en Belgique*, Brussels: Réseau Belge des Fondations. Available at: www.reseaufondations. be/fr/POD-Fondations-FR.pdf.

Mesch, D., 2009. Women and Philanthropy: A Literature Review. Unpublished manuscript. Available at: https://philanthropy.iupui. edu/files/file/women_and_philanthropy_literature_review.pdf.

Mesch, D.J., Brown, M.S., Moore, Z.I. & Hayat, A.D., 2011. Gender Differences in Charitable Giving. *International Journal of Nonprofit and Voluntary Sector Marketing*, 16(4), pp 342–355.

Michener, G. & Bersch, K., 2013. Identifying Transparency. *Information Polity*, 18(3), pp 233–242.

Milanovic, B., 2013. Global Income Inequality by the Numbers: In History and Now. An Overview. *Global Policy* 4(2), pp 198–208.

Miles, R.E., Snow, C., Meyer, A. & Coleman, H.J., 1978. Organizational Strategy, Structure, and Process. *The Academy of Management Review*, 3(3), pp 546–562.

Milner, A., 2015. Does Impact Rule with Donors? *Alliance Magazine*, 20(3). Available at: www.alliancemagazine.org.

Morera Hernández, C., 2015. Mecenazgo, relaciones públicas y filantropía: «Fendi for fountains» análisis de caso / Patronage, Public Relations and Philanthropy: 'Fendi for Fountains' Case Study. *Vivat Academia*, 0(133), pp 80–124.

Morvaridi, B., 2015. *New Philanthropy and Social Justice: Debating the Conceptual and Policy Discourse*, Bristol, UK; Chicago, IL: Policy Press.

Murray, S., 2015. Donors Recognise the Benefits of Outsourcing. *Financial Times*, 18 September. Available at: https://next.ft.com/ content/d6858f18-56be-11e5-9846-de406ccb37f2.

Napier, C., 2010. United Kingdom. *In A Global History of Accounting, Financial Reporting and Public Policy: Europe*, Bingley: Emerald Group Publishing, pp 243–273.

Nichols, J.E., 2004. Repositioning Fundraising in the 21st Century. *International Journal of Nonprofit and Voluntary Sector Marketing*, 9(2), pp 163–170.

Nickson, J., 2013. *Giving is Good for You: Why Britain Should be Bothered and Give More*, London: Biteback Publishing.

Odendahl, T., 1989. The Culture of Elite Philanthropy in the Reagan Years. *Nonprofit and Voluntary Sector Quarterly*, 18(3), pp 237–248. OECD, 2014. Poverty Rates and Poverty Gaps. In *OECD Factbook 2014*, Paris: OECD Publishing. Available at: http://dx.doi.org/10.1787/factbook-2014-table57-en.

Ogden, T., 2015. Are Today's Donors Different. *Alliance Magazine*, 20(3). Available at: www.alliancemagazine.org.

Oliver Arbós, C.M. & Contreras, J., 2012. *Obligacions fiscals i comptables de les associacions, fundacions i federacions [de Andorra]*. Available at: www.lidera.ad/ arxius/84_ca.pdf.

Ostrower, F., 1997. *Why the Wealthy Give*, Princeton, N.J.: Princeton University Press.

Palin, A., 2015. UBS to Offer Social Investment Fund. *Financial Times*. Available at: https://next.ft.com/content/4be9a404-3ce0-11e5- 8613-07d16aad2152.

Parés i Maicas, M., 1994. *La Nueva filantropía y la comunicación social: mecenazgo, fundación y patrocinio*, 2nd edition, Barcelona: PPU. Note that the first edition, in Catalan, was titled simply *Mecenatge, Patrocini i Comunicació*. This second edition carries the moniker 'new'.

Parker, S., 2014. *Opening Up: Demystifying Funder Transparency*, Washington, DC:

Foundation Center. Available at: www.grantcraft.org/guides/opening-up.

Payne, A.A. & Smith, J., 2015. Does income inequality increase charitable giving? *Canadian Journal of Economics/Revue canadienne d'économique*, 48(2), pp 793–818.

Payton, R.L. & Moody, M.P., 2008. *Understanding Philanthropy: Its Meaning and Mission*, Bloomington, IN: Indiana University Press. Pearson, A., 2009. Generosity is Natural for Kind-hearted People. *New Scientist*, 21 December. Available at: www.newscientist.com/article/dn18311-generosity-is-natural-for-kind-hearted-people/.

Peerdeman, V., 2015. *Filantropie in Nederland. Grote Gever onderzoek 2015. Conclusies en Aanbevelingen*, Jazi Foundation, Nassau Fundraising. Available at: www.filantropieinnederland.nl/wp-content/uploads/2015/11/Filantropie-in-Nederland-Grote-Gever- Onderzoek-20151.pdf.

Penn, A., 2011. Social History and Organisational Development: Revisiting Beveridge's Voluntary Action. In *Understanding the Roots of Voluntary Action*, Brighton: Sussex Academic Press, pp 17–31.

Peretz, P., 2012. *Pratiques du don. La Vie des Idées.* Available at: www.laviedesidees.fr/Pratiques-du-don.html.

Peri, O., 1992. Waqf and Ottoman Welfare Policy. *Journal of the Economic and Social History of the Orient*, 35(2), pp 167–186.

Pharoah, C., Jenkins, R. & Goddard, K., 2015. *Foundation Giving Trends 2015*, London: Association of Charitable Foundations. Available at: www.acf.org.uk/downloads/publications/Foundation_Giving_Trends_2015.pdf.

Piketty, T., 2015. *L'économie des Inégalités*, 7th edition, Paris: La Découverte.

Pluyette, C., 2016. Le nombre d'assujettis à l'ISF a encore progressé en 2015. *Le Figaro.*

Porter, M.E. & Kramer, M.R., 2011. Creating Shared Value: How to Reinvent Capitalism and Unleash a Wave of Innovation and Growth. *Harvard Business Review* 89(1-2), 62–77.

Ragin, L.M., 2014. Overview: The New Tools of 'Philanthropy'. In *New Frontiers of Philanthropy: A Guide to the New Tools and New Actors that Are Reshaping Global Philanthropy and Social Investing*, Oxford: Oxford University Press, pp 311–313.

Rathgeb Smith, S. & Gronbjerg, K., 2006. Scope and Theory of Government-Nonprofit Relations. In *The Nonprofit Sector: A Research Handbook*, New Haven,

CT: Yale University Press, pp 221–242.

Reed, D., Fechner, P., Baic, A., Houedenou, G., Strack, R., von Funck, K., Wilms, S. & Ziegler, B., 2016. *Gauging Long-Term Impact in the Social Sector: A Cutting Edge Approach*, Boston, MA: Boston Consulting Group. Available at: www. bcgperspectives.com/content/articles/innovation-strategy-gauging-long-term-impact-social-sector/.

Reich, R., 2013. Rich people's idea of charity: Giving to elite schools and operas. *Salon*. Available at: http://www.salon.com/2013/12/14/the_wealthy_give_to_charity_elite_schools_and_operas_partner/

Reich, R., 2016. Repugnant to the Whole Idea of Democracy? On the Role of Foundations in Democratic Societies. *PS: Political Science & Politics*, 49(3), pp 466–472.

Rishi, V., 2016. Palliative or Catalyst? Defending the Space for Civil Society. In *The Shrinking Space for Civil Society*, Brussels: European Foundation Centre. Available at: www.efc.be.

Rubio Guerrero, J.J. & Sosvilla Rivero, S., 2014. *El sector fundacional en España: atributos fundamentales (2008-2012): segundo informe*, Madrid: Asociación Española de Fundaciones. Available at: www.fundaciones.org.

Rubio Guerrero, J.J., Sosvilla Rivero, S. & Méndez Picazo, M.T., 2015. *El Perfil del Donante Tipo en España 2002-2010*, Madrid: Asociación Española de Fundaciones.

Salamon, L.M., 1992. Social Services. In C. T. Clotfelter, ed. *Who Benefits from the Nonprofit Sector?*. Chicago: University of Chicago Press, pp. 134–173.

Salamon, L.M. (ed), 2014. *New Frontiers of Philanthropy: A Guide to the New Tools and New Actors that Are Reshaping Global Philanthropy and Social Investing*, Oxford: Oxford University Press.

Saltuk, Y., El Idrissi, A., Bouri, A., Mudaliar, A. & Schiff, H., 2015. *Eyes on the Horizon: The Impact Investor Survey*, London: J.P. Morgan. Available at: www. thegiin.org.

Sargeant, A. & Shang, J., 2011. *Growing Philanthropy in the United Kingdom. A Report on the July 2011 Growing Philanthropy Summit*, Bristol, UK: University of the West of England. Available at: www.plymouth.ac.uk/schools/plymouth-business-school/centre-for- sustainable-philanthropy.

Sargeant, A., Eisenstein, A. & Kottasz, R., 2015. *Major Gift Fundraising: Unlocking the Potential for Smaller Nonprofits*, Plymouth, UK: Plymouth University. Available at: http://masteringmajorgifts.com/report/thanks.php.

Scheerboom, C., 2013. The Philanthropic Revolution: Changing the Game of Giving. *ECSP Insight*, 4(1st Quarter), pp 16–18.

Schervish, P., 2000. *The Modern Medici: Patterns, Motivations and Giving Strategies of the Wealthy*. Boston, MA: Boston College Social Welfare Research Institute. Available at: www.bc.edu/content/dam/files/research_sites/cwp/pdf/usc1.pdf.

Schervish, P. 2003. *Hyperagency and High-Tech donors: A new Theory of New Philanthropists*, Social Welfare Research Institute. Available at: https://www.bc.edu/content/dam/files/research_sites/cwp/pdf/haf.pdf.

Schuyt, T.N.M., 2010. Philanthropy in European Welfare States: A Challenging Promise? *International Review of Administrative Sciences*, 76(4), pp 774–789.

Seel, K.E., 2006. *The Statute of Charitable Uses and the English Origins of American Philanthropy*. PhD thesis, University of Calgary. Available at: www.mtroyal.ca/cs/groups/public/documents/pdf/npr06_bound_thesis.pdf.

Seghers, V., 2009. *La Nouvelle Philanthropie*, Autrement. Available at: www.autrement.com/.

Seghers, V., Delson, X., Gautier, A. & Le Brun, F., 2015. *Les Fondations Actionnaires: Première Étude Européenne*, Paris: Essec and Prophil. Available at: http://philanthropy-chair.essec.edu/research/research-reports.

Shah, S., McGill, L.T. & Weisblatt, K., 2011. *Untapped Potential: European Foundation Funding for Women and Girls*, New York: Foundation Center. Available at: www.mamacash.org/publications/report-untapped-potential/.

Shang, J. & Croson, R., 2009. A Field Experiment in Charitable Contribution: The Impact of Social Information on the Voluntary Provision of Public Goods. *The Economic Journal*, 119(540), pp 1422–1439.

Sharman, A., 2016. Charity Finance News – £80m Payment-by-results Life Chances Fund Launched. *Civil Society*, 4 July, p 1.

Shaw, A., 2015. *Understanding Strategic Engagement: An Exploratory Study of Perspectives on Philanthropic Investment in Programmes for Children and Youth in Ireland*. PhD thesis, NUI Galway. Available at: https://aran.library.nuigalway.ie/handle/10379/5757.

Shaw-Hardy, S., Taylor, M.A. & Beaudoin-Schwartz, B., 2010. *Women and Philanthropy: Boldly Shaping a Better World*, Chichester: John Wiley & Sons.

Shoard, C., 2016. The Fine Example Set by One English Village Begs the Question: Why Can't the Season of Goodwill Carry On for 12 Months, and Not Just 12 Days? *The Guardian Weekly*, 15 January, p 48.

Sibille, H., 2008. *Voyage dans la nouvelle philanthropie américaine (suite)*. Available at: http://alternatives-economiques.fr/blogs/sibille/2008/12/11/voyage-dans-la-nouvelle-philanthropie- americaine-suite/.

Simmons, C., 2013. *Present Law and Background Relating to the Federal Tax Treatment of Charitable Contributions*, Washington, DC: Joint Committee on Taxation. Available at: www.jct.gov/publications.html?func=startdown&id=4506.

Simmons, R., 2014. *The 2014 U.S. Trust Study of High Net Worth Philanthropy*, Indiana University Lilly Family School of Philanthropy.

Spinney, L., 2015. Roots of Brutality. *New Scientist*, 228(3047), pp 40–43. Available at: https://www.newscientist.com/article/ mg22830471-000-syndrome-e-can-neuroscience-explain-the-executioners-of-isis/.

Steenbergen, R., 2008. *De nieuwe mecenas: cultuur en de terugkeer van het particuliere geld*, Amsterdam: Uitg. Business Contact.

Surmatz, H., 2014. *Country Profile: Sweden*, Brussels: Transnational Giving Europe. Available at: http://www.transnationalgiving.eu/en/country-profiles/.

Tchernia, J.-F., 2014. *Baromètre de la générosite France générosités, Paris: Centre Français des Fonds et Fondations*. Available at: www.centre- francais-fondations. org/ressources-pratiques/donner-a-un-fonds- ou-une-fondation/Statistiques-sur-les-dons-des-particuliers-et-des- entreprises/dons-des-particuliers/barometre-de-la-generosite-france- generosites-cerphi-2014/view.

Thibaut, 2008. *La philantropie en France: Valeurs en hausse*, Paris: Fondation de France. Available at: www.fondationdefrance.org/.

Vecchi, V., Casalini, F., Balbo, L. & Caselli, S., 2015. Impact Investing: A New Asset Class or a Societal Refocus of Venture Capital? In *Public Private Partnerships for Infrastructure and Business Development: Principles, Practices, and Perspectives*, London: Palgrave Macmillan.

Verduyn, L., 2015 De Rijkste Belgen – Ranking van de Rijkste Belgen. *De Rijkste Belgen*. Available at: http://derijkstebelgen.be.

Von Hippel, T., 2014. *Taxation of Cross Border Giving in Europe after Persche and Stauffer – From Landlock to Free Movement*, Brussels: European Foundation

Centre. Available at: http://www.transnationalgiving.eu/en/article/2014/10/13/cross-border-philanthropy-in-europe/4/.

Wagner, L. (2002). The 'New' Donor: Creation or Evolution? *International Journal of Nonprofit & Voluntary Sector Marketing*, 7(4), pp 343–352.

Weisbrod, B.A. & Cordes, J.J., 1998. *Differential Taxation of Nonprofits and the Commercialization of Nonprofit Revenues*, Rochester, NY: Social Science Research Network. Available at: http://papers.ssrn.com/ abstract=1856640.

Wiepking, P., 2008. For the Love of Mankind: A Sociological Study on Charitable Giving, Amsterdam: Vrije Universiteit.

Wiepking, P., 2010. Democrats Support International Relief and the Upper Class Donates to art? How Opportunity, Incentives and Confidence Affect Donations to Different Types of Charitable Organizations. *ResearchGate*, 39(6), pp.1073–1087.

Wilson, K.E., Silva, F. & Ricardson, D., 2015. *Social Impact Investment: Building the Evidence Base*, Rochester, NY: Social Science Research Network. Available at: http://papers.ssrn.com/abstract=2562082.

Wit, A.D. & Bekkers, R., 2016. Exploring Gender Differences in Charitable Giving: The Dutch Case. *Nonprofit and Voluntary Sector Quarterly*, 45(4) pp 741–761.

Wolff, E., 2001. The Economy and Philanthropy. In *Philanthropy and the Nonprofit Sector in a Changing America*, Bloomington, IN: Indiana University Press.

Zeekant, J., 2015. Ideëel en ondernemerschap: samen sterk voor people en planet. *Vakblad Fondsenwerving*, (100), p 3

효율성 80, 99, 128, 181, 214, 238,
248~249, 270, 273, 275, 323, 337,
341, 344

유럽의 필란트로피, 어떻게 변화하고 있나?

초판 1쇄 인쇄 2022년 2월 28일
초판 1쇄 발행 2022년 3월 8일

지은이 크리스토퍼 카니 | 옮긴이 박선령 | 감수자 홍경준

편집 박민애 정소리 김윤하 | 디자인 신선아 이주영 | 마케팅 배희주 김선진
브랜딩 함유지 함근아 김희숙 정승민 | 저작권 박지영 이영은 김하림
제작 강신은 김동욱 임현식 | 제작처 영신사

주소 10881 경기도 파주시 회동길 210
전화 031.955.8891(마케팅) | 031.955.2692(편집) | 031.955.8855(팩스)
전자우편 gyoyudang@munhak.com

인스타그램 @gyoyu_books | 트위터 @gyoyu_books | 페이스북 @gyoyubooks

ISBN 979-11-92247-03-8 03330